Diskriminierung im Bereich der Warenverkehrsfreiheit

Europäische Hochschulschriften
Publications Universitaires Européennes
European University Studies

Reihe II
Rechtswissenschaft

Série II Series II
Droit
Law

Bd./Vol. 3747

PETER LANG
Frankfurt am Main · Berlin · Bern · Bruxelles · New York · Oxford · Wien

Swantje Richters

Diskriminierung im Bereich der Warenverkehrsfreiheit

PETER LANG
Europäischer Verlag der Wissenschaften

Bibliografische Information Der Deutschen Bibliothek
Die Deutsche Bibliothek verzeichnet diese Publikation in der Deutschen Nationalbibliografie; detaillierte bibliografische Daten sind im Internet über <http://dnb.ddb.de> abrufbar.

Zugl.: Hamburg, Univ., Diss., 2003

D 18
ISSN 0531-7312
ISBN 3-631-50992-8

www.peterlang.de

Vorwort

Die vorliegende Arbeit wurde im Wintersemester 2002/2003 vom Fachbereich Rechtswissenschaft der Universität Hamburg als Dissertation angenommen.

Bei Herrn Prof. Dr. Peter Behrens möchte ich mich für die Möglichkeit bedanken, an seinem Lehrstuhl über ein sehr interessantes Thema zu promovieren. Herrn Prof. Dr. Meinhard Hilf danke ich für die sehr schnelle Erstellung des Zweitgutachtens.

Herzlich danke ich ferner Frau Dr. Claudia Ziem und Herrn Dr. Andreas Pense für zahlreiche gedankliche Anstöße und Anregungen.

Vor allem aber möchte ich meinen Eltern und meinem Bruder ganz herzlich danken - ohne ihre Unterstützung und Motivation wäre diese Arbeit nicht zustandegekommen.

Frankfurt, im Mai 2003

Swantje Richters

Gliederung

Abkürzungsverzeichnis 11
Einleitung 17

1. Kapitel: Die Warenverkehrsfreiheit des EG-Vertrages 21
I. Die Warenverkehrsfreiheit als Aufgabe der Gemeinschaft 21
II. Die Vorschriften des freien Warenverkehrs 23
1. Zollrechtliche Vorschriften 23
2. Artt. 28 ff. EGV 23

2. Kapitel: Relevanz des Gesichtspunkts der Diskriminierung für die Warenverkehrsfreiheit 27
I. Zusammenhang des freien Warenverkehrs und der Diskriminierung 27
1. Verhältnis zwischen Art. 12 EGV und Art. 28 EGV 28
2. Der Definitionsentwurf der Kommission 29
II. Begriff der Diskriminierung 32
1. Formelle Diskriminierung 34
2. Materielle Diskriminierung 34
3. Abgrenzung zum Beschränkungsverbot 35
4. Zwischenergebnis 37
III. Ansatzpunkte für die Relevanz der Diskriminierung 38
1. Das Vorliegen einer Maßnahme gleicher Wirkung und der Gesichtspunkt der Diskriminierung 38
2. Die Bedeutung der Diskriminierung für die Anwendbarkeit der „Cassis-Formel“ 41
3. Die Bedeutung der Diskriminierung für die „Keck-Formel“ 45
4. Das Tatbestandsmerkmal der „willkürlichen Diskriminierung“ in Art. 30 S. 2 EGV 45
5. Der Gesichtspunkt der Diskriminierung auf der Tatbestandsebene des Art. 29 EGV - das Vorliegen einer Maßnahme gleicher Wirkung 45

3. Kapitel: Das Vorliegen einer *Maßnahme gleicher Wirkung* gemäß Art. 28 EGV und die Anwendbarkeit der „Cassis-Formel“ 47

I. Kriterien bezogen auf die Waren 48

1. „Diskriminierung“ und „Ungleichbehandlung“ 48
2. Abschottung der Märkte 69
3. „Einfuhrbeschränkungen“ 72
4. Administrative Maßnahmen 80
5. Sonstige Formen unterschiedlicher Behandlung von Waren 85
6. Preisregulierung 115
7. Beeinträchtigung der Absatzmöglichkeiten für eingeführte Erzeugnisse 132
8. Unterschiedlichkeit der Rechtsordnungen 147
9. Erschwerung oder Verteuerung der Einfuhr, des Marktzugangs, des Vertriebs oder der Vermarktung 158

II. Erschwerung von Parallelimporten 177

III. Ergebnis 182

4. Kapitel: Das Urteil „Keck“ und die Relevanz der Diskriminierung 189

I. Das Kriterium der „rechtlich und tatsächlich gleichen Berührung“ 190

1. Einschränkung des Anwendungsbereiches des Art. 28 EG-Vertrag 193
2. Zusammenfassung und Zwischenergebnis 201

II. Die Folgerechtsprechung zu „Keck“ 202

1. Fälle mit „gleicher Berührung“ 202
2. Fälle mit „ungleicher Berührung“ 212

5. Kapitel: Die Bedeutung des Tatbestandsmerkmals der „willkürlichen Diskriminierung“ in Art. 30 S. 2 EGV 223

I. Die willkürliche Diskriminierung 225

II. Die verschleierte Beschränkung 229

III. Willkürliche Diskriminierung oder verschleierte Beschränkung 232

IV. Ergebnis 236

6. Kapitel: Die Relevanz des Gesichtspunktes der Diskriminierung für Art. 29 EG-Vertrag 239

I. Analyse der Rechtsprechung 239

II. Ergebnis 244

7. Kapitel: Zusammenfassung und Stellungnahme 247

Literaturverzeichnis 253

Abkürzungsverzeichnis

a.A.	anderer Ansicht
a.a.O.	am angegebenen Ort
ABl. EG	Amtsblatt der Europäischen Gemeinschaften
Abs.	Absatz
Amst.	Amsterdamer Vertrag
Art.	Artikel (singular)
Artt.	Artikel (plural)
Aufl.	Auflage
b.A.	bestimmter Anbaugebiete
BB	Der Betriebs-Berater
Bd.	Band
BStG	Biersteuergesetz
bzw.	beziehungsweise
CDE	Cahiers de Droit Européen
CMLR	Common Market Law Report
CMLRev	Common Market Law Review
DB	Der Betrieb

ders.	derselbe
d.h.	das heißt
Diss.	Dissertation
DZWir	Deutsche Zeitschrift für Wirtschaftsrecht
EEC	European Economic Community
EG	Europäische Gemeinschaft
EG-Vertrag	Vertrag der Europäischen Gemeinschaft
etc.	et cetera
EuGH	Europäischer Gerichtshof
E.L.Rev.	European Law Review
EuR	Europarecht
EuZW	Europäische Zeitschrift für Wirtschaftsrecht
EWG	Europäische Wirtschaftsgemeinschaft
EWG-Vertrag	Vertrag der Europäischen Wirtschaftsgemeinschaft
EWS	Europäisches Wirtschafts- und Steuerrecht
f.	folgende fortfolgende
Fn.	Fußnote
FS	Festschrift

GA	Generalanwalt
GATT	General Agreement on Tariffs and Trade
gem.	gemäß
GRUR Int.	Gewerblicher Rechtsschutz und Urheberrecht International
GS	Gedächtnisschrift
GTE	Groeben/Thiesing/Ehlermann
Hrsg.	Herausgeber
I.C.L.Q.	International and Comparative Law Quarterly
i.d.S.	in dem Sinne
ILJ	Industrial Law Journal
IPRax	Zeitschrift des Internationalen Privatrechts
IStR	Internationales Steuerrecht
i.S.v.	im Sinne von
i.V.m.	in Verbindung mit
JBl	Juristische Blätter
JuS	Juristische Schulung
JZ	Juristenzeitung

KEU	Kommentar zur Europäischen Union
n.F.	neue Fassung
NJW	Neue Juristische Wochenschrift
NVwZ	Neue Zeitschrift für Verwaltungsrecht
NZS	Neue Zeitschrift für Sozialrecht
RabelsZ	Rabels Zeitschrift
Rdn.	Randnummer
RIW	Recht der Internationalen Wirtschaft
RL	Richtlinie
Rs.	Rechtssache
S.	Seite Satz
s.	siehe
Slg.	Sammlung
sog.	sogenannte
u.a.	unter anderem
usw.	und so weiter
UWG	Gesetz gegen den unlauteren Wettbewerb

verb.	verbundene
vgl.	vergleiche
VO	Verordnung
vol.	volume
VuR	Verbraucher und Recht
WRP	Wettbewerb in Recht und Praxis
WTO	World Trade Association
WW	Wirtschaft und Wettbewerb
YEL	Yearbook of European Law
z.B.	zum Beispiel
ZEP	Zeitschrift für Europäisches Privatrecht
ZEuP	Zeitschrift für Europäisches Privatrecht
ZHR	Zeitschrift für das gesamte Handelsrecht und Wirtschaftsrecht
ZIP	Zeitschrift für Wirtschaftsrecht
zit.	zitiert

Einleitung

Die Warenverkehrsfreiheit des EG-Vertrages war von Anfang an ein wichtiger und unerläßlicher Bestandteil der europäischen Integration. Dies wird insbesondere auch durch die Vielzahl der Entscheidungen zu den Artikeln 23 ff. EG-Vertrag bestätigt. Standen in den frühen Jahren der Europäischen Gemeinschaft noch Fragen zu den zollrechtlichen Vorschriften auch im Binnenhandel der Gemeinschaft bzw. die mengenmäßigen Einfuhrbeschränkungen im Mittelpunkt, hat sich dieses in den 70er Jahren grundlegend geändert. Die in den Artikeln 28 und 29 EG-Vertrag verbotene *Maßnahme gleicher Wirkung* wurde immer prominenter bis die Auslegung dieser Tatbestandsvoraussetzung zu der wichtigsten Frage der Warenverkehrsfreiheit wurde.

Im Laufe der Rechtsprechungsentwicklung zu diesem Tatbestandsmerkmal stellten sich unterschiedliche Fragenkomplexe. Zunächst wurde in der Rechtsprechung und der Literatur diskutiert, ob es sich hierbei um ein Diskriminierungsverbot oder aber ein Beschränkungsverbot handelte. An dieser Diskussion war und ist auch heute noch - jedoch an anderer Stelle im Rahmen der Prüfung des Vorliegens einer *Maßnahme gleicher Wirkung* - die interessanteste und spannendste Frage diejenige, wie der Begriff der Diskriminierung auszulegen ist. Fallen unter diesen Begriff nur die Regelungen, die eine eindeutige Unterscheidung treffen oder auch solche Regelungen, die sich lediglich derart auswirken. In Bezug auf die letztere Alternative wäre dann weitergehend zu fragen, wann sich eine Regelung nachteilig auswirkt.

Nachdem die Frage, ob eine Diskriminierung für das Bejahen einer *Maßnahme gleicher Wirkung* erforderlich war, aufgrund des „Dassonville-Urteils“[1] im Hinblick auf ein Beschränkungsverbot entschieden zu sein schien, entwickelte der Gerichtshof mit seiner „Cassis-Entscheidung“[2] ein Regulativ für die sogenannten unterschiedslosen nationalen Regelungen. Danach sollten unterschiedslos geltende nationale Regelungen in Ergänzung der in Artikel 30 EG-Vertrag bereits enthaltenen Ausnahmen unter bestimmten weiteren Voraussetzungen gerechtfertigt sein. Auch diese Rechtsprechung bestätigte die „Dassonville-Entscheidung“, da die „Cassis-

---

[1] EuGH vom 11.07.1974, Slg. 1974, S. 837, Rs. 8/74 - „Dassonville“.
[2] EuGH vom 20.02.1979, Slg. 1979, S. 649, Rs. 120/78 - „Cassis de Dijon“.

Formel" überhaupt nur auf unterschiedslose Regelungen anwendbar sein sollte. Allerdings definierte der Gerichtshof in der „Cassis-Entscheidung" den Begriff „unterschiedslos" nicht.

War aber aufgrund der abstrakten „Dassonville-Formel" die Frage nach der Notwendigkeit einer Diskriminierung für das Bejahen einer *Maßnahme gleicher Wirkung* augenscheinlich obsolet geworden, so wurde die Frage der Diskriminierung aufgrund der „Cassis-Formel" erneut relevant. Diese Relevanz bezog sich zwar nicht auf die erste Prüfungsstufe, ob überhaupt eine *Maßnahme gleicher Wirkung* gegeben war, sondern verschob sich auf die nächste Stufe der Anwendbarkeit der „Cassis-Formel".

Die dritte für die Warenverkehrsfreiheit maßgebliche Entscheidung war das „Keck-Urteil"[3] des EuGH aus dem Jahre 1993. Mit dieser Entscheidung sollten sog. „Verkaufsmodalitäten" aus dem Anwendungsbereich des Art. 28 EG-Vertrag ausgenommen werden, sofern diese die in- und ausländischen Waren „rechtlich und tatsächlich gleich berührten". Auch diese abstrakte Formel wurde vom Gerichtshof nicht weiter erläutert, so daß es der sich daran anschließenden Rechtsprechung vorbehalten war, die Frage der „rechtlichen und tatsächlichen gleichen Berührung" auszulegen und insbesondere zu definieren, ob es hierbei auf einen Diskriminierungsgesichtspunkt ankam.

Der Begriff der Diskriminierung ist in Artikel 30 Satz 2 EG-Vertrag enthalten: danach sind „willkürliche Diskriminierungen" verboten.

Im Rahmen dieser Arbeit soll nun die Rechtsprechung des EuGH im Hinblick auf die Relevanz des Gesichtspunktes der Diskriminierung analysiert werden.

In einem ersten Schritt ist dabei zu erörtern, wie der Gerichtshof die Frage der Anwendbarkeit der „Cassis-Formel" in den zahlreichen von ihm entschiedenen Fällen beurteilt hat. Insbesondere sollen dabei die vom Gerichtshof angewandten Kriterien herausgearbeitet werden, die das Vorliegen einer unterschiedslosen Regelung entweder bejaht oder verneint haben. Dazu müssen die vom Gerichtshof zu untersuchenden Regelungen genau geprüft werden, um dann anhand des Ergebnisses des Gerichtshofes zu erörtern, ob es sich um eine diskriminierende Regelung handelte oder nicht.

---

[3] EuGH vom 24.11.1993, Slg. 1993, S. 6097, verb. Rs. 267 u. 268/91 - „Keck".

In einem nächsten Schritt ist dann zu prüfen, welche Auslegung die sog. „Keck-Formel" durch den Gerichtshof erfuhr. Hierbei stehen vor allem zwei Fragen im Raum: Zum einen muß untersucht werden, ob es sich bei dieser Formel, soweit es sich nach Ansicht des Gerichtshofes um eine „Verkaufsmodalität" handelte, um eine Rückkehr zum Diskriminierungsverbot handelt. Zum anderen ist zu analysieren - was aber zwangsläufig mit der ersten Frage zusammenhängt - ob im Falle des Verneinens der „rechtlich und tatsächlich gleichen Berührung" die Anwendbarkeit der „Cassis-Formel" automatisch ausgeschlossen ist. Dieses Wechselspiel zwischen „Cassis- und Keck-Formel" ist zu untersuchen. Hierbei soll der Versuch unternommen werden, die Zusammenhänge zwischen der „Cassis- und der Keck-Formel" herauszuarbeiten und insbesondere festzustellen, ob der Gerichtshof für beide Formeln dieselben Kriterien anwendet.

Schließlich sollen Artikel 30 Satz 2 und Artikel 29 EG-Vertrag im Hinblick auf die Definition der Diskriminierung untersucht werden.

1. Kapitel : Die Warenverkehrsfreiheit des EG-Vertrages

I. Die Warenverkehrsfreiheit als Aufgabe der Gemeinschaft

Integrationspolitisches Ziel der Europäischen Gemeinschaft ist die Zusammenführung der einzelnen nationalen Märkte zu einem einheitlichen Markt. Handelshindernisse sollen zwischen den einzelnen Mitgliedstaaten nicht mehr bestehen. Die wirtschaftlichen Grundfreiheiten des Vertrages, die in den Artikeln 28, 39, 43 und 49 EG-Vertrag normiert sind, dienen der Verwirklichung eines einheitlichen Marktes, des „Gemeinsamen Marktes". Die Errichtung eines „Gemeinsamen Marktes" ist eines der Ziele der Gemeinschaft, vgl. Artikel 2 EG-Vertrag. Die besondere Bedeutung der Errichtung desselben steht außer Frage. Rechtlich ist der Gemeinsame Markt unter allen instrumentalen Vertragszielen stets das zuerst genannte Ziel.[4] Der Begriff des „Gemeinsamen Marktes" wird durch drei auf einander aufbauende Momente charakterisiert: die Zollunion, die Markteinheit und den unverfälschten Wettbewerb.[5] Die Zollunion soll nach außen eine ökonomische Einheit bilden.[6] Die Markteinheit stellt eine Marktintegration dar, die weit mehr verlangt als den zollfreien Verkehr von Waren. Der „Gemeinsame Markt" wird vom EuGH als die Beseitigung aller Hemmnisse im innergemeinschaftlichen Handel mit dem Ziel der Verschmelzung der nationalen Märkte zu einem einheitlichen Markt, dessen Bedingungen denjenigen eines wirklichen Binnenmarktes möglichst nahekommen, definiert.[7]

Diese Freiheit nach innen soll durch die Verwirklichung der im Vertrag festgelegten speziellen Grundfreiheiten, zu der die Freiheit des Warenverkehrs gehört, geschaffen werden.[8] Der EG-Vertrag zählt den freien Warenverkehr in seiner Systematik zu den „Grundlagen der Gemeinschaft".[9]

---

[4] v. Bogdandy in Grabitz/Hilf, EGV, Art. 2, Rdn. 37.
[5] v. Bogdandy in Grabitz/Hilf, EGV, Art. 2, Rdn. 39ff.
[6] v. Bogdandy in Grabitz/Hilf, EGV, Art. 2, Rdn. 39.
[7] EuGH vom 05.05.1982, Slg. 1982, S. 1409 (1431f.), Rdn. 15, Rs. 15/81 - „Schul".
[8] Vgl. Grabitz, in FS Steindorff, S. 1229 (1233).
[9] Aufgrund des Urteils des EuGH über die Verpflichtung der Mitgliedstaaten zum Schutz des freien Warenverkehrs wird der Stellenwert dieser Grundfreiheit deutlich: EuGH vom 9.12.1997, Slg. 1997, S. 6959, Rs. 265/95. Dazu vergleiche: Meurer, EWS 1998, S. 196. Der freie Warenverkehr soll nun auch aufgrund der Verordnung 2679/98

Einzelstaatliche Beschränkungen sollen aufgrund der Vorschriften zum freien Warenverkehr eliminiert werden. Artikel 28 EG-Vertrag hat zur Aufgabe, die möglichst ungehinderte grenzüberschreitende Wahrnehmung der Privatautonomie im Bereich des Warenhandels und der Warennachfrage zu ermöglichen und zu sichern.[10]

Artikel 2 EG-Vertrag ist im engen Zusammenhang mit Art. 3 EG-Vertrag zu sehen, der unter ausdrücklicher Bezugnahme auf Art. 2 EG-Vertrag die Tätigkeiten zur Zielerreichung konkretisiert; es handelt sich dabei um eine Ausführungsvorschrift zu den allgemeinen Zielbestimmungen des Art. 2 EG-Vertrag.[11] In Art. 3 Abs. 1 lit a) EG-Vertrag wird das Verbot von Zöllen und mengenmäßigen Beschränkungen bei der Ein- und Ausfuhr von Waren sowie alle sonstigen *Maßnahmen gleicher Wirkung* zwischen den Mitgliedstaaten ausgesprochen. An erster Stelle wird bei der Auflistung der Tätigkeiten die Abschaffung von Zöllen und Maßnahmen gleicher Wirkung genannt. Damit wird dem Ziel der Schaffung der Freiheit des Warenverkehrs eine besondere Stellung eingeräumt.

Gem. Art. 3 lit. c EG-Vertrag soll der „Gemeinsame Markt“ u.a. durch die Errichtung eines Binnenmarktes gemäß Art. 14 EG-Vertrag geschaffen werden, der durch die Beseitigung der Hindernisse für den freien Warenverkehr gekennzeichnet ist.[12] Kernstück des Gemeinsamen Marktes ist der Binnenmarkt.[13] Der freie Warenverkehr, der in den Artikeln 23 – 31 EG-Vertrag geregelt ist, ist für die Verwirklichung des Binnenmarktes von herausragender Bedeutung, welche bereits durch die systematische Stellung der Vorschriften über den freien Warenverkehr vor den anderen Freiheiten deutlich wird.[14] Die Gewährleistung des freien Verkehrs von Waren zwi-

---

geschützt werden, wenn er durch Handlungen von Privatpersonen blockiert wird. Zu dieser Thematik: Schorkopf, EuZW 1998, S. 237; Hauschild, EuZW 1999, S. 236.

[10] Müller-Graff, in GTE, Art. 30, Rdn. 7.

[11] V. Bogdandy, in Grabitz/Hilf, EGV, Art. 3, Rdn. 3; Geiger, EG-Vertrag, Art. 3, Rdn. 1.

[12] Sack/Fasshold, WRP 1987, S. 519 (520). Auf eine Unterscheidung zwischen dem „Gemeinsamen Markt“ und dem „Binnenmarkt“ kommt es für diese Arbeit nicht an. Zur Abgrenzung und Bedeutung dieser Begriffe vergleiche jedoch: Schmidt, ZHR 150 (1986), S. 687 (689); Grabitz, Über die Verfassung des Binnenmarktes, in FS für Ernst Steindorff, S. 1229; Grabitz/ v. Bogdandy, JuS 1990, S. 170; Mortelmans, CMLRev. 35 (1998), S. 101.

[13] Koenig/Haratsch, Europarecht, Rdn. 488.

[14] Vgl. Grabitz/ v. Bogdandy, JuS 1990, S.170 (171).

schen den Mitgliedstaaten der Gemeinschaft soll Handelshindernisse abbauen, so daß die Waren ohne Behinderungen zirkulieren können. Die Freiheit des Warenverkehrs ist demzufolge das „Herzstück“ des Gemeinschaftsrechts.[15]

II. Die Vorschriften des freien Warenverkehrs

Die Vorschriften des freien Warenverkehrs des EG-Vertrages teilen sich auf in die zollrechtlichen Vorschriften und die Vorschriften über die mengenmäßigen Ein- und Ausfuhrbeschränkungen.

1. Zollrechtliche Vorschriften

Die Bedeutung der Anwendbarkeit der zollrechtlichen Vorschriften im innergemeinschaftlichen Verkehr ist seit Abschaffung der Zölle im innergemeinschaftlichen Handel nur noch von geringer Bedeutung, da Zölle im Binnenmarkt abgeschafft sind.[16] Selbstverständlich erhebt die Gemeinschaft gegenüber Drittstaaten weiterhin Zölle. Diese Zölle sind jedoch nicht Gegenstand dieser Arbeit.

2. Artt. 28 ff. EGV

Heute sind die Artt. 28 ff. EG-Vertrag die für die Warenverkehrsfreiheit wichtigen Vorschriften. Sie normieren die Verbote der *mengenmäßigen Ein- und Ausfuhrbeschränkungen* und der entsprechenden *Maßnahmen*

---

[15] So auch Müller-Graff, in GTE, Art. 30, Rdn. 10; Herdegen, Europarecht, Rdn. 287.

[16] Der Gerichtshof mußte sich allerdings immer dann mit zollrechtlichen Fragen auseinandersetzen, wenn es um eine Abgrenzung zwischen Steuern, anderen Abgaben und Zöllen ging, also die Abgrenzung zwischen Artt. 23 ff. und Art. 81 EG-Vertrag: EuGH vom 17.09.1997, Slg. 1997, S. 4911, Rs. 347/95; EuGH vom 17.09.1997, Slg. 1997, S. 4939, Rs. 28/96. So entschied der EuGH mehrfach, daß eine unterschiedslos auf inländische und ausländische Fahrzeuge erhobene Kraftfahrzeugsteuer kein Zoll oder keine Abgabe gleicher Wirkung im Sinne der Artt. 23 ff. EG-Vertrag sei; bei einer solchen Steuer handele es sich vielmehr um eine inländische Abgabe im Sinne von Art. 95 EG-Vertrag. Weitere Fälle sind: EuGH vom 22.04.1999, Slg. 1999, S. 2266 (2271), Rdn. 11, Rs. 109/98; EuGH vom 09.08.1994, Slg. 1994, S. 3957, Rs. 363/93, 407 - 411/93; EuGH vom 14.09.1995, Slg. 1995, S. 2655, Rs. 485 und 486/93; EuGH vom 22.06.1994, Slg. 1994, S. 2757, Rs. 426/92; EuGH vom 15.04.1997, Slg. 1997, S. 1905, Rs. 272/95.

gleicher Wirkung, um auch solche nationalen Regelungen, die keine Zölle darstellen, aber dennoch den Handel mit Waren behindern können, zu erfassen. Art. 28 EGV bestimmt:

Mengenmäßige Einfuhrbeschränkungen sowie alle Maßnahmen gleicher Wirkung sind unbeschadet der nachstehenden Bestimmungen zwischen den Mitgliedstaaten verboten.

Keine andere Vorschrift hat in der Rechtsprechung und Praxis für den europäischen Binnenmarkt eine größere Bedeutung erlangt als Art. 28 EG-Vertrag.[17]

a) mengenmäßige Einfuhrbeschränkungen

Die Bedeutung des Tatbestandsmerkmals der „mengenmäßigen Einfuhrbeschränkungen" ist im Gegensatz zu der *Maßnahme gleicher Wirkung* heute nur noch sehr gering, da Quoten und Kontingente bereits seit dem Ablauf der Übergangszeiten beseitigt sind.[18] Der EuGH hat in seiner frühen Rechtsprechung entschieden, daß sich *mengenmäßige Einfuhrbeschränkungen* auf sämtliche Maßnahmen, die sich - je nach Lage des Falles - als eine gänzliche oder teilweise Untersagung der Einfuhr, Ausfuhr oder Durchfuhr darstellen, erstrecke.[19] Diejenigen Fälle, bei denen solche bejaht wurden, sind im Hinblick auf relative und vollständige Einfuhrverbote entschieden worden.[20] Begründet wurde dies damit, daß ein Einfuhrverbot eine extreme Form einer Beschränkung[21] darstelle.[22] Auf das Vorliegen einer *Maßnahme gleicher Wirkung* kam es nicht mehr an, da diese nur dann zu prüfen ist, wenn eine *mengenmäßige Einfuhrbeschränkung* nicht gegeben ist.[23]

---

[17] So auch Kilian, Europäisches Wirtschaftsrecht, Rdn. 236.

[18] Müller-Graff, in GTE, Art. 30 Rdn. 27; Dauses, RIW 1984, S. 197 (201); Streinz, Europarecht, Rdn. 730.

[19] EuGH vom 12.07.1973, Slg. 1973, S. 865 (879), Rdn. 7, Rs. 2/73 – „Geddo".

[20] EuGH vom 29.03.1979, Slg. 1979, S. 1447, Rs. 231/78; EuGH vom 25.09.1979, Slg. 1979, S. 2729, Rs. 232/78; EuGH vom 14.12.1979, Slg. 1979, S. 3795, Rs. 34/79.

[21] Der Gerichtshof benutzt in diesem Zusammenhang den Begriff „Beschränkung" als Kurzform für den Begriff der mengenmäßigen Einfuhrbeschränkungen, so daß dieser Begriff folglich keine Relevanz für die Abgrenzung eines Diskriminierungsverbotes von einem Beschränkungsverbot hat.

[22] EuGH vom 14.12.1979, Slg. 1979, S. 3795 (3812), Rdn. 12, Rs. 34/79.

[23] Vgl. Müller-Graff, in GTE, Art. 30, Rdn. 31.

b) Maßnahme gleicher Wirkung

Heute stellt die Bedeutung des Merkmals der *Maßnahme gleicher Wirkung* in Art. 28 EGV das zentrale Problem der Warenverkehrsfreiheit des EG-Vertrages dar, da insbesondere die Maßnahmen des verdeckten Protektionismus durch das Verbot der *Maßnahme gleicher Wirkung* beseitigt werden sollen.[24] Im Bereich der Warenverkehrsfreiheit stellt Art. 28 EG-Vertrag das Regulativ dar, an dem die einzelstaatlichen Regelungen gemessen werden. In diesem sehr wichtigen und sich dynamisch entwickelnden Bereich hat die Fülle an Fällen, die den Gerichtshof beschäftigen, nicht nachgelassen.[25] Art. 29 EG-Vertrag nimmt in diesem Zusammenhang eine vergleichsweise untergeordnete Rolle ein. *Maßnahmen gleicher Wirkung* sind solche Regelungen, die ohne eine mengenmäßige Beschränkung darzustellen, Einfuhren entgegen wirken können. In den verschiedenen Ländern der Europäischen Gemeinschaft existiert eine unüberschaubare Anzahl von nationalen Vorschriften, die die Produkte, die Werbung, die Einfuhr oder den Vertrieb der Waren betreffen. Vielfach ist der europäische Gesetzgeber bereits tätig geworden und hat Verordnungen oder Richtlinien erlassen, um die vielen nationalen Vorschriften auf europäischer Ebene zu vereinheitlichen. Jedoch existieren noch zahlreiche Bereiche, die noch nicht auf europäischer Ebene geregelt werden konnten, so daß die einzelnen nationalen Vorschriften weiterhin gelten. In diesem sog. „nicht-harmonisierten" Bereich stellt sich die Frage, in welchen Fällen der EuGH das Vorliegen einer *Maßnahme gleicher Wirkung* bejaht hat. Der Schwerpunkt der Anwendbarkeit des Art. 28 EG-Vertrag hat sich von dem Merkmal der „mengenmäßigen Einfuhrbeschränkungen" auf das Merkmal der *Maßnahme gleicher Wirkung* verlagert.

---

[24] Vgl. Roth, Freier Warenverkehr, S. 47; Müller-Graff, in GTE, Art. 30, Rdn. 31; Oppermann, Europarecht, Rdn. 1291; Sack/Alt, EuZW 1990, S. 311 (313).

[25] Gormley, CMLRev. 27 (1990), S. 825 (832).

2. Kapitel : Relevanz des Gesichtspunkts der Diskriminierung für die Warenverkehrsfreiheit

Der EG-Vertrag enthält keine Definition der *Maßnahme gleicher Wirkung.*[26] Aus diesem Grunde mußte diese fehlende Definition durch die Rechtsprechung des EuGH entwickelt werden. Der einzige Bezug, der vorgegeben war, war der zu den mengenmäßigen Beschränkungen, da auch jede Maßnahme, die sich wie eine mengenmäßige Ein- bzw. Ausfuhrbeschränkung auswirkt, verboten sein soll. Aber auch dieser Bezug zur mengenmäßigen Ein- bzw. Ausfuhrbeschränkung stellt keine Definition dar. Aus diesem Grunde soll im folgenden zunächst abstrakt überlegt werden, wie diese beiden Tatbestandsmerkmale definiert werden könnten.

I. Zusammenhang des freien Warenverkehrs und der Diskriminierung

Es war daran zu denken, daß der EuGH diese fehlenden Definitionen mit einem Diskriminierungsverbot füllt. Denn: klassischerweise werden Handelsbarrieren im internationalen Wirtschaftsverkehr durch den Abbau von diskriminierenden Regelungen beseitigt. Völkerrechtliche Verträge waren grundsätzlich derart gestaltet, daß sie ein Diskriminierungsverbot der ausländischen Produkte, Dienstleistungen, Personen, etc. gegenüber den inländischen vorsahen. Ausländische Produkte, Dienstleistungen, Personen, etc. sollen nicht schlechter behandelt werden als die inländischen. Ein solches Diskriminierungsverbot führt aber klassischerweise nicht zu einer Anpassung und Verschmelzung von Märkten, sondern hat lediglich zur Folge, daß die ausländischen Produkte, Dienstleistungen, Personen, etc. nicht schlechter behandelt werden als die inländischen (zB. die im GATT-Vertrag in Artikel I enthaltene Meistbegünstigungsklausel). Das bedeutet, daß solche nationalen Regelungen, die die ausländische Ware aufgrund ihrer ausländischen Herkunft gegenüber der inländischen diskriminieren, verboten sind.[27] Solche Diskriminierungsverbote finden sich in einer Vielzahl von internationalen Verträgen, zum Beispiel in Art. XIII des GATT-

---

[26] Einen Versuch, den Begriff nach den juristischen Auslegungsmethoden herauszuarbeiten, unternimmt Fasshold. Zu einem eindeutigen Ergebnis kommt er jedoch nicht: Fasshold, S. 22ff.

[27] In Bezug auf die EG: Chalmers, ELRev. 19 (1994), S. 385 (397).

Vertrages. Da auch der EG-Vertrag im Ursprung ein solcher völkerrechtlicher Vertrag ist, liegt der Gedanke eines Diskriminierungsverbots nicht fern.

Im Rahmen dieser Arbeit soll nun festgestellt werden, ob die Warenverkehrsfreiheit des EG-Vertrages über das klassische Diskriminierungsverbot hinausgeht und auch ein Verbot nicht-diskriminierender Beschränkungen enthält.[28] Um diese Frage beantworten zu können, müssen zunächst die Begriffe der Diskriminierung und der Beschränkung untersucht bzw. definiert werden.

1. Verhältnis zwischen Art. 12 EGV und Art. 28 EGV

Der EG-Vertrag enthält in seinem Art. 12 Satz 2 ein explizit genanntes Diskriminierungsverbot. Danach wird eine Diskriminierung aufgrund der Staatsangehörigkeit unbeschadet besonderer Bestimmungen des Vertrages verboten. Zu den „besonderen Bestimmungen" zählen nicht nur die speziellen Diskriminierungsverbote, sondern auch die Beschränkungsverbote, da sie den Tatbestand der Diskriminierung einschließen.[29] Das bedeutet, daß auch Art. 28 EG-Vertrag eine besondere Bestimmung des Vertrages ist, die der Anwendung von Art. 12 EG-Vertrag vorgeht.[30]

Zudem ist zu beachten, daß Art. 12 EG-Vertrag nur die Diskriminierung aufgrund der Staatsangehörigkeit verbietet. Eine Ware hat keine Staatsangehörigkeit, so daß Art. 12 EG-Vertrag direkt keine Anwendung auf Waren findet. Allerdings kann der Verkäufer oder Käufer einer Ware aufgrund seiner Staatsangehörigkeit diskriminiert werden. Auch diese Diskriminierung hätte folglich Auswirkungen auf die von dem betreffenden Käufer oder Verkäufer gekaufte oder zu verkaufende Ware. Im Urteil „Oebel" hat der EuGH das Verhältnis zwischen Art. 12 EG-Vertrag[31] und Art. 28 EG-Vertrag hinreichend verdeutlicht und festgestellt:

---

[28] Der Frage, inwieweit die Ergebnisse zu Art. 28 EG-Vertrag zu den anderen wirtschaftlichen Freiheiten in Bezug gesetzt werden können, ist nicht Gegenstand dieser Arbeit Hierzu siehe jedoch: Behrens, EuR 1992, S. 145; Everling, in GS Knobbe-Keuk, S. 607 (617ff.); Roth, in GS Knobbe-Keuk, S. 729 (740ff.).

[29] Von Bogdandy, in Grabitz/Hilf, EGV, Art. 6, Rdn. 57.

[30] EuGH vom 24.11.1993, Slg. 1993, S. 6097 (6129), Rdn. 7f., Rs. 267 u. 268/91; von Bogdandy, in Grabitz/Hilf, EGV, Art. 6, Rdn. 58; Rossi, EuropaR 2000, S. 197 (205ff.).

[31] Damals handelte es sich noch um Art. 7 EWG-Vertrag.

[...] daß Artikel 7 EWG-Vertrag [Art. 12 EG-Vertrag][32] *dahin auszulegen ist, daß er nur Diskriminierungen aus Gründen der Staatsangehörigkeit der Wirtschaftsteilnehmer verbietet. Artikel 7 ist also nicht verletzt, auch wenn ein Mitgliedstaat durch eine gesetzliche Bestimmung, die weder unmittelbar noch mittelbar nach der Staatsangehörigkeit unterscheidet, eine Situation schafft, die die Wettbewerbsfähigkeit der in seinem Hoheitsgebiet ansässigen Wirtschaftsteilnehmer gegenüber den Wirtschaftsteilnehmern anderer Mitgliedstaaten beeinträchtigt."*[33]

Festzuhalten bleibt, daß Art. 12 EG-Vertrag keinen Ansatzpunkt für das hier zu untersuchende Problem liefert, da Art. 12 EG-Vertrag nicht auf Waren anwendbar ist, sondern die Diskriminierung aufgrund der Staatsangehörigkeit der Wirtschaftsteilnehmer beurteilt.

2. Der Definitionsentwurf der Kommission

Bevor der Gerichtshof zu der Bedeutung einer *Maßnahme gleicher Wirkung* im Rahmen eines Verfahrens Stellung nehmen konnte, wurde durch Initiative der Kommission, mit der RL 70/50/EWG eine Definition entworfen.[34] Obwohl eine solche Richtlinie im Konfliktfall hinter die primärrechtliche Norm des Art. 28 EG-Vertrag und dessen durch den EuGH vorgenommene Auslegung zurücktritt und damit keine präjudizielle Wirkung entfaltet, stellt sie bei der Beurteilung der *Maßnahme gleicher Wirkung* eine erste Orientierungshilfe dar.[35] Mehr als eine Orientierungshilfe kann sie aber nicht sein, da die Vorschriften des EG-Vertrages nicht durch Richtlinien, sondern durch die Rechtsprechung des Gerichtshofes ausgelegt werden. Die Richtlinie unterscheidet zwei Arten von *Maßnahmen gleicher Wirkung*: „andere als unterschiedslos auf inländische und eingeführte Waren anwendbare Maßnahmen" (d.h. diskriminierende Maßnahmen) gem. Art. 2 Abs. 1 der RL und „unterschiedslos auf inländische und eingeführte Waren anwendbare

---

[32] Die Artikelangabe in eckigen Klammern bezieht sich auf den nunmehr gültigen Vertragsartikel. Bei wörtlichen Zitaten des EuGH wird im folgenden die nunmehr gültige Vertragsvorschrift jeweils in eckigen Klammern in das Zitat eingefügt werden, ohne daß dies nochmals erläutert werden wird.

[33] EuGH vom 14.07.1981, Slg. 1981, S. 1993 (2007), Rdn. 10, Rs. 155/80 – „Oebel".

[34] ABl. EG 1970, L 13, S. 29.

[35] Veelken, EuR 1977, S. 311 (313), Fn. 9; Dauses, in Hdb. des EU-Wirtschaftsrechts, C. I Rdn. 84.

Maßnahmen" (d.h. nicht-diskriminierende Maßnahmen) gem. Art. 3 der RL.

a) Die Maßnahme gleicher Wirkung gem. Art. 2 Abs. 1 der RL 70/50/EWG

Gem. Art. 2 Abs. 1 der RL 70/50/EWG gilt:

„Diese Richtlinie betrifft andere als unterschiedslos auf inländische und eingeführte Waren anwendbare Maßnahmen, die Einfuhren verhindern, die ohne diese Maßnahmen stattfinden könnten, einschließlich derjenigen, die die Einfuhren gegenüber dem Absatz der inländischen Erzeugung erschweren oder verteuern."

Art. 2 Abs. 1 bezieht sich in seinem ersten Halbsatz ausschließlich auf solche nationalen Regelungen, die eine Unterscheidung zwischen eingeführten und inländischen Waren vornehmen und dabei die Einfuhren verhindern. Es sollen also die Regelungen erfaßt werden, die eindeutig eine unterschiedliche Behandlung der inländischen und der ausländischen Waren normieren; folglich sollen diskriminierende Regelungen von der Richtlinie erfaßt werden. Dieser Grundsatz wird aufgrund des letzten Halbsatzes modifiziert, der jedoch aus sich heraus unklar bleibt, da der Bezug des Wortes „einschließlich" nicht deutlich wird. Unverständlich bleibt nämlich, ob es sich auf „andere als unterschiedslos anwendbare Maßnahmen" bezieht oder nicht. Diese Frage läßt sich aber im Zusammenhang mit den Begründungserwägungen und den übrigen Artikeln der Richtlinie auflösen. Danach wird im Hinblick darauf, daß Art. 3 der Richtlinie die unterschiedslosen Maßnahmen betrifft, deutlich, daß Art. 2 die unterschiedlichen Maßnahmen meint. Aus den Begründungserwägungen ergibt sich, daß der erste Halbsatz diese Maßnahmen meint.[36]

Eine Konkretisierung der möglichen Fälle, die nach Art. 2 Abs. 1 eine *Maßnahme gleicher Wirkung* darstellen, erfolgt in Art. 2 Abs. 2 und 3 der RL. Während Art. 2 Abs. 2 der RL eine abstrakte Beschreibung der Maßnahmen vornimmt, die eine Diskriminierung der ausländischen Erzeugnisse darstellen,[37] beschreibt Abs. 3 mögliche unter Art. 2 Abs. 1 der RL fallende

[36] Die Begründungserwägungen sind zwar nicht numeriert, wenn man eine solche Numerierung jedoch vornähme, wären die 6. und 7. Begründungserwägung gemeint.

[37] In einigen Urteilen des EuGH wird auf die Richtlinie Bezug genommen, z.B. im Urteil vom 08.07.1975, Slg. 1975, S. 843 (858), Rdn. 3f., Rs. 4/75 wird eine *Maßnahme gleicher Wirkung* bejaht, da die nationale Regelung eine gegen Art. 2 Abs. 2 der RL verstoßende Regelung war.

Maßnahmen. Die Auflistung beschränkt sich aber nicht auf „nicht unterschiedslos anwendbare Maßnahmen", da einige aufgelistete Maßnahmen formell einheitlich geregelt sind und damit gerade eine formelle Diskriminierung nicht enthalten.[38] Eine materielle Diskriminierung wird aber auf jeden Fall vorausgesetzt.

b) Die Maßnahme gleicher Wirkung gem. Art. 3 der RL 70/50/EWG

Art. 3 der RL 70/50/EWG lautet:

„Diese Richtlinie betrifft weiterhin die Maßnahmen über die Vermarktung von Waren, insbesondere betreffend die Form, die Ausmaße, das Gewicht, die Zusammensetzung, die Aufmachung, die Identifizierung, die Aufbereitung, welche unterschiedslos auf inländische und eingeführte Waren anwendbar sind und deren beschränkende Wirkungen auf den Warenverkehr den Rahmen der solchen Handelsregelungen eigentümlichen Wirkungen überschreiten."

Art. 3 der RL stellt heraus, daß auch solche nationalen Maßnahmen, die keine Unterscheidung zwischen eingeführten und inländischen Waren machen, eine *Maßnahme gleicher Wirkung* sein können.[39] Solche Regelungen sollen aber nur dann eine verbotene *Maßnahme gleicher Wirkung* darstellen, wenn das Produkt betroffen ist und ihre beschränkenden Wirkungen über das solchen Handelsregelungen immanente Maß hinausgehen. Damit geht die Kommission bereits im Jahre 1969 davon aus, daß eine formelle Diskriminierung für das Bejahen einer *Maßnahme gleicher Wirkung* nicht notwendig ist. Auch solche Maßnahmen, die einheitlich für inländische und ausländische Erzeugnisse gelten, wären von Art. 28 EG-Vertrag erfaßt. Damit ist aber die Frage noch nicht geklärt, ob trotz der unterschiedslosen Maßnahme nicht dennoch nach Ansicht der Kommission eine materielle Diskriminierung vorliegen müßte. Wie bei Art. 2 folgt Art. 3 der RL auch eine Konkretisierung. Danach liegt eine solche Maßnahme vor, wenn die den freien Warenverkehr beschränkende Wirkung außer Verhältnis zu dem angestrebten Zweck steht oder das gleiche Ziel durch ein anderes Mittel erreicht werden kann, das den Warenaustausch weniger behindert. Eine materielle Diskriminierung der ausländischen Erzeugnisse wird nicht gefordert. Allerdings muß auch Art. 3 der RL im Zusammenhang mit den vorangestellten Begründungserwägungen gesehen werden. Erstaunlicher-

---

[38] So können lit. d) und e) keine materielle Diskriminierung erkennen lassen.

[39] Veelken, EuR 1977, S. 311 (317).

weise verneint die achte Begründungserwägung grundsätzlich bei einer unterschiedslosen Maßnahme das Vorliegen einer *Maßnahme gleicher Wirkung*. Die zehnte Begründungserwägung wiederum beschreibt, wann eine unterschiedslose Maßnahme dennoch eine *Maßnahme gleicher Wirkung* darstellen kann. Die genannte Begründung läßt sich auf einen Diskriminierungsgesichtspunkt zurückführen. Im Ergebnis geht die Kommission also auch bei einer unterschiedslosen Regelung davon aus, daß eine *Maßnahme gleicher Wirkung* nur dann zu bejahen ist, wenn eine materielle Diskriminierung vorliegt.[40]

c) Zwischenergebnis

Die Richtlinie definiert den Begriff der *Maßnahme gleicher Wirkung* zu einem Zeitpunkt, als der Gerichtshof kaum Gelegenheit gehabt hatte, sich dieser Frage zu widmen. Obwohl die Kommission zu einem frühen Zeitpunkt erkennt, daß auch unterschiedslose Regelungen eine *Maßnahme gleicher Wirkung* darstellen können, geht sie noch nicht so weit, sich dabei von dem Gesichtspunkt der Diskriminierung zu lösen. Im Gegenteil, für die Kommission ist sie ein essentieller Bestandteil derselben.

II. Begriff der Diskriminierung

Da Art. 12 EGV auf Artt. 28 ff. EGV nicht anwendbar ist und die Richtlinie 70/50/EWG lediglich erste Anhaltspunkte der Kommission für deren Verständnis der *Maßnahme gleicher Wirkung* bietet, aber keine Aussage über das Verständnis des Gerichtshofes liefert, ist die Rechtsprechung des EuGH zu analysieren. Es ist zu prüfen, welche Rolle das Diskriminierungsverbot als Leitlinie für die Auslegung der *Maßnahme gleicher Wirkung* und der möglichen Rechtfertigung einer solchen *Maßnahme gleicher Wirkung* spielt.[41] Bevor dies jedoch genauer analysiert wird, soll zunächst überlegt werden, was unter dem Begriff der Diskriminierung zu verstehen ist.

---

[40] Anders Veelken, EuR 1977, S. 311 (318); Ehlermann, EuR 1973, S. 1 (6f.).

[41] Eine direkte Übertragung der Diskriminierungsgrundsätze, insbesondere der des völkerrechtlichen Grundsatzes der Meistbegünstigung, ist auszuschließen, da keine Unterschiede zwischen den Mitgliedstaaten gemacht werden. So auch Steindorff, ZHR 150 (1986), S. 687 (690).

Der Begriff „Diskriminierung“ kommt aus dem Lateinischen und bedeutet Trennung bzw. Unterscheidung. Diskriminierung setzt immer das Vorhandensein von zwei Vergleichsgruppen voraus, die im Vergleich zueinander unterschiedlich behandelt werden. Im Völkerrecht ist es die völkerrechtswidrige unterschiedliche Behandlung der Angehörigen eines Staates durch einen anderen; besonders im Außenhandel.[42]
In Bezug auf den freien Warenverkehr stellt sich die Frage, in welcher Form eine Diskriminierung vorliegen kann. Die folgenden Anknüpfungspunkte scheinen denkbar:

- Zum einen könnte eine Diskriminierung vorliegen, wenn die Unterscheidung an der Herkunft der Ware anknüpft.[43]
- Eine weitere Alternative für das Vorliegen einer Diskriminierung könnten die unterschiedlichen Importwege sein.[44]
- Eine Diskriminierung könnte auch denjenigen betreffen, der ausländische Ware und nicht inländische verarbeitet.[45]

Obwohl es sich hierbei um unterschiedliche Anknüpfungspunkte handelt, ist bereits vorab festzustellen, daß es in den meisten vom Gerichtshof entschiedenen Fällen um die Herkunft der Ware geht.

Diese unterschiedlichen Anknüpfungspunkte sollen Aufschluß darüber geben, wann ein Produkt bzw. ein Importeur im Hinblick auf ein anderes Produkt bzw. einen anderen Importeur aufgrund einer bestimmten Regelung unterschiedlich behandelt wird. Denn aufgrund der Unterschiede der nationalen - noch nicht harmonisierten - Regelungen werden ausländische Waren bei der Einfuhr in einen anderen Mitgliedstaat konsequenterweise stärker belastet als die inländischen. Es stellt sich also die Frage, wann hierin eine Diskriminierung zu sehen ist.

---

[42] Vgl. Seidl-Hohenveldern/Stein, Völkerrecht, Rdn. 1594, 1433.
[43] Vgl. EuGH vom 07.03.1989, Slg. 1989, S. 617, Rs. 215/87.
[44] Vgl. EuGH vom 11.07.1974„ Slg. 1974, S. 837, Rs. 8/74 - „Dassonville“.
[45] Vgl. EuGH vom 12.07.1979, Slg. 1979, S. 2555, Rs. 153/78

1. Formelle Diskriminierung

Eine formelle Diskriminierung[46] liegt immer dann vor, wenn eine nationale Regelung ausdrücklich an eines der oben genannten Merkmale, insbesondere an die ausländische Herkunft der Ware anknüpft und das ausländische Erzeugnis aufgrund dessen benachteiligt wird.[47] Das ist zum Beispiel dann der Fall, wenn eine Regelung besagt, daß die ausländischen Erzeugnisse anders behandelt werden als die inländischen. Anders umschrieben liegt eine solche vor, wenn eine nationale Regelung dergestalt formuliert ist, daß die Ungleichbehandlung ausdrücklich auf den Umstand abhebt, daß die Ware eine innergemeinschaftliche Grenze überschreitet und somit eine sog. *formelle Diskriminierung* gegeben ist.[48] Dabei ist festzuhalten, daß der Gesichtspunkt des Überschreitens einer innergemeinschaftlichen Grenze insoweit genauer ist als die der ausländischen Herkunft, da auch Parallelimporte, die im Inland hergestellt wurden und gerade nicht ausländischer Herkunft sind, von den Regelungen erfaßt werden können.

2. Materielle Diskriminierung

Eine materielle Diskriminierung[49] stellt keine ausdrückliche Ungleichbehandlung zwischen den inländischen und den ausländischen Waren dar, führt aber dennoch im Ergebnis zu einer Benachteiligung der ausländischen Erzeugnisse gegenüber den inländischen.[50] Es handelt sich dabei um Regelungen, die ganz überwiegend die eingeführten Erzeugnisse und nicht die inländischen betreffen. Das ist dann der Fall, wenn nicht aufgrund der Herkunft differenziert wird, aber die Regelung dennoch dazu führt, daß die Voraussetzungen der Regelung grundsätzlich nur von inländischen Produkten erfüllt werden können. Die Wirkung dieser Regelungen könnten eine

[46] Für die hier gewählte Begriffsbildung können weitere in der Literatur gebräuchliche Begriffe synonym verwandt werden: z.B. die „offene", „direkte" oder „unmittelbare" Diskriminierung.

[47] So auch Generalanwalt van Gerven in seinem Schlußantrag zu „Tankstation 'T Heukske und Boermans" vom 16.03.1994, Slg. 1994, S. 2201 (2218), Rdn. 24, Rs. 401/92 und 402/92.

[48] So auch Classen, EWS 1995, S. 97; Jarass, EuR 1995, S. 202 (212).

[49] In der Literatur werden hierfür außerdem die folgenden Begriffe benutzt: „mittelbare", „versteckte", „verschleierte" oder „indirekte" Diskriminierung.

[50] Vgl. Dauses, in Hdb. des EU-Wirtschaftsrechts, C. I Rdn. 99, Jarass, EuR 1995, S. 202 (213); Classen, EWS 1995, S. 97; Waelbrock, CDE 25 (1989), S. 41 (52).

sog. *materielle Diskriminierung* darstellen.[51] Dabei ist zu fragen, wie weit der Begriff der materiellen Diskriminierung auszudehnen ist: Fällt jede Erschwerung der Einfuhr darunter oder muß es sich um eine Benachteiligung der ausländischen Erzeugnisse gegenüber den inländischen handeln. Die anschließende Analyse der Rechtsprechung soll verdeutlichen, was der EuGH unter einer Diskriminierung versteht. Festzuhalten ist, daß sowohl die formelle als auch die materielle Diskriminierung eine Benachteiligung der eingeführten Erzeugnisse gegenüber den inländischen Erzeugnissen bedeuten.

3. Abgrenzung zum Beschränkungsverbot

Von diesen beiden Arten der Diskriminierung, insbesondere der materiellen Diskriminierung, ist eine bloße Beschränkung des Handels abzugrenzen. Eine Beschränkung liegt vor, wenn eine Regelung ohne zu diskriminieren, dennoch eine Behinderung des Handels hervorruft. Das Beschränkungsverbot geht über das Diskriminierungsverbot hinaus, indem es verlangt, daß eine Ware, die im Ausland rechtmäßig hergestellt worden ist und damit verkehrsfähig ist, auch im Inland verkehrsfähig sein muß.

Die Abgrenzung der Diskriminierung von einer Beschränkung wird teilweise auch unter den Begriffen des Bestimmungs- und des Herkunftslandprinzips erörtert.[52] Das Bestimmungslandprinzip bedeutet dabei, daß sich Waren im zwischenstaatlichen Wirtschaftsverkehr dem Regulierungssystem unterwerfen müssen, in dem sie vermarktet werden sollen.[53] Das Bestimmungslandprinzip ist somit mit dem Diskriminierungsverbot vergleichbar, da beide zum Inhalt haben, daß die Waren den inländischen Gegebenheiten, die auch für die inländischen Produkte gelten, angepaßt werden, ohne eine Unterscheidung aufgrund der Herkunft zu treffen. Im Gegensatz dazu steht das Herkunftslandprinzip, das diejenigen Standards anerkennt, die im Herkunftsland für die Produkte und die Vermarktung gelten und somit mit dem Beschränkungsverbot vergleichbar ist.

---

[51] Vgl. Dauses, in Hdb. des EU-Wirtschaftsrechts, C.I Rdn. 99; Jarass, EuR 1995, S. 202 (213); Classen, EWS 1995, S. 97.
[52] Vgl. Steindorff, ZHR 150 (1986), S. 687 (690ff); Behrens, EuR 1992, S. 145 (156ff.); Sack, WRP 1994, S. 281 (287).
[53] Behrens, EuR 1992, S. 145 (156).

Das Beschränkungsverbot sorgt dafür, daß der freie Warenverkehr insgesamt keine Behinderungen durch die Anwendung einzelstaatlicher Regelungen erfahren darf. In- und ausländische Waren müssen vollkommen gleich behandelt werden. Bei der Feststellung einer solchen Behinderung kommt es somit nicht auf den Gesichtspunkt der Diskriminierung an. Aus dem Gleichheitsrecht des Art. 28 EG-Vertrag wird ein absolutes Recht, das die eingeführten Waren formell wie tatsächlich gleichen Bedingungen wie den inländischen unterwirft.[54]

Seit längerem ist umstritten, ob die Freiheit des Warenverkehrs lediglich ein Gleichheitsrecht, also ein Diskriminierungsverbot beinhaltet, oder ob es darüber hinaus ein Freiheitsrecht, ein sog. Beschränkungsverbot, darstellt.[55] Ein Diskriminierungsverbot bedeutet, daß die eingeführte Ware nicht gegenüber der inländischen benachteiligt werden darf, während ein Beschränkungsverbot jede Behinderung des innergemeinschaftlichen Handels erfaßt. Eine beschränkende Regelung ist gegeben, wenn der Handel, ohne daß die ausländischen Waren gegenüber den inländischen diskriminiert werden, dennoch behindert wird. Das Beschränkungsverbot hätte zur Folge, daß die eingeführte Ware im Einfuhrstaat unter denselben Bedingungen wie im Herstellungsstaat verkauft und vermarktet werden könnte, um der Ware keinerlei Beschränkungen aufzuerlegen.

Um also eine Verschmelzung von unterschiedlichen nationalen Märkten zu erreichen, müßten darüber hinaus auch mögliche nicht-diskriminierende Handelsbeschränkungen aufgehoben werden. Es stellt sich also die Frage, inwieweit das klassische völkerrechtliche Instrumentarium des Diskriminierungsverbotes aufgrund der bereits angesprochenen wachsenden Integration der Europäischen Gemeinschaft bereits vom weitergehenden Beschränkungsverbot abgelöst worden ist. Dieses würde zu einer Angleichung der unterschiedlichen nationalen Märkte aufgrund der durch das Beschränkungsverbot folgenden Rechtsangleichung führen. Die Auslegung der Warenverkehrsfreiheit als Beschränkungsverbot hätte also zum Ergebnis, daß ein großes Maß an Übereinstimmung zwischen den nationalen Märkten der Europäischen Gemeinschaft besteht.

---

[54] Classen, EWS 1995, S. 97 (98); Dauses, in Hdb. des EU-Wirtschaftsrechts, C.I Rdn. 104f.

[55] Diese Diskussion wird auch im Bereich der anderen wirtschaftlichen Freiheiten geführt.

Ein klares Abgrenzungskriterium für die Unterscheidung zwischen einer Beschränkung und einer Diskriminierung existiert nicht, so daß zu untersuchen ist, welche zwischenstaatlichen Handelsbehinderungen eine Diskriminierung darstellen. Im Bereich der unterschiedslos anwendbaren Maßnahmen, also solcher nationalen Regelungen, die keine formelle Unterscheidung aufgrund der Herkunft treffen, gelten die Regelungen sowohl für die inländischen als auch für die eingeführten Erzeugnisse. Jedoch sind die eingeführten Waren nach den gültigen Vorschriften des Herkunftsstaates hergestellt worden, so daß eine abweichende oder strengere Regelung in einem anderen Mitgliedstaat, die nicht aufgrund der Herkunft unterscheidet, dennoch zu einer Handelsbehinderung führen kann. Es stellt sich die Frage, ob jede Handelsbeschränkung, die aufgrund der Unterschiedlichkeit der einzelstaatlichen Regelungen entsteht und dazu führt, daß das betreffende Erzeugnis tatsächlich zusätzlich belastet wird, eine Diskriminierung darstellt. Jede nationale unterschiedslos wirkende Regelung, die noch nicht durch Richtlinien harmonisiert worden ist, kann die im Herkunftsstaat rechtmäßig hergestellten Importwaren schlechter stellen als die inländischen. Das hätte zur Folge, daß jede Handelsbeschränkung auch gleichzeitig eine Diskriminierung darstellt und damit eine nicht-diskriminierende Handelsbehinderung nicht denkbar wäre. Eine Unterscheidung zwischen Beschränkungsverbot und Diskriminierungsverbot wäre nicht möglich, da jede Beschränkung zugleich eine Diskriminierung wäre. Aus diesem Grunde muß der Unterschied zwischen der Diskriminierung und der Beschränkung klar herausgearbeitet werden.[56] Diese Frage stellt sich insbesondere bei die einheimische Produktion schützenden Regelungen (vgl. die „Bier-Entscheidung" und die „Pasta-Entscheidungen"[57]).

4. Zwischenergebnis

Weitgehend einig ist man sich, welche Bedeutung eine formelle (auch unmittelbare) Diskriminierung darstellt: es geht um eine Regelung, die zwischen den inländischen und den eingeführten Erzeugnissen unterscheidet.[58] Der Begriff der materiellen (verschleierten, mittelbaren) Diskriminierung hingegen wird in den vielfältigsten Formen beschrieben. Einigen Autoren genügt hierfür, daß die einheimischen gegenüber den inländischen Erzeug-

[56] Vgl. Chalmers, ELRev. 19 (1994), S. 385 (394).
[57] Siehe unten 3. Kapitel, I 5.
[58] Hakenberg/Harles, GRUR Int. 1990, S. 957 (958).

nissen auf eine bestimmte Weise bevorzugt werden, andere stellen auf eine Benachteiligung ab. Eine genaue Grenze zwischen der materiellen Diskriminierung und der Beschränkung gibt es nicht. Aus diesem Grunde muß die Rechtsprechung des EuGH in diesem Zusammenhang analysiert werden.

III. Ansatzpunkte für die Relevanz der Diskriminierung

1. Das Vorliegen einer Maßnahme gleicher Wirkung und der Gesichtspunkt der Diskriminierung

Früher wurde vertreten, daß eine *Maßnahme gleicher Wirkung* nur dann bejaht werden könne, wenn die ausländischen Waren gegenüber den inländischen diskriminiert wurden.[59] Diese Ansicht hat sich grundlegend aufgrund der sog. „Dassonville-Entscheidung" des EuGH[60] gewandelt. Bis zu dem Urteil „Dassonville" hatte der EuGH eine abstrakte Definition[61] der *Maßnahme gleicher Wirkung* nicht entworfen,[62] was sich mit dem Urteil

---

[59] Seidel, NJW 1967, S. 2081 (2084), vgl. auch Leisner, EuZW 1993, S. 655 (656); Fezer, JZ 1994, S. 317 (319); Mülbert, ZHR 159 (1995), S. 2 (3f.); Eberhartinger, EWS 1997, S. 43 (44); Dauses, RIW 1984, S. 197 (202).

[60] EuGH vom 11.07.1974, Slg. 1974, S. 837, Rs. 8/74 - „Dassonville".

[61] Es gab jedoch Versuche, die eine oder andere Maßnahme bereits abstrakt zu definieren. So entschied der EuGH im Fall „Geddo" (EuGH vom 12.07.1973, Slg. 1973, S. 865 (879), Rdn. 7, Rs. 2/73), wann eine mengenmäßige Beschränkung vorliege und auch darüber hinaus eine *Maßnahme gleicher Wirkung*: „Das Verbot mengenmäßiger Beschränkungen erstreckt sich auf sämtliche Maßnahmen, die sich, je nach Fallage, als eine gänzliche oder teilweise Untersagung der Einfuhr, der Ausfuhr oder Durchfuhr darstellen. Zu den *Maßnahmen mit gleicher Wirkung* gehören, über die vorgenannten Verbote hinaus, auch sonstige Behinderungen ohne Rücksicht auf ihre Bezeichnung oder ihre Anwendungsart, die sich in gleicher Weise auswirken."

[62] In den Schlußanträgen des Generalanwalts Roemer finden sich jedoch erste Definitionsversuche für die *Maßnahme gleicher Wirkung*. Im Schlußantrag Slg. 1971, S. 1107 (1124), Rs. 51-54/71 definierte er sie folgendermaßen: „wenn ganz oder teilweise ein Ausschluß der Einfuhren, und zwar im Hinblick auf Zahl und Menge der Importgüter erfolgt, wenn ein indirektes Einfuhrhindernis gegeben ist, die Einfuhren sich schwieriger und teurer gestalten als der Absatz vergleichbarer nationaler Produkte." Im Schlußantrag Slg. 1973, S. 611, Rs. 77/72 stellte er fest, daß Art. 28 die Fälle nicht erfasse, „in denen Importwaren und einheimische Erzeugnisse gleichermaßen belastet seien (wo es also an einer besonderen Belastung des Importeurs fehle). Der Generalanwalt definierte

„Dassonville“[63] änderte. Hintergrund dieses Urteils war eine belgische Regelung, die die Einfuhr einer Ware, die mit einer Ursprungsbezeichnung versehen war, für den Fall untersagte, daß für diese Ware eine vom Exportland ausgestellte amtliche Urkunde nicht vorlag. In dieser amtlichen Urkunde wurde die Berechtigung zur Verwendung dieser Bezeichnung bescheinigt. Diese Regelung führte dazu, daß englischer Scotch Whisky von Großbritannien direkt nach Belgien importiert werden konnte, aber derselbe Scotch Whisky, der bereits nach Frankreich eingeführt worden war, nicht von dort nach Belgien exportiert werden konnte, da die Ursprungsbescheinigung nicht mehr vorlag. Der EuGH entschied:

„Jede Handelsregelung der Mitgliedstaaten, die geeignet ist, den innergemeinschaftlichen Handel unmittelbar oder mittelbar, tatsächlich oder potentiell zu behindern, ist als Maßnahme mit gleicher Wirkung wie eine mengenmäßige Beschränkung anzusehen.“[64]

Mit dieser Entscheidung erfuhr die *Maßnahme gleicher Wirkung* eine weite Auslegung, denn eine einzelstaatliche Regelung mußte nur geeignet sein, den innergemeinschaftlichen Handel zu behindern.[65] Die Formel enthielt keinen Hinweis auf eine Diskriminierung. Es wurde lediglich eine Behinderung des Handels verlangt. Danach können alle jene Vorschriften den Handel behindern, die nicht bereits eine mengenmäßige Einfuhrbeschränkung darstellen, da eine solche spezieller ist als der Begriff der *Maßnahme gleicher Wirkung.*[66]

Wohl auch im Hinblick auf die „Dassonville-Entscheidung“ sah Veelken im Jahr 1977 in der Rechtsprechung des Gerichtshofes zu Artikel 28 EG-Vertrag kein Diskriminierungsverbot mehr.[67] Heute kann es als herrschende Meinung angesehen werden, daß Art. 28 EG-Vertrag zwar das Verbot der Diskriminierung von Einfuhrwaren im Vergleich zu inländischen Erzeugnissen enthält,[68] aber darüber hinaus auch Regelungen betrifft, die un-

---

damit die *Maßnahme gleicher Wirkung* in Anlehnung an die RL 70/50/EWG und stellte auf ein Diskriminierungsverbot ab.

[63] EuGH vom 11.07.1974, Slg. 1974, S. 837, Rs. 8/74 - „Dassonville“.

[64] EuGH vom 11.07.1974, Slg. 1974, S. 837 (852), Rdn. 5, Rs. 8/74 - „Dassonville“.

[65] Vgl. Everling, EuR 1982, S. 301 (303); Dauses, RIW 1984, S. 197 (201); Alt/Sack, EuZW 1990, S. 311 (313).

[66] Müller-Graff, GTE, Art. 28, Rdn. 31.

[67] Veelken, EuR 1977, S. 311 (332), es folgten andere: Wyatt, ELRev. 6 (1981), S. 185ff..

[68] Steindorff, WRP 1993, S. 139 (144).

terschiedslos für eingeführte und inländische Produkte gelten.[69] Mit „Dassonville“ hat der EuGH die Warenverkehrsfreiheit von der Voraussetzung einer Ungleichbehandlung importierter Waren gegenüber Inlandsprodukten gelöst und sie zu einem allgemeinen Verbot der Beschränkung des zwischenstaatlichen Handelsverkehrs erweitert.[70]

Allerdings ist in diesem Zusammenhang zu beachten, daß die Terminologie „Diskriminierung“ in der Literatur nicht einheitlich bzw. oftmals undifferenziert ist.[71] Marenco zieht den Begriff der Diskriminierung am weitesten und sieht darin jede Erschwerung der Einfuhr, und damit jede Handelsbehinderung.[72] Jarass meint, daß eine ausländische Ware dann diskriminiert werde, wenn sie aufgrund ihrer ausländischen Herkunft gegenüber den inländischen Erzeugnissen benachteiligt werde,[73] sie also anders behandelt wird als die inländische. Eine solche andersartige Behandlung läge immer dann vor, wenn die Regelung nur für Waren gelte, die eine innergemeinschaftliche Grenze überschreiten.[74] Aber auch nach erfolgter Einfuhr könne eine Andersbehandlung der importierten Ware gegenüber der inländischen auftreten. Axster bejaht eine Diskriminierung, wenn aufgrund eines verdeckten Protektionismus Importwaren gegenüber den heimischen Waren des betreffenden Mitgliedstaats benachteiligt werden.[75]

Allein diese wenigen Beispiele verdeutlichen, daß die Begriffe der „Diskriminierung“, der „unterschiedslosen Regelung“, der „Beschränkung“ etc. in der literarischen Diskussion nicht einheitlich definiert werden.[76] Jeder Autor setzt seine eigene Definition des Begriffes der Diskriminierung fest. Aus diesem Grunde soll die Rechtsprechung des EuGH systematisch dar-

---

[69] Everling, in FS Lukes, S. 359 (372); Everling, in GS Knobbe-Keuk, S. 607 (613); Kleier, RIW 1988, S. 623 (624); Jickeli, JZ 1995, S. 57 (58); Dörr, RabelsZ 1990, S. 677 (688); Leisner, EuZW 1993, S. 655 (656); Behrens, in Verfassung für ein ziviles Europa, S. 73 (81); Bernhard, EWS 1995, S.404 (405); Schmidt, ZHR 150 (1986), S.687 (693); Leible, EuZW 2001, S. 253.

[70] Behrens, EuR 1992, S. 145 (149); Leisner, EuZW 1993, S. 655 (656); Steindorff, WRP 1993, S. 139 (141); Kleier, RIW 1988, S. 623 (624); Oliver, ILJ 19-20 (1990-91), S. 298 (299).

[71] So Steindorff, WRP 1993, S. 139 (144).

[72] Marenco, CDE 20 (1984), S. 291 ff.; so auch Defalque, CDE 23 (1987), S. 471 (481).

[73] Vgl. Jarass, EuR 1995, S. 202 (213).

[74] Vgl. Jarass, EuR 1995, S. 202 (213).

[75] Axster, in FS Rowedder, S. 21 (25).

[76] Vgl. nur Heermann, GRUR Int. 1999, S. 579 (590).

aufhin analysiert werden, wann der EuGH das Vorliegen einer diskriminierenden Regelung bejaht und insbesondere, wie er diese begründet. Diese Feststellung ist in einem zweiten Schritt entscheidend für die Anwendbarkeit der sog. „Cassis-Formel“:

2. *Die Bedeutung der Diskriminierung für die Anwendbarkeit der „Cassis-Formel“*

Eine Einschränkung der weiten „Dassonville-Formel“ und damit das Vorliegen einer *Maßnahme gleicher Wirkung* wurde durch das Urteil „Cassis-de-Dijon“ geschaffen.[77] Bis zu dem „Cassis-Urteil“ war eine Rechtfertigung von Verstößen gegen das Verbot der *Maßnahme gleicher Wirkung* nur aus den Rechtfertigungsgründen des Art. 30 EG-Vertrag möglich. Diese Rechtfertigungsgründe wurden jedoch äußerst restriktiv ausgelegt und entsprechend angewandt.[78] Das hatte zur Folge, daß nur wenige nationale Maßnahmen von dem Verbot des Art. 28 EG-Vertrag ausgenommen werden konnten. Durch das Urteil „Cassis“ wurden weitere „Rechtfertigungsmöglichkeiten“ eröffnet. Ob die durch das „Cassis-Urteil“ geschaffene Eingrenzung der *Maßnahme gleicher Wirkung* als immanente Schranke des Art. 28 EG-Vertrag zu betrachten ist[79] oder aber als weitere Rechtfertigungsgründe im Sinne des Art. 30 EG-Vertrages angesehen wird,[80] kann für die hier interessierende Frage des Gesichtspunktes der Diskriminierung offengelassen werden. Im Zusammenhang mit der vorliegenden Arbeit kommt es allein auf die Frage der Anwendbarkeit der sog. „Cassis-Formel“ an und nicht auf deren dogmatischen Prüfungspunkt. Bevor diese Problematik jedoch weiter vertieft wird, soll zunächst der der Entscheidung zugrundeliegende Sachverhalt erläutert werden.

Dem Fall lag der folgende Sachverhalt zugrunde: Eine deutsche Regelung setzte den Mindestweingeistgehalt für Fruchtsaftliköre bei 25 % fest. Dieser Regelung zufolge konnte der französische "Cassis de Dijon", der einen

[77] EuGH vom 20.02.1979, Slg. 1979, S. 649, Rs. 120/78 - „Cassis de Dijon“.

[78] Vgl. Leible, in Grabitz/Hilf, EGV, Art. 30 Rdn. 3; Heermann, WRP 1993, S. 578 (580).

[79] Hösch, S. 24; Oliver, Free Movement, S. 111f.; Everling, EuR 1982, S. 301 (305); Keßler, WRP 1993, S. 571 (573); Fasshold, S. 8.

[80] Bleckmann, GRUR Int. 1986, S. 172 (178); Dauses RIW 1984, S. 197 (202); Sack/Fasshold, WRP 1987, S. 519 (222); Steindorff, WRP 1993, S. 139 (142); Jarass, EuR 1995, S. 202 (224f.); Heermann WRP 1993, S. 578 (581).

Weingeistgehalt von 15-20 % aufwies, in Deutschland nicht vertrieben werden. Der EuGH hat hierzu folgendes entschieden:

"Hemmnisse für den Binnenhandel der Gemeinschaft, die sich aus den Unterschieden der nationalen Regelungen über die Vermarktung dieser Erzeugnisse ergeben, müssen hingenommen werden, soweit diese Bestimmungen notwendig sind, um zwingenden Erfordernissen gerecht zu werden, insbesondere den Erfordernissen einer wirksamen steuerlichen Kontrolle, des Schutzes der öffentlichen Gesundheit, der Lauterkeit des Handelsverkehrs und des Verbraucherschutzes."[81]

Zentrale Aussage ist: „Hemmnisse, die sich aus den Unterschieden der nationalen Regelungen über die Vermarktung dieser Erzeugnisse ergeben", sollen aufgrund der „Cassis-Formel" unter bestimmten Rechtfertigungsvoraussetzungen erlaubt sein.

Im Rahmen dieser Arbeit soll geprüft werden, wann der EuGH diese „Cassis-Formel" für anwendbar erachtete. Dabei geht es nicht darum, die „zwingenden Erfordernisse" näher zu beleuchten,[82] sondern ausschließlich darum, wann der EuGH die „Cassis-Formel" auf eine *Maßnahme gleicher Wirkung* angewandt hat.

Die „Cassis-Formel" soll die Regelungen erfassen, die keine Unterscheidung aufgrund der Herkunft der Waren treffen. Für diese Regelungen hat sich der bereits erwähnte Begriff „unterschiedslos" entwickelt. Eine unterschiedslose Regelung soll aufgrund der zwingenden Erfordernisse hingenommen werden können, während eine unterschiedliche Regelung nicht aufgrund der „Cassis-Formel" „gerechtfertigt" werden kann.[83] Diese Unterscheidung hat den folgenden Hintergrund: Eine Regelung, die unterschiedslos auf einheimische und aus anderen Mitgliedstaaten eingeführte Erzeugnisse anwendbar ist, kann eine *Maßnahme gleicher Wirkung* darstellen, wenn sie geeignet ist, den Handel zwischen den Mitgliedstaaten zu behindern. Mit der „Cassis-Entscheidung" hat der EuGH also nationalen Maßnahmen, die zwar nicht nach dem Warenursprung differenzieren, im Ergebnis aber Einfuhrerzeugnisse vom Inlandsmarkt fernhalten, die Ver-

---

[81] EuGH vom 20.02.1979, Slg. 1979, S.649 (662), Rdn. 8, Rs. 120/78 – „Cassis de Dijon".

[82] Zu den „zwingenden Erfordernissen" vergleiche: Leible, in Grabitz/Hilf, EGV, Art. 28 Rdn. 19ff.; Müller-Graff, in GTE, Art. 30, Rdn. 203ff..

[83] Siehe zum Beispiel Müller-Graff, in GTE, Art. 30, Rdn. 193 ff..

einbarkeit mit dem Verbot der *Maßnahmen gleicher Wirkung* abgesprochen.[84] Diese sind nur dann gerechtfertigt, wenn die Voraussetzungen der „zwingenden Erfordernisse" gegeben sind. Mit dieser Entscheidung verdeutlicht der EuGH einerseits, daß auch unterschiedslose Regelungen *Maßnahmen gleicher Wirkung* darstellen können. Andererseits können diese unterschiedslosen Regelungen nicht nur aufgrund der in Art. 30 EG-Vertrag abschließend aufgezählten Rechtfertigungsgründe gerechtfertigt sein, sondern auch aufgrund der „zwingenden Erfordernisse". Diese weiteren Rechtfertigungsmöglichkeiten sollen aber nur auf die unterschiedslos geltenden Regelungen anwendbar sein, da diskriminierende Regelungen grundsätzlich mit einem Gemeinsamen Markt nicht vereinbar und daher nur aufgrund der restriktiven Rechtfertigungsgründe des Artikels 30 EG-Vertrag erlaubt sein sollen.

Von entscheidender Bedeutung ist daher für die Anwendbarkeit der „Cassis-Formel", welche Regelungen von ihm als unterschiedslos eingestuft werden. Insbesondere wird herauszuarbeiten sein, in welchen Fällen er eine unterschiedslose und in welchen Fällen er eine unterschiedliche Regelung für gegeben erachtete. Dabei wird zu analysieren sein, ob für den EuGH eine unterschiedslose Regelung tatsächlich nur eine solche ist, die keine Unterscheidung trifft, also weder eine formelle noch eine materielle. Das würde bedeuten, daß weder eine Regelung, die ausdrücklich zwischen in- und ausländischen Erzeugnissen unterscheidet, noch eine solche, die nur aufgrund ihrer Wirkung eine Unterscheidung zwischen in- und ausländischen Erzeugnissen hervorruft, in den Anwendungsbereich der „Cassis-Formel" kämen. Unterschiedslos könnte aber auch bedeuten, daß lediglich keine formelle Unterscheidung stattfindet. Es geht folglich um die Reichweite des Begriffes „unterschiedslos" aus Sicht des EuGH.

Würde der EuGH jede Regelung, die geeignet ist, den freien Warenverkehr zu behindern, also jede Verteuerung bzw. Erschwernis der Einfuhr, nicht mehr als unterschiedslose Regelung qualifizieren, gäbe es keine unterschiedslose Regelung auf die die „Cassis-Formel" anwendbar wäre. Sie wäre überflüssig. Dies kann nicht Sinn der Formel sein, da die Formel Behinderungen des Handels impliziert, die keine Diskriminierung der ausländischen Erzeugnisse bedeuten.

---

[84] Dauses, in Hdb. des EU-Wirtschaftsrechts, C. I Rdn. 103f..

Der Begriff „unterschiedslos" könnte aber auch nur solche Regelungen erfassen, die keine explizite Diskriminierung bedeuten, also keine formelle. Folglich käme es auf das Vorliegen einer materiellen Diskriminierung für die Anwendbarkeit der „Cassis-Formel" nicht an. Dann würde der Gesichtspunkt der Diskriminierung nur insoweit eine Rolle spielen, als eine formell diskriminierende Regelung nicht von der Cassis-Formel erfaßt wäre, während eine materiell diskriminierende Regelung durch „Cassis" gerechtfertigt werden könnte.

In der Literatur meinen einige, daß eine unterschiedslose Regelung eine materielle Diskriminierung enthalten kann, wenn die Regelung sich praktisch nur auf die einzuführenden Erzeugnisse auswirkt.[85] Davon unterscheidet sich eine unterschiedslose Regelung, die ohne protektionistische Hintergedanken unterschiedliche Auswirkungen für die einheimische und die importierte Ware hat.[86] Die Ungleichbehandlung soll sich nur aufgrund der Unterschiedlichkeit der Rechtsordnungen ergeben.

Im Hinblick auf die „Cassis-Formel" vertritt Dörr, daß eine Diskriminierung für das Vorliegen einer *Maßnahme gleicher Wirkung* keine Rolle spiele, jedoch eine Anwendung der „Cassis-Formel" ausschließe.[87] Die für die Anwendbarkeit entscheidende Diskriminierung könne auch eine materielle sein; seines Erachtens scheide die Anwendbarkeit der „Cassis-Formel" dann aber aus.[88]

Die Rechtsprechung des EuGH ist in diesem Zusammenhang zu untersuchen, auch im Hinblick auf ihre Einheitlichkeit. Insbesondere die Kriterien, die für das Bejahen einer *Maßnahme gleicher Wirkung* vom Gerichtshof entwickelt worden sind, sind zu analysieren. Es gilt festzustellen, wann eine nationale oder gemeinschaftsrechtliche[89] Regelung eine *Maßnahme gleicher Wirkung* darstellt und in welchen Fallkonstellationen der EuGH

---

85 Gormley, YEL 9 (1989), S. 197 (198); Hakenberg/Harles, GRUR Int. 1990, S.957 (958).

86 Hakenberg/Harles, GRUR Int. 1990, S.957 (958).

87 Dörr, RabelsZ 1990, S. 677 (690).

88 Müller-Graff, in GTE, Art. 30, Rdn. 196.

89 Neben nationalen Regelungen können nach ständiger Rechtsprechung auch gemeinschaftsrechtliche Regelungen an Art. 28 EG-Vertrag überprüft werden: EuGH vom 17.05.1984, Slg. 1984, S. 2171 (2184), Rdn. 15, Rs. 15/83; EuGH vom 09.08.1994, Slg. 1994, S. 3879 (3898), Rdn. 11, Rs. 51/93 – „Meyhui"; EuGH vom 25.06.1997, Slg. 1997, S. 3629 (3655), Rdn. 27, Rs. 114/96 - „Kieffer und Thill"

für das Bejahen einer *Maßnahme gleicher Wirkung* eine Diskriminierung vorausgesetzt hat und wie der Gerichtshof eine solche Diskriminierung definiert hat.[90]

Sodann sind die Fälle, in denen die Anwendbarkeit der „Cassis-Formel" geprüft wurde, zu untersuchen.

3. Die Bedeutung der Diskriminierung für die „Keck-Formel"

Ferner hat das Urteil „Keck" zu einer Einschränkung des Tatbestandes der *Maßnahme gleicher Wirkung* geführt, die aber nur dann einschlägig ist, wenn die Regelung die Erzeugnisse rechtlich und tatsächlich gleich berührt, so daß sich auch hier die Frage stellt, was der EuGH hierunter versteht.

4. Das Tatbestandsmerkmal der „willkürlichen Diskriminierung" in Art. 30 S. 2 EGV

Schließlich enthält Art. 30 S. 2 EGV eine ausdrückliche Erwähnung der Diskriminierung. „Willkürliche Diskriminierungen" sollen aufgrund von Art. 30 S. 2 EGV nicht gerechtfertigt werden können. Auch dieser Gesichtspunkt der Diskriminierung soll im Rahmen dieser Arbeit anhand der durch den EuGH entschiedenen Fälle untersucht werden.

5. Der Gesichtspunkt der Diskriminierung auf der Tatbestandsebene des Art. 29 EGV - das Vorliegen einer Maßnahme gleicher Wirkung

Art. 28 EGV findet sein Pendant in Art. 29 EGV, der mengenmäßige Ausfuhrbeschränkungen und *Maßnahme gleicher Wirkung* verbietet. Im Hin-

[90] Dies ist in der Literatur stets kontrovers diskutiert worden, vergleiche nur Dörr, RabelsZ 54 (1990), S.677 ff.; Marenco, CDE 20 (1984), S. 291ff.; ders., ELRev. 15 (1990), S. 224 (238); Defalque, CDE 23 (1987), S. 471ff.; Waelbrock, CDE 25 (1989), S. 41ff.; Müller-Graff, in GTE, Art. 30, Rdn. 43; Leible, in Grabitz/Hilf, EGV, Art. 28, Rdn. 8; White, CMLRev. 26 (1989), S.235 (243f.); Gormley, YEL 9 (1989), S.197 (Fn. 5); Chalmers, ICLQ 42 (1993), S. 269 (277ff.); Wils, ELR 18 (1993), S. 475 (488ff.); ganz anders Gormley, der die Diskussion an sich für überflüssig hält, YEL 9 (1989), S.197.

blick auf Artikel 29 EG-Vertrag wird in der Literatur weiterhin vertreten, daß es für das Vorliegen einer *Maßnahme gleicher Wirkung* auf eine Diskriminierung ankomme.[91] Dies soll anhand der entschiedenen Fälle untersucht werden.

Um herauszuarbeiten, welche Bedeutung der Diskriminierung im Rahmen dieser unterschiedlichen Fragestellungen in Bezug auf das Vorliegen einer Maßnahme gleicher Wirkung zukommt, sollen die unterschiedlichen Urteile des EuGH zunächst dahingehend untersucht werden, wie das Vorliegen einer Maßnahme gleicher Wirkung begründet wird. Obwohl es - wie bereits erwähnt - für das Bejahen einer Maßnahme gleicher Wirkung nicht mehr auf das Vorliegen einer Diskriminierung ankommt, sollen die unterschiedlichen Begründungen für das Vorliegen einer solchen untersucht werden, um hieraus möglicherweise Rückschlüsse für die dann zu untersuchenden Prüfungspunkte zu erhalten. Im Anschluß daran soll dann geprüft werden, ob der EuGH die Anwendbarkeit der Cassis-Formel bejaht oder verneint. Es gilt den Unterschied zwischen der unterschiedslosen und der unterschiedlichen Regelung herauszuarbeiten. In einem nächsten Kapitel soll dann der Gesichtspunkt der Diskriminierung im Hinblick auf die neu entstandene Keck-Rechtsprechung untersucht werden. Schließlich soll geprüft werden, wie der Gerichtshof die in Art. 30 Satz 2 EGV enthaltene Diskriminierung definiert.

---

[91] Oliver, ELRev. 7 (1982), S. 118 (119); Roth, ZEuP 1994, S. 5 (8).

3. Kapitel : Das Vorliegen einer *Maßnahme gleicher Wirkung* gemäß Art. 28 EGV und die Anwendbarkeit der „Cassis-Formel"

Im folgenden ist nun zu analysieren, unter welchen Bedingungen der Gerichtshof das Vorliegen einer *Maßnahme gleicher Wirkung* gemäß Art. 28 EG-Vertrag bejaht hat. Die Prüfung soll herausarbeiten, ob der EuGH der jeweiligen Regelung einen diskriminierenden Charakter beimißt oder nicht. Nachdem dieses herausgearbeitet worden ist, soll in einem zweiten Schritt untersucht werden, ob der EuGH die Anwendbarkeit der sog. „Cassis-Formel" auf die jeweilige Regelung geprüft hat. Wie bereits erläutert, ist die „Cassis-Formel" nur auf sog. unterschiedslose Regelungen anwendbar, so daß sich zwischen der Feststellung des Vorliegens einer *Maßnahme gleicher Wirkung* und der Anwendbarkeit der „Cassis-Formel" eine Art Wechselwirkung ergibt. Ziel dieses Kapitels ist es herauszuarbeiten, was der EuGH unter den Begriff unterschiedslos subsumiert bzw. wann er die Anwendung der „Cassis-Formel" wegen einer Diskriminierung verneint. Insbesondere wird dabei genau zu untersuchen sein, was der EuGH als diskriminierende Regelung ansieht.

In diesem Zusammenhang wird auch zu überlegen sein, inwieweit solche Fälle, in denen der EuGH die Anwendbarkeit der „Cassis-Formel" nicht prüft und sogleich die Ausnahmen des Art. 30 EG-Vertrages prüft, möglicherweise Aufschluß über den diskriminierenden Charakter einer Regelung geben können. Da Art. 30 EG-Vertrag sowohl auf unterschiedslose als auch auf unterschiedliche nationale Regelungen Anwendung findet, könnten diese Fälle möglicherweise Aufschluß für das Kriterium der Diskriminierung geben.[92] Die ausschließliche Anwendung des Art. 30 EG-Vertrag könnte bedeuten, daß die Voraussetzungen der Anwendung der „Cassis-Formel" nicht vorliegen und durch diese „negative" Anwendung auch Hinweise für die genannte Fragestellung liefern. Allerdings handelt es sich bei dieser Prüfung um reine Spekulation, da - wie gesagt - die Rechtfertigungsgründe des Art. 30 EG-Vertrages sowohl auf diskriminierende wie nicht-diskriminierende Regelungen Anwendung finden. In vielen Fällen kommt insbesondere der Rechtfertigungsgrund der Gesundheit in Be-

---

[92] Solche Fälle, die offensichtlich nur die in Art. 30 EG-Vertrag genannten Ausnahmen berühren, sollen hierbei nicht untersucht werden. Vor allem die Ausnahme des kommerziellen Eigentums wird an dieser Stelle nicht zu untersuchen sein.

tracht,[93] so daß der Gerichtshof allein diesen Rechtfertigungsgrund prüft, ohne sich weitere Gedanken um die Anwendbarkeit der „Cassis-Formel" machen zu müssen. In diesen Fällen kann die nicht erfolgte Prüfung folglich keinen Aufschluß über die Anwendbarkeit der „Cassis-Formel" geben. Das gleiche gilt für die Fälle des kommerziellen Eigentums.[94]

Wie im vorangegangenen Kapitel erläutert, soll die Rechtsprechung des EuGH anhand der von ihm gelieferten Begründungen für das Vorliegen einer *Maßnahme gleicher Wirkung* und der Anwendbarkeit der „Cassis-Formel" unter dem Gesichtspunkt der Diskriminierung untersucht werden.

Für die Analyse der Rechtsprechung soll stets davon ausgegangen werden, daß die Waren und Erzeugnisse im Herkunftsland rechtmäßig hergestellt und in den Verkehr gebracht worden sind.

I. Kriterien bezogen auf die Waren

Die folgenden Kriterien wurden von dem Gerichtshof als geeignet angesehen, das Vorliegen einer *Maßnahme gleicher Wirkung* zu bejahen:

1. „Diskriminierung" und „Ungleichbehandlung"

In einigen Fällen hat der Gerichtshof den Begriff der Diskriminierung bzw. den diskriminierenden Charakter einer Regelung in seinen Urteilen selbst verwandt. Anhand der zu untersuchenden Entscheidungen wurde zwischen

---

[93] EuGH vom 02.03.1983, Slg. 1983, S. 531, Rs. 155/82; EuGH vom 14.07.1983, Slg. 1983, S. 2445, Rs. 174/82 – „Sandoz"; EuGH vom 06.06.1984, Slg. 1984, S. 2367, Rs. 97/83; EuGH vom 19.09.1984, Slg. 1984, S. 3263, Rs. 94/83 – „Heijn"; EuGH vom 10.12.1985, Slg. 1985, S. 3887, Rs. 247/84 – „Motte"; EuGH vom 28.01.1986, Slg. 1986, S. 419, Rs. 188/84; EuGH vom 06.05.1986, Slg. 1986, S. 1511, Rs. 304/84; EuGH vom 07.03.1989, Slg. 1989, S. 617, Rs. 215/87; EuGH vom 13.12.1990, Slg. 1990, S. 4863, Rs. 42/90; EuGH vom 25.05.1993, Slg. 1993, S. 2899, Rs. 18/92.

[94] EuGH vom 09.07.1985, Slg. 1985, S. 2281, Rs. 19/84; EuGH vom 17.05.1988, Slg. 1988, S. 2605, Rs. 158/86; EuGH vom 17.10.1990; Slg. 1990, S. 3711, Rs. 10/89; EuGH vom 18.02.1992, Slg. 1992, S. 829, Rs. 30/90.

formell diskriminierenden und materiell diskriminierenden Regelugen unterschieden.

a) Formelle Diskriminierung

Formell diskriminierend sind solche Regelungen, die eine explizite Schlechterstellung der eingeführten gegenüber den inländischen Waren vorsehen.

In einem frühen Urteil des Gerichtshofes berief sich dieser zur Begründung seiner Entscheidung auf die bereits erwähnte Richtlinie Nr. 70/50/EWG vom 22. Dezember 1969.[95] Er entschied, daß eine vorgeschriebene phytosanitäre Untersuchung von eingeführten pflanzlichen Erzeugnissen, die nicht für die inländischen Pflanzen galt, gegen Art. 28 EG-Vertrag verstoße.[96] Zur Begründung dieses Ergebnisses führte er zwar die „Dassonville-Formel" als abstrakte Definition einer *Maßnahme gleicher Wirkung* an, bezog sich aber für die konkrete Feststellung einer solchen auf die Richtlinie Nr. 70/50/EWG:

„Den gestellten Fragen ist zu entnehmen, daß die phytosanitären Untersuchungen um die es hier geht, nur die Einfuhren von pflanzlichen Erzeugnissen betreffen, während beim Versenden von gleichartigen inländischen Erzeugnissen, wie z.B. Äpfeln, eine gleiche Untersuchungspflicht nicht besteht. Kennzeichnend für diese Untersuchungen ist also eine Bedingung, die im Sinne von Artikel 2 Absatz 2 der erwähnten Richtlinie allein für eingeführte Waren gilt."[97]

Wie bereits festgestellt, enthält Artikel 2 Absatz 2 der Richtlinie ein Diskriminierungsverbot.[98] Im übrigen lag es auf der Hand, daß die ausländischen Erzeugnisse aufgrund einer solchen Regelung diskriminiert wurden, da sie nur aufgrund ihrer ausländischen Herkunft überprüft wurden. Die inländischen Produkte wurden der Kontrolle nicht unterzogen. Allerdings beließ der EuGH es nicht bei dieser Feststellung, sondern traf die folgende weitere Aussage:

---

[95] ABl. 1970, Nr. L 13, zu den Einzelheiten der RL siehe oben Kapitel 2, I, 2.
[96] EuGH vom 08.07.1975, Slg. 1975, S. 843, Rs. 4/75.
[97] EuGH vom 08.07.1975, Slg. 1975, S. 843 (858f.), Rdn. 4, Rs. 4/75.
[98] Siehe oben Kapitel 2, I, 2.

„Außerdem können die Untersuchungen – namentlich wegen des mit ihnen verbundenen Zeitaufwands und der zusätzlichen Beförderungskosten, die den Importeur möglicherweise treffen – die Einfuhren erschweren oder verteuern."[99]

Diese zusätzliche Begründung ist im Zusammenhang mit der Richtlinie zu sehen. Das Wort „außerdem" deutet zwar darauf hin, daß es sich hierbei um einen eigenständigen Begründungsansatz handeln soll. Jedoch hängte der Gerichtshof diesen Gedanken derart an den vorhergehenden an und stellte zudem fest, daß es sich gerade um eine solche Bedingung gemäß der Richtlinie handelte, die allein für eingeführte Erzeugnisse gelte. Die Regelung unterschied explizit zwischen inländischen und eingeführten Erzeugnissen, so daß eine formelle Diskriminierung zu bejahen ist. Diese Unterscheidung führte dazu, daß die Einfuhren erschwert oder verteuert wurden. Diese Erschwerung bzw. Verteuerung war also eine Folge der Diskriminierung.

In dem Urteil „Peureux" ging es um das französische Verbot der Destillation von eingeführten Ausgangsstoffen mit Ausnahme anderer frischer Früchte als Äpfel, Birnen und Trauben.[100] Der EuGH entschied:

„Wenn Behinderungen des innergemeinschaftlichen Handels, die eine Folge unterschiedlicher, noch nicht harmonisierter nationaler Vorschriften über die Vermarktung und die Verwendung bestimmter Erzeugnisse sind, grundsätzlich auch keine Maßnahmen mit gleicher Wirkung wie mengenmäßige Beschränkungen darstellen, so gilt dies doch nur, wenn diese Vorschriften ohne Unterschied für aus anderen Mitgliedstaaten eingeführte und für im Inland hergestellte Erzeugnisse gelten."[101]

Trotz des bereits zu diesem Zeitpunkt entschiedenen „Cassis-Falles" wurde die *Maßnahme gleicher Wirkung* hier auf ein Diskriminierungsverbot reduziert. Andere Behinderungen des Handels, die aufgrund der Unterschiedlichkeit der einzelnen Rechtsordnungen bestanden, sollten nach dieser Entscheidung des EuGH keine *Maßnahme gleicher Wirkung* darstellen. Mit dieser Entscheidung stellte der Gerichtshof die *Maßnahme gleicher Wirkung* als Ausprägung des Diskriminierungsverbots dar. Ein Beschränkungsverbot sah er darin gerade nicht, da er explizit die Unterschiede aufgrund der einzelnen Rechtsordnungen anerkannte, solange eine Unter-

---

[99] EuGH vom 08.07.1975, Slg. 1975, S. 843 (858f.), Rdn. 4, Rs. 4/75.
[100] EuGH vom 13.03.1979, Slg. 1979, S. 975, Rs. 119/78.
[101] EuGH vom 13.03.1979, Slg. 1979, S. 975 (985), Rdn. 23, Rs. 119/78.

scheidung zwischen eingeführten und inländischen Erzeugnissen nicht getroffen wurde.

Der Gerichtshof hatte auch staatliche Förderprogramme bzw. Regelungen zur Qualitätsverbesserung zu untersuchen. In einem Fall wurde eine Kampagne des Irish Goods Council untersucht, die sich zum Ziel gesetzt hatte, den Verkauf irischer Produkte zu fördern, die sog. „Buy Irish"-Kampagne.[102] Die zunächst zu beantwortende Frage war die, ob eine solche Kampagne überhaupt vom Gerichtshof überprüfbar war. Dies war insoweit zweifelhaft, weil es sich um eine vom „Irish Goods Council" erlassene Maßnahme handelte und nicht um eine von einer Behörde oder Regierung erlassene. Der EuGH bejahte dies, da die Werbeaktion ein Ausdruck der wohldurchdachten Absicht der irischen Regierung sei, eingeführte Erzeugnisse auf dem irischen Markt durch inländische Waren zu ersetzen und dadurch die Einfuhren aus den anderen Mitgliedstaaten einzudämmen.[103] Der EuGH bejahte einen Verstoß gegen Art. 28 EG-Vertrag aufgrund des diskriminierenden Charakters der Kampagne „Kauft irisch".[104] Er benutzte hier das Wort „Diskriminierung", um die Wirkung einer solchen Regelung zu beschreiben. Das bedeutet, daß eine Eindämmung der Einfuhren aus den anderen Mitgliedstaaten eine Diskriminierung für den EuGH bedeutete. Auch hierbei handelte es sich um eine formelle Diskriminierung, da die Regelung ausdrücklich zwischen irischen und ausländischen Waren unterschied.

Eine deutsche Vorschrift legte zwar nicht unmittelbar einen Mindestalkoholgehalt für ausländischen Wermutwein fest. Sie besagte jedoch, daß ausländischer Wermut nur dann eingeführt werden durfte, wenn dieser den für den Inlandsvertrieb vorgeschriebenen Mindestalkoholgehalt besaß.[105] Das Besondere des Falles lag darin begründet, daß die deutsche Regelung keinen Mindestalkoholgehalt für ausländischen Wermut festlegte. Wie der Gerichtshof jedoch feststellte, spielte dies keine Rolle, da es insofern nur auf die inländische Regelung ankommen könne:

[102] EuGH vom 24.11.1982, Slg. 1982, S. 4005, Rs. 249/81.
[103] EuGH vom 24.11.1982, Slg. 1982, S. 4005 (4022), Rdn. 23, Rs. 249/81.
[104] EuGH vom 24.11.1982, Slg. 1982, S. 4005 (4022), Rdn. 26, Rs. 249/81.
[105] EuGH vom 20.04.1983, Slg. 1983, S. 1217, Rs. 59/82.

„Soweit eine solche Bestimmung sich nur auf eingeführte Erzeugnisse bezieht, ist sie diskriminierend.“[106]

Es handelte sich um eine formelle Diskriminierung, da die Regelung nur auf eingeführten Wermut anwendbar war. Aus dieser Argumentation des Gerichtshofes läßt sich eine weitere Schlußfolgerung ziehen. Wenn er sagt, „sich nur auf eingeführte Erzeugnisse bezieht“ könnte dies bedeuten, daß eine Diskriminierung dann ausgeschlossen ist, wenn eine Bestimmung sich sowohl auf die eingeführten als auch auf die inländischen Erzeugnisse erstreckt, es sich also nicht um eine formelle Unterscheidung aufgrund der Herkunft handelt. Eine Diskriminierung wäre danach nur dann zu bejahen, wenn eine konkrete Unterscheidung zwischen eingeführten und inländischen Erzeugnissen getroffen wird. Hierbei handelt es sich jedoch nur um eine mögliche Auslegung der Entscheidungsbegründung, die nicht durch weitere im Urteil enthaltene Argumente bestätigt wird. Festzuhalten bleibt, daß es in diesem konkreten Fall um eine formelle Diskriminierung ging.

Wegen dieser Diskriminierung verneinte der Gerichtshof folgerichtig die Anwendbarkeit der „Cassis-Formel“:

„Wenngleich der Gerichtshof seit seinem Urteil vom 20. Februar 1979 wiederholt entschieden hat, daß unter anderem der Verbraucherschutz Beschränkungen des freien Warenverkehrs, die sich aus Unterschieden zwischen den einzelstaatlichen Regelungen ergeben, rechtfertigen kann, so schließt doch der diskriminierende Charakter der hier fraglichen Regelung, die Anwendung dieses Kriteriums aus, das nur auf Rechtsvorschriften zutrifft, die den Vertrieb inländischer und eingeführter Erzeugnisse einheitlich regeln.“[107]

Eine Diskriminierung der ausländischen Erzeugnisse gegenüber den inländischen bejahte der EuGH auch in dem folgenden Fall: In Frankreich existierte eine Regelung, die für den Postversand von französischen Zeitungen und Zeitschriften eine ermäßigte Postgebühr im Vergleich zu eingeführten Druckwerken vorsah.[108] Der Vertrieb ausländischer Zeitschriften wurde aufgrund dieser Regelung nicht verhindert, da die ausländischen Zeitschriften, ohne bestimmte Voraussetzungen erfüllen zu müssen, in den Verkehr gelangen konnten. Allerdings mußten diese mit einem höheren Porto ver-

---

[106] EuGH vom 20.04.1983, Slg. 1983, S. 1217 (1226), Rdn. 8, Rs. 59/82.
[107] EuGH vom 20.04.1983, Slg. 1983, S. 1217 (1227), Rdn. 11, Rs. 59/82
[108] EuGH vom 14.03.1985, Slg. 1985, S. 837, Rs. 269/83.

sehen werden als die gleichwertigen inländischen Druckerzeugnisse. Der Gerichtshof begründete das Vorliegen einer *Maßnahme gleicher Wirkung* auf zweifache Weise: Zum einen würde der Vertrieb von Druckwerken aus anderen Mitgliedstaaten behindert[109] und zum anderen führe die Bestimmung zu einer Ungleichbehandlung von inländischen und eingeführten Erzeugnissen.[110] Zu dieser Aufteilung in zwei Begründungsstränge war es aufgrund des Vorbringens der französischen Regierung gekommen, das sich in erster Linie darauf berief, daß die streitige Regelung kein Hemmnis für den freien Warenverkehr und in zweiter Linie nicht diskriminierend sei.[111] Der Gerichtshof entschied:

„Somit ist der Umstand, daß die ermäßigten Postgebühren nur Druckwerken zugute kommen, die in Frankreich gedruckt sind oder die die Voraussetzungen erfüllen, um als französische Druckwerke gelten zu können, geeignet, den Vertrieb von Druckwerken aus anderen Mitgliedstaaten zu behindern."[112]

Ohne also auf den diskriminierenden Charakter der Regelung näher einzugehen, bejahte der Gerichtshof eine *Maßnahme gleicher Wirkung*. Sich auf das Argument der französischen Regierung beziehend, wonach die Regelung nicht diskriminierend sei, urteilte er:

„Auch dieses Vorbringen ist zurückzuweisen. Um in den Genuß ermäßigter Postgebühren zu kommen, müssen die in anderen Mitgliedstaaten gedruckten Druckwerke nach den streitigen Bestimmungen anderen Voraussetzungen genügen als die in Frankreich gedruckten Druckwerke. Diese Bestimmungen führen deshalb zu einer Ungleichbehandlung von inländischen und eingeführten Erzeugnissen und fallen deshalb[113] *unter das Verbot des Artikels 30 [28 EG-Vertrag]."*[114]

Damit bejahte der Gerichtshof den diskriminierenden Charakter der Regelung, denn der Begriff der Ungleichbehandlung ist mit dem Begriff Diskriminierung gleichzusetzen. Eine formelle Diskriminierung lag vor.

---

[109] EuGH vom 14.03.1985, Slg. 1985, S. 837 (846), Rdn. 11, Rs. 269/83.
[110] EuGH vom 14.03.1985, Slg. 1985, S. 837 (847), Rdn. 15, Rs. 269/83.
[111] EuGH vom 14.03.1985, Slg. 1985, S. 837 (845ff.), Rs. 269/83.
[112] EuGH vom 14.03.1985, Slg. 1985, S. 837 (846), Rdn. 11, Rs. 269/83.
[113] Hervorhebung durch Verfasserin.
[114] EuGH vom 14.03.1985, Slg. 1985, S. 837 (847), Rdn. 15, Rs. 269/83.

Zudem gab es solche nationalen Regelungen, die vorsahen, daß die öffentliche Verwaltung bei der Vergabe von Lieferaufträgen einen bestimmten Prozentsatz mit nationalen Produkten bzw. Produkten aus einem bestimmten Teil des Staatsgebietes zu decken habe.[115] Hierbei handelte es sich um staatliche Einfuhrmaßnahmen, da sie nicht nur bezweckten, die inländischen Erzeugnisse zu bevorzugen, sondern auf jeden Fall zu einem bestimmten Prozentsatz zu benutzen. Im Ergebnis konnten solche Regelungen dazu führen, daß weniger Erzeugnisse aus dem Ausland in das Inland gelangten. Seit 1976 sind solche Regelungen aufgrund der Richtlinie 77/62/EWG des Rates[116] verboten. Trotz des Verbotes existierten weiterhin solche Regelungen, die dann den EuGH beschäftigten. So entschied er in einem Fall:

„Ein solches System, das die in einem bestimmten Gebiet eines Mitgliedstaats verarbeiteten Waren begünstigt, hindert die betroffenen Verwaltungen und öffentlichen Einrichtungen daran, einen Teil ihres Bedarfs bei in anderen Mitgliedstaaten ansässigen Betrieben zu decken. Damit werden die aus anderen Mitgliedstaaten stammenden Erzeugnisse gegenüber den in dem fraglichen Mitgliedstaat hergestellten Erzeugnissen diskriminiert und der normale innergemeinschaftliche Handelsverkehr beeinträchtigt.“[117]

Obwohl in einem solchen Fall auch die inländischen Erzeugnisse benachteiligt wurden, die nicht aus der bestimmten Region stammten, war dies für die hier entscheidende Frage, ob die ausländischen Erzeugnisse benachteiligt wurden, irrelevant.[118] Entscheidend war allein, daß die ausländischen Erzeugnisse benachteiligt wurden. Der EuGH ging von einer Diskriminierung der ausländischen Erzeugnisse aus und setzte diese mit einer Beeinträchtigung des Handelsverkehrs gleich. Aufgrund dieser Regelung wurden die ausländischen Erzeugnisse formell diskriminiert;[119] der Gerichtshof verneinte die Anwendbarkeit der „Cassis-Formel“:

---

[115] Vgl. die italienische Regelung: Artikel 16 und 17 des Gesetzes Nr. 64 vom 1. März 1986 (Disciplina organica dellintervento straordinario nel Mezzogiomio).

[116] ABl. 1977, L 13, S. 1.

[117] EuGH vom 20.03.1990, Slg. 1990, S. 889 (920), Rdn. 11, Rs. 21/88.

[118] So auch der EuGH im selben Urteil, S. 920, Rdn. 12, Rs. 21/88 und in seinen Folgeurteilen: EuGH vom 25.07.1991, Slg. 1991, S. 4151 (4186), Rdn. 24, Rs. 1/90 und 176/90; EuGH vom 15.12.1993, Slg. 1993, S. 6621 (6661), Rdn. 37, Rs. 277, 318 und 319/91.

[119] Kritik an diesem Maßstab äußert Martin, ELRev 16 (1991), S. 216 (219), der zu bedenken gibt, daß die Regelung eine strukturschwache Region fördern solle. Zustimmend: Gormley, CMLRev 27 (1990), S. 825 (832).

„Schließlich kann ein System wie das des Ausgangsfalls wegen seiner diskriminierenden Natur nicht mit den in der Rechtsprechung des Gerichtshofes anerkannten zwingenden Erfordernissen gerechtfertigt werden, da diese Erfordernisse nur bei Maßnahmen berücksichtigt werden können, die unterschiedslos für einheimische wie für eingeführte Erzeugnisse gelten."[120]

In einem anderen Fall hatte der EuGH den Fall zu beurteilen, ob die Erteilung von Zwangslizenzen nach dem britischen „Patents Act" von 1977 unter der Voraussetzung, daß die patentierte Erfindung ein Erzeugnis war und die Nachfrage nach dem Erzeugnis im Vereinigten Königreich in wesentlichem Umfang durch Einfuhren befriedigt wurde, mit Art. 28 EGV vereinbar war.[121] Der Gerichtshof sah in dieser Regelung eine Diskriminierung:

„Zwar kann die Sanktion für die unterlassene oder unzureichende Ausübung des Patents als notwendige Entsprechung zu der durch das Patent eingeräumten territorialen Ausschließlichkeit angesehen werden, es gibt jedoch keinen mit dem spezifischen Gegenstand des Patents zusammenhängenden Grund, der die Diskriminierung rechtfertigen würde, die in den streitigen zwischen der Ausübung des Patents in Form einer Erzeugung im Inland und der Ausübung durch Einfuhren aus dem Hoheitsgebiet anderer Mitgliedstaaten vorgenommen wird."[122]

Die Regelung unterschied zwischen der in- und ausländischen Erzeugung, so daß eine formelle Diskriminierung zu bejahen ist. Dies verdeutlichte der EuGH im Rahmen der Rechtfertigungsprüfung:

„Eine derartige Diskriminierung ist nämlich nicht durch die spezifischen Erfordernisse des gewerblichen und kommerziellen Eigentums, sondern, wie übrigens der beklagte Staat einräumt, durch das Bestreben des nationalen Gesetzgebers motiviert, die einheimische Erzeugung zu fördern."[123]

Die Förderung der nationalen Produktion war dabei ein Beweggrund für die unterschiedliche Behandlung der eingeführten und inländischen Erzeugnisse. Eine formelle Diskriminierung lag vor.

---

[120] EuGH vom 20.03.1990, Slg. 1990, S. 889 (920), Rdn. 14, Rs. 21/88.
[121] EuGH vom 18.02.1992, Slg. 1992, S. 829 (866), Rdn. 26, Rs. 30/90.
[122] EuGH vom 18.02.1992, Slg. 1992, S. 829 (867), Rdn. 28, Rs. 30/90.
[123] EuGH vom 18.02.1992, Slg. 1992, S. 829 (867), Rdn. 29, Rs. 30/90.

Der EuGH stellte in einem weiteren Urteil eine diskriminierende Praxis fest, wenn der Patentinhaber dazu veranlaßt wurde, das Erzeugnis im Inland herzustellen und es nicht aus anderen Mitgliedstaaten einzuführen.[124] Eine *Maßnahme gleicher Wirkung* wurde angenommen.[125]

Auch im Falle eines Konzessionserfordernisses kann die Einfuhr behindert werden. Der EuGH überprüfte im Fall „Ligur Carni" eine kommunale italienische Vorschrift, die Wirtschaftsteilnehmer dazu verpflichtete, ihr frisches Fleisch für die Beförderung und Lieferung einem örtlichen Unternehmen anzuvertrauen oder an dieses konzessionierte Unternehmen einen bestimmten Betrag zu zahlen, um die Beförderung und Lieferung selbst ausführen zu können.[126] Der EuGH stellte zunächst fest, daß eine Einfuhrbehinderung im Sinne der „Dassonville-Formel" zu bejahen sei:

„Es stellt ein solches Einfuhrhindernis dar, wenn eine kommunale Regelung eines Mitgliedstaats die Wirtschaftsteilnehmer, die frisches Fleisch in die Gemeinde einführen, dazu verpflichtet, ihre Ware zum kommunalen Schlachthof zu bringen, deren Beförderung und Lieferung zum letzten Bestimmungsort einem örtlichen Unternehmen anzuvertrauen, das eine ausschließliche Konzession für die Durchführung der betreffenden Arbeiten besitzt, und wenn diese Regelung es den betreffenden Wirtschaftsteilnehmern nur bei Zahlung eines bestimmten Betrages an das konzessionierte Unternehmen gestattet, die Beförderung und die Lieferung ihrer Waren selbst vorzunehmen."[127]

Da sich die Regelung nur auf ein bestimmtes italienisches Gebiet bezog, ergänzte der Gerichtshof folgendes:

„[...] eine staatliche Maßnahme kann der Qualifizierung als diskriminierend oder protektionistisch im Sinne der Vorschriften über den freien Warenverkehr nicht etwa deshalb entzogen sein, weil sie den Absatz der aus anderen Landesteilen stammenden Waren ebenso beeinträchtigt wie den Absatz der aus anderen Mitgliedstaaten eingeführten Waren."[128]

---

[124] EuGH vom 27.10.1992, Slg. 1992, S. 5335, Rs. 191/90.
[125] EuGH vom 27.10.1992, Slg. 1992, S. 5335 (5374), Rdn. 20, Rs. 191/90.
[126] EuGH vom 15.12.1993, Slg. 1993, S. 6621, Rs. 277/91, 318/91 und 319/91.
[127] EuGH vom 15.12.1993, Slg. 1993, S. 6621 (6661), Rdn. 36, Rs. 277/91, 318/91 und 319/91.
[128] EuGH vom 15.12.1993, Slg. 1993, S. 6621 (6661), Rdn. 37, Rs. 277/91, 318/91 und 319/91; so auch EuGH vom 25.07.1991, Slg. 1991, S. 4151 (4186), Rdn. 24, Rs. 1/90 und 176/90 - „Aragonesa" und EuGH vom 13.01.2000, Slg. 2000, S. 161 (171), Rdn. 27, Rs. 254/98 - „TK-Heimdienst".

Hiermit bezog er sich auf seine ständige Rechtsprechung, ohne jedoch zwischen diskriminierend und protektionistisch zu differenzieren. Dies wäre insbesondere im Hinblick auf seine abschließende Feststellung von Bedeutung gewesen, die er, ohne daß ein Zusammenhang zu erkennen wäre, traf:

„Desgleichen ist der Umstand, daß die betreffende Maßnahme grundsätzlich ohne Unterschied auf inländische und auf eingeführte Erzeugnisse anwendbar ist, unerheblich, da sie Einfuhren von Waren aus anderen Mitgliedstaaten verteuert und damit behindert."[129]

Daß eine unterschiedslos geltende Regelung den freien Warenverkehr behindern kann, ist ständige Rechtsprechung, so daß diese Aussage eher verwundert. Insbesondere ist verwunderlich, warum der EuGH nun wieder den Begriff „unterschiedslos" zu analysieren meint, da er im vorhergehenden Absatz gerade einen diskriminierenden Charakter der Regelung entdeckt hatte. Diese Urteilsbegründung ist nicht konsequent: entweder stellt der EuGH eine Diskriminierung fest oder aber eine unterschiedslose Geltung der Regelung. Da die Regelung eine Unterscheidung aufgrund der Herkunft der Ware traf, war eine formelle Diskriminierung gegeben.[130]

In einem Fall aus dem Jahre 1997 mußte der EuGH entscheiden, ob das französische Dekret, das die Bezeichnung „montagne" oder spezifische geographische Bezugnahmen auf Gebirgsregionen nur für solche Erzeugnisse ermöglichte, die in den im französischen Hoheitsgebiet gelegenen Gebirgsregionen erzeugt, zubereitet, hergestellt und verpackt worden sind, gegen Art. 28 EG-Vertrag verstieß.[131] Zu beachten war, daß es sich dabei um ein rein inländisches Strafverfahren handelte, welches sich gegen französische Staatsangehörige in Bezug auf im französischen Hoheitsgebiet vertriebene französische Erzeugnisse richtete. Der Gerichtshof stellte jedoch fest, daß eine solche Regelung nicht automatisch aus dem Anwendungsbereich des Art. 28 EG-Vertrag hinausfalle:

„[...] in einer solchen Lage kann sich nämlich die Anwendung der nationalen Maßnahme auf den freien Warenverkehr zwischen den Mitgliedstaaten auswirken, und zwar insbesondere dann, wenn die fragliche Maßnahme den Vertrieb von Waren inländi-

---

[129] EuGH vom 15.12.1993, Slg. 1993, S. 6621 (6661), Rdn. 38, Rs. 277/91, 318/91 und 319/91.

[130] So auch Hammer, Handbuch zum freien Warenverkehr, S. 183.

[131] EuGH vom 07.05.1997, Slg. 1997, S. 2343, Rs. 321 – 324/94.

schen Ursprungs zum Nachteil eingeführter Waren begünstigt. Unter solchen Umständen wird durch die bloße Anwendung der Maßnahme, auch wenn sie auf inländische Hersteller beschränkt ist, eine Ungleichbehandlung zwischen den beiden Warengruppen geschaffen und aufrechterhalten, die zumindest potentiell den innergemeinschaftlichen Handel behindert."[132]

Damit erklärte der EuGH, weshalb die Vorschriften über den freien Warenverkehr anwendbar seien. Es gibt auch keinen Grund, solche Fälle vom Anwendungsbereich auszunehmen, da gerade dieser Fall zeigt, daß eine Ungleichbehandlung zwischen in- und ausländischen Waren vorliegen kann. Andererseits kann auch argumentiert werden, daß der Hersteller einer ausländischen Ware, die sich nicht „montagne" nennen darf, selbst die Möglichkeit hat, diesen möglichen Verstoß gegen Art. 28 EG-Vertrag geltend zu machen. Der Gerichtshof dachte darüber anders und wollte nicht warten, bis ein Fall mit Auslandsbezug entstand, sondern die Rechtslage gleich klären.

Er bejahte eine Benachteiligung der aus anderen Mitgliedstaaten eingeführten Erzeugnisse, da diese Regelung die Verwendung der Bezeichnung „montagne" den im Inland aus inländischen Grundstoffen hergestellten Erzeugnissen vorbehielt.[133] Der EuGH erkannte hier gegenüber den inländischen eine Schlechterbehandlung der ausländischen Waren und damit eine Diskriminierung. Es handelte sich um eine formelle Diskriminierung, da die Regelung von vornherein festlegte, daß nicht aus dem Gebiet stammende Produkte nicht mit der Bezeichnung „montagne" versehen werden durften. Alle ausländischen Waren waren damit von der Benutzung der Bezeichnung ausgeschlossen.

Dieses Ergebnis bestätigte der Gerichtshof dadurch, daß er die Anwendbarkeit der „Cassis-Formel" aufgrund des diskriminierenden Charakters der Regelung ablehnte:

„Nach ständiger Rechtsprechung kann eine solche nationale Regelung angesichts ihres diskriminierenden Charakters nur dann gerechtfertigt sein, wenn einer der in Artikel 36 EG-Vertrag [Artikel 30] genannten Gründe vorliegt."[134]

---

[132] EuGH vom 07.95.1997, S. 2343 (2374f.), Rdn. 45, Rs. 321 – 324/94.
[133] EuGH vom 07.05.1997, S. 2343 (2376), Rdn. 49, Rs. 321 – 324/94.
[134] EuGH vom 07.05.1997, Slg. 1997, S. 2343 (2376), Rdn. 52, Rs. 321 – 324/94.

In einem anderen Fall ging es um eine deutsche Vorschrift hinsichtlich der Verkehrszulassung von Flugzeugen. Dem Fall lag folgender Sachverhalt zugrunde: Die Klägerin erwarb 1992 in Dänemark ein gebrauchtes Propellerflugzeug, das dort seit 1974 zum Verkehr zugelassen war. Im Juli 1992 beantragte sie beim Luftfahrtbundesamt die deutsche Verkehrszulassung. Diese wurde ihr verweigert, weil das Flugzeug die in Deutschland zulässigen Lärmgrenzwerte überschritt, obwohl das Flugzeug die einschlägigen gemeinschaftsrechtlichen Anforderungen einhielt. Der Gerichtshof entschied:

„Eine nationale Regelung wie die im Ausgangsverfahren fragliche beschränkt den innergemeinschaftlichen Handel, da sie die inländische Erstzulassung von zuvor in einem anderen Mitgliedstaat zugelassenen Flugzeugen von der Einhaltung von Lärmgrenzwerten abhängig macht, die strenger als die in der Richtlinie vorgesehenen Werte sind, aber Flugzeuge, die vor der Umsetzung der Richtlinie im Inland zugelassen wurden, hiervon freistellt."[135]

Der Gerichtshof bejahte eine *Maßnahme gleicher Wirkung* wegen der Beschränkung des innergemeinschaftlichen Handels. Diese führte er wiederum auf eine unterschiedliche Behandlung der in einem anderen Mitgliedstaat zugelassenen Flugzeuge und der in Deutschland zugelassenen zurück. Die Regelung diskriminierte die im Ausland bereits zugelassenen Flugzeuge gegenüber den im Inland zugelassenen, da für sie die strengeren Lärmgrenzwerte galten. Der EuGH bejahte hier also einen Verstoß gegen Artikel 28 EG-Vertrag mit der unterschiedlichen Behandlung der in- und ausländischen Flugzeuge. Eine formelle Diskriminierung lag vor.[136]

Er bejahte trotz dieser formellen Diskriminierung implizit die Anwendbarkeit der „Cassis-Formel", da er prüfte, ob Gründe des Umweltschutzes die Regelung rechtfertigen könnten.[137] Diese Prüfung ist unverständlich, da keine unterschiedslose Regelung gegeben ist.

Die dargestellten Fälle zeigen, daß der Gerichtshof grundsätzlich die Anwendbarkeit der „Cassis-Formel" bei formell diskriminierenden Regelungen verneinte. Allerdings hat insbesondere der letzte Fall gezeigt, daß er

---

[135] EuGH vom 14.07.1998, Slg. 1998, S. 4473 (4488), Rdn. 18, Rs. 389/96.
[136] Daß der EuGH die Regelung dennoch für gerechtfertigt hielt, änderte an einem Verstoß gegen Art. 28 EG-Vertrag zunächst nichts.
[137] EuGH vom 14.07.1998, Slg. 1998, S. 4473 (4488), Rdn. 19, Rs. 389/96.

die Anwendbarkeit derselben auch bei formell diskriminierenden Regelungen annahm.

b) Materielle Diskriminierung

In den nachfolgend aufgeführten Fällen unterschied die zu untersuchende Regelung nicht explizit zwischen den in- und ausländischen Waren. Dennoch bejahte der EuGH eine Diskriminierung der eingeführten gegenüber den inländischen Waren:

In einem Fall aus dem Jahre 1980 mußte der EuGH entscheiden, ob die Beschränkung der Werbung für bestimmte alkoholische Getränke eine *Maßnahme gleicher Wirkung* sei.[138] Der französischen Werbebeschränkung lag der „Code des débits de boissons et des mesures contre l'alcoolisme" zugrunde, der besagte, daß für bestimmte alkoholische Getränke nicht geworben werden dürfe. Die französische Regierung machte geltend, daß der Code nicht nur die Werbung für ausländische Getränke verbiete, sondern auch inländische betreffe und daher eine Diskriminierung der ausländischen Getränke nicht stattfinde.[139] Der Gerichtshof folgte diesem Vorbringen nicht, sondern stellte vielmehr fest:

„Wenn auch die Regelung des Code die Werbung für einige inländische Erzeugnisse, darunter auch solche mit erheblichem Absatz, verbietet oder beschränkt, so hat sie doch gleichzeitig unbestreitbar diskriminierende Züge."[140]

Diese Diskriminierung begründete der Gerichtshof damit, daß die Werbung für typische inländische Branntweine völlig unbeschränkt zulässig sei, während sie für gleichartige Erzeugnisse, die überwiegend eingeführt würden, insbesondere für Getreidebranntweine wie Whisky und Wacholder, verboten sei.[141] Als Ergebnis stellte er fest:

„Auch wenn man davon ausgeht, daß diese Werbeverbote und -beschränkungen nach den Artikeln L 17 und L 18 des Code eine beträchtliche Anzahl inländischer Erzeugnisse treffen, ergibt sich aus den vorstehenden Ausführungen, daß die Einteilung in Gruppen, auf der die Anwendung dieser Bestimmungen beruht, die aus anderen Mitgliedstaaten eingeführten Erzeugnisse gegenüber den inländischen Erzeug-

---

[138] EuGH vom 10.07.1980, Slg. 1980, S. 2299, Rs. 152/78.
[139] EuGH vom 10.07.1980, Slg. 1980, S. 2299 (2314), Rdn. 12, Rs. 152/78.
[140] EuGH vom 10.07.1980, Slg. 1980, S. 2299 (2314), Rdn. 13, Rs. 152/78.
[141] EuGH vom 10.07.1980, Slg. 1980, S. 2299 (2315), Rdn. 13, Rs. 152/78.

nissen benachteiligt und damit eine Maßnahme gleicher Wirkung wie eine mengenmäßige Beschränkung darstellt."[142]

Der Gerichtshof stellte in diesem Urteil klar heraus, daß eine Diskriminierung nicht nur dann vorliegt, wenn aufgrund einer Regelung nur die ausländischen Erzeugnisse benachteiligt werden (siehe oben unter a)), sondern auch in einem Fall wie dem vorliegenden, wenn auch (und gerade) die ausländischen Erzeugnisse benachteiligt werden. Im Unterschied zu dem bereits besprochenen Fall „montagne"[143] fand in diesem Fall eine formelle Diskriminierung nicht statt, da die betreffende Vorschrift nicht zwischen in- und ausländischen Waren unterschied. Im Fall „montagne" hingegen konnten überhaupt nur inländische Produkte die Voraussetzungen zur Bezeichnung ihrer Ware mit „montagne" erfüllen.

Der Gerichtshof stellte fest, daß die ausländischen Waren benachteiligt worden seien. Es ist davon auszugehen, daß der Gerichtshof „benachteiligen" mit „diskriminieren" gleichsetzt. Damit wird in diesem Fall allein anhand des Wortlautes des Urteils deutlich, daß eine Diskriminierung der ausländischen Erzeugnisse gemeint ist. Diese werden trotz der zunächst vordergründigen unterschiedslosen Geltung der Regelung gegenüber den inländischen benachteiligt. Es handelt sich folglich um eine materielle Diskriminierung der ausländischen Erzeugnisse.

Diese Regelung wurde nicht anhand der „Cassis-Formel" geprüft, sondern nur anhand von Art. 30 EG-Vertrag.[144] Dies ist ein weiteres Indiz dafür, daß der Gerichtshof in der Regelung eine Diskriminierung der ausländischen Erzeugnisse sah und damit die für die Anwendbarkeit der „Cassis-Formel" erforderliche unterschiedslose Geltung der Regelung verneinte.

Eine andere Regelung sah vor, daß Händlerlizenzen nur dann erteilt würden, wenn der Wirtschaftsteilnehmer die Milch in einer von der zuständigen örtlichen Behörde zugelassenen Molkerei hat verpacken lassen. Dies hatte zur Folge, daß eingeführte Milch neu verpackt werden mußte.[145] Der Gerichtshof entschied, daß Folge der Regelung eine Verlängerung der Lie-

---

[142] EuGH vom 10.07.1980, Slg. 1980, S. 2299 (2315), Rdn. 14, Rs. 152/78.
[143] Siehe unter a): EuGH vom 07.05.1997, Slg. 1997, S. 2343, Rs. 321 – 324/94.
[144] Zur Prüfung des Art. 30 EG-Vertrag im Einzelnen siehe unten: 5. Kapitel.
[145] EuGH vom 08.02.1983, Slg. 1983, S. 203, Rs. 124/81.

ferzeiten und erhebliche Mehrkosten für den Importeur seien.[146] Außerdem würde die Eigenschaft der Milch in qualitativer Hinsicht durch die erneute notwendige Behandlung verschlechtert, so daß der EuGH hinsichtlich dieser Maßnahme folgerte:

„Eine solche Verpflichtung zur Neubehandlung und Neuverpackung stellt wegen ihrer wirtschaftlichen Auswirkungen in Wirklichkeit das Äquivalent eines vollständigen Einfuhrverbots dar, wie das Vereinigte Königreich ausdrücklich eingeräumt hat. Das Vereinigte Königreich kann daher nicht behaupten, daß die beanstandete Maßnahme, die nach seinem Vorbringen unterschiedslos für einheimische wie für eingeführte Erzeugnisse gilt, keine diskriminierende Wirkung hat und aus diesem Grund nicht in den Geltungsbereich des Artikels 30 EG-Vertrag fällt."[147]

Der EuGH ging also einen Schritt weiter, indem er dieses Verpackungserfordernis als faktisches Einfuhrverbot ansah. Er war der Ansicht, daß die Belastungen, die daraus für die Importeure entstanden, so gravierend waren, daß diese ganz von einer Einfuhr absahen. Die für einen Importeur durch die Neuverpackung entstehenden zusätzlichen Kosten gingen folglich weit über das hinaus, was einem Händler zuzumuten war, um im Hinblick auf die Kosten wirtschaftlich zu arbeiten. Wichtig ist, daß der EuGH in dieser Regelung im Gegensatz zu dem Vereinigten Königreich eine Diskriminierung der eingeführten Milch gesehen hat, obwohl die Regelung keine Unterscheidung aufgrund der Herkunft machte. Sie entfaltete eine unterschiedliche Wirkung, obwohl sie sowohl für die einheimische Ware als auch für die eingeführte Ware galt. Die einheimischen Hersteller ließen ihre Milch aufgrund der Regelung in einer von der zuständigen örtlichen Behörde zugelassenen Molkerei verpacken. Diese Möglichkeit hatten die Hersteller der eingeführten Milch aber nicht, so daß sie die Milch erneut verpacken lassen mußten. Das bedeutet, daß die eingeführte Milch gegenüber der einheimischen benachteiligt wurde, da sie, um der britischen Regelung zu genügen, zweimal verpackt werden mußte. Der EuGH betonte an dieser Stelle, daß es ihm um die „diskriminierende Wirkung" der Regelung ginge. Diese Formulierung läßt darauf schließen, daß der EuGH eine Unterscheidung zwischen formeller und materieller Diskriminierung trifft: Die ausländische Ware wurde gegenüber der inländischen materiell diskriminiert, da die Regelung nicht aufgrund der Herkunft unterschied, es

---

[146] EuGH vom 08.02.1983, Slg. 1983, S. 203 (237), Rdn. 21, Rs. 124/81.
[147] EuGH vom 08.02.1983, Slg. 1983, S. 203 (237), Rdn. 21, Rs. 124/81.

miniert, da die Regelung nicht aufgrund der Herkunft unterschied, es sich jedoch faktisch um ein vollständiges Einfuhrverbot handelte.[148]

In einem eher untypischen Fall aus dem Jahre 1985 ging es um eine französische Regelung, die die Zulassung von Frankiermaschinen regelte.[149] Dem Fall lag folgender Sachverhalt zugrunde: Ein Antrag auf Zulassung einer ausländischen Frankiermaschine war ohne Begründung abgelehnt worden. Der EuGH entschied:

„Unter dem Deckmantel einer Vorschrift von allgemeiner Geltung, die die Zulassung aus anderen Mitgliedstaaten eingeführter Maschinen gestattet, könnte die Verwaltung nämlich eine gegenüber importierten Maschinen systematisch ungünstige Haltung einnehmen, indem sie es bei der Bescheidung der Zulassungsanträge oder der Durchführung des Prüfungsverfahrens zu erheblichen Verzögerungen kommen läßt oder die Zulassung unter Hinweis auf verschiedene technische Mängel ablehnt, die nicht im einzelnen oder in einer Weise dargelegt werden, die sich später als unzutreffend erweist. Das Verbot der Maßnahmen gleicher Wirkung wie mengenmäßige Beschränkungen würde seine praktische Wirksamkeit weitgehend einbüßen, wenn sich mit ihm protektionistische oder diskriminierende Praktiken dieser Art nicht erfassen ließen."[150]

Die Regelung stand formell mit Art. 28 EG-Vertrag im Einklang, da sie sowohl für die inländischen als auch für die ausländischen Geräte galt. Doch der EuGH untersuchte darüber hinaus die Wirkung bzw. die Umsetzung in der Praxis. Bei dieser Betrachtung stellte er fest, daß die Regelung in der Praxis protektionistische und diskriminierende Wirkungen habe, die von der *Maßnahme gleicher Wirkung* erfaßt würden. Die Regelung stellte keine formelle Diskriminierung dar, da die Regelung die Erzeugnisse nicht aufgrund der Herkunft unterschiedlich behandelte. Dennoch bejahte der EuGH eine in der Praxis mögliche Diskriminierung der ausländischen Erzeugnisse und damit eine *Maßnahme gleicher Wirkung.*

Diese erörterten Fälle demonstrieren sehr deutlich, daß der EuGH auch bei formell unterschiedslosen Regelungen eine Diskriminierung der ausländischen gegenüber den inländischen Waren bejaht, wenn die betreffende Regelung dazu führt, daß die ausländischen Waren benachteiligt werden. In

---

[148] Auch in diesem Fall prüfte der EuGH ausschließlich Art. 30 EG-Vertrag und nicht die „Cassis-Formel".
[149] EuGH vom 09.05.1985, Slg. 1985, S. 1355, Rs. 21/84.
[150] EuGH vom 09.05.1985, Slg. 1985, S. 1355 (1364), Rdn. 11f., Rs. 21/84.

den insoweit erörterten Fällen erkennt der EuGH zwar, daß die Regelungen sowohl auf die inländischen als auch auf die ausländischen Waren anwendbar sind; er stellt dennoch fest, daß die jeweilige Regelung eine Benachteiligung der ausländischen Waren darstellt. Dabei prüft er die Auswirkungen der Regelung auf die ausländischen Waren und vergleicht diese mit den inländischen. Dabei stellt er eine Ungleichbehandlung, eine Diskriminierung, fest.

c) Nicht-diskriminierende Maßnahmen

In einigen Fällen zog der EuGH den Gesichtspunkt der Diskriminierung zur Beurteilung einer Regelung heran, um dann jedoch festzustellen, daß eine solche nicht gegeben sei. Diese Entscheidungen sind deshalb von Interesse, weil sie die Abgrenzung des Gerichtshofes zwischen einer Diskriminierung und einer Nichtdiskriminierung ermöglichen.

Wie bereits erörtert, sah der EuGH in der „Buy Irish Kampagne" eine *Maßnahme gleicher Wirkung*, die die ausländischen Erzeugnisse diskriminierte.[151] In einem auf den ersten Blick ähnlich erscheinenden Fall ging es auch um eine nationale Kampagne zur Förderung einheimischer Produkte. Konkret ging es darum, daß der „Apple and Pear Development Council" Kampagnen zur Förderung von Äpfeln und Birnen aus England und Wales, und zwar insbesondere für einige die Produktion von England und Wales typische Sorten, durchführte.[152] Wie im Fall „Buy Irish" entschied der Gerichtshof, daß auch die Maßnahmen des „Apple and Pear Development Council" anhand des EWG-Vertrages (EG-Vertrag) überprüfbar seien, da es sich um eine von der britischen Regierung errichtete Körperschaft handele.[153] Er verneinte jedoch das Vorliegen einer *Maßnahme gleicher Wirkung*, da Artikel 28 EG-Vertrag keinesfalls das Werben für eine bestimmte Sorte verwehren solle, auch dann nicht, wenn es sich um eine Sorte handele, die typisch für die inländische Produktion sei.[154] Der EuGH verdeutlichte, in welchem Falle er einen Verstoß gegen Art. 28 EG-Vertrag bejaht hätte:

---

[151] Siehe unter a).

[152] EuGH vom 13.12.1983, Slg. 1983, S. 4083, Rs. 222/82 – „Apple and Pear Development Council".

[153] EuGH vom 13.12.1983, Slg. 1983, S. 4083 (4119), Rdn.17, Rs. 222/82 – „Apple and Pear Development Council".

[154] EuGH vom 13.12.1983, Slg. 1983, S. 4083 (4120), Rdn. 19, Rs. 222/82 – „Apple and Pear Development Council".

„[...] dagegen würde es gegen Artikel 30 EWG-Vertrag [Artikel 28 EG-Vertrag] verstoßen, wenn eine solche Körperschaft Werbung treiben würde mit dem Ziel, vom Kauf von Erzeugnissen aus anderen Mitgliedstaaten abzuraten, diese Erzeugnisse in den Augen der Verbraucher herabzusetzen oder ihnen zum Kauf einheimischer Erzeugnisse allein wegen ihres inländischen Ursprungs zu raten."[155]

Hiermit zählte er nochmals die Gründe auf, die in dem „Buy Irish-Urteil" dazu geführt hatten, daß eine *Maßnahme gleicher Wirkung* bejaht wurde. Die Gründe waren allesamt protektionistischer Natur: die einzuführenden Erzeugnisse wurden diskriminiert. Im Fall „Apple and Pear Development Council" hingegen diskriminierte die Regelung die ausländischen Erzeugnisse nicht, da sie zwar nach Obstsorten unterschied, aber nicht nach deren Herkunft.

In diesem Sinne entschied der EuGH auch den folgenden Fall, bei dem es um niederländische Maßnahmen zur Qualitätsverbesserung von einheimischem Käse ging:

„Artikel 30 [Art. 28] steht hingegen dem Erlaß von nationalen Vorschriften nicht entgegen, die, ohne Importwaren zu berühren, eine Verbesserung der Qualität der nationalen Erzeugung bezwecken, um sie so für die Verbraucher anziehender zu machen. Eine solche Maßnahme ist nämlich mit dem Erfordernis eines vom Vertrag gewollten gesunden und lauteren Wettbewerbs vereinbar."[156]

Solange die Regelung keine für Art. 28 EG-Vertrag relevante Unterscheidung trifft und damit diskriminierende Wirkung enthält, sind Maßnahmen zur Verbesserung der nationalen Erzeugung erlaubt.

Einheimische Erzeugnisse aufgrund solcher Kampagnen zu fördern, stellt dann eine *Maßnahme gleicher Wirkung* dar, wenn die ausländischen Erzeugnisse diskriminiert werden. Führt eine solche Kampagne jedoch lediglich zu einem gesunden Wettbewerb, ohne die ausländischen Erzeugnisse zu diskriminieren, so ist sie nicht als verbotene *Maßnahme gleicher Wirkung* anzusehen. Bei solchen Kampagnen ist also das Kriterium der Differenzierung entscheidend:

---

[155] EuGH vom 13.12.1983, Slg. 1983, S. 4083 (4123f.), Rdn. 33, Rs. 222/82 – „Apple and Pear Development Council".
[156] EuGH vom 07.02.1984, Slg. 1984, S. 483 (504), Rdn. 20, Rs. 237/82.

In den Niederlanden existierte eine Regelung, die vorsah, daß zum Zwecke von Einsparungen bei der Arzneimittelhilfe für Krankenversicherte Listen erstellt wurden, durch die den Versicherten ein Anspruch auf die Versorgung mit namentlich genannten Arznei- und Verbandsmitteln versagt wurde. Der EuGH entschied, daß eine solche Regelung solange nicht gegen Art. 28 EG-Vertrag verstoße, wie bei der Auswahl der nicht erstattungsfähigen Arzneimittel jede Diskriminierung importierter Arzneimittel unterbleibe.[157] Positiv formuliert entschied er:

„ [...] Maßnahmen sind mit Art. 30 EWG-Vertrag [Art. 28 EG-Vertrag] vereinbar, wenn bei der Auswahl der auszuschließenden Arzneimittel eine Diskriminierung aufgrund des Ursprungs der Erzeugnisse unterbleibt und diese Auswahl auf objektiven und überprüfbaren Kriterien beruht, wie zum Beispiel darauf, daß auf dem Markt andere, billigere Erzeugnisse mit gleicher therapeutischer Wirkung erhältlich sind, [...]"[158]

Mit dieser Entscheidung verdeutlichte der EuGH, daß bestimmte Maßnahmen solange mit Artikel 28 EG-Vertrag vereinbar sind, als sie keine Diskriminierung aufgrund des Ursprungs darstellen. Das bedeutet, daß bei der Auswahl der Arzneimittel verschiedene Kriterien, wie zum Beispiel der Preis, eine Rolle spielen dürfen. Das Unterscheidungsmerkmal der Herkunft der Arzneimittel darf allerdings nicht verwendet werden. Hier reduzierte der EuGH das Verbot des Artikels 30 auf ein Diskriminierungsverbot, da der Zugang von Arzneimitteln zum niederländischen Markt aufgrund der Regelung durchaus im Sinne der „Dassonville-Formel" behindert wurde.

In Frankreich war die Einfuhr und das Inverkehrbringen von Teigwaren, die Weichweizen enthielten, verboten. Um dieses Verbot umzusetzen, führte Frankreich eine Analyse von Teigwaren zur Überprüfung der Verwendung von Weichweizen ein. Einen Verstoß gegen Art. 28 EG-Vertrag sah der Gerichtshof in dieser Analyse nicht.[159] Begründet hat er dies folgendermaßen:

„Da im übrigen weder bewiesen noch auch nur behauptet worden ist, daß ein Einfuhrverbot für Teigwaren, die Weichweizen enthalten, gegen das Gemeinschaftsrecht verstößt, läßt sich nicht die Auffassung vertreten, Praktiken der Verwaltungsbehörden oder

---

[157] EuGH vom 07.02.1984, Slg. 1984, S. 523 (542), Rdn. 21, Rs. 238/82.
[158] EuGH vom 07.02.1984, Slg. 1984, S. 523 (542), Rdn. 22, Rs. 238/82.
[159] EuGH vom 21.02.1984, Slg. 1984, S. 933, Rs. 202/82.

Gerichte zur Bekämpfung von Verstößen gegen dieses Verbot fielen unter das Gemeinschaftsrecht, jedenfalls dann nicht, wenn Einfuhren nicht diskriminiert werden."[160]

Der letzte Halbsatz war entscheidend, denn er besagte, daß zumindest eine Diskriminierung der eingeführten Erzeugnisse vorliegen müsse, um eine *Maßnahme gleicher Wirkung* zu bejahen. Ließ sich eine solche nicht feststellen, war die Prüfung zu Ende. Ein solches Einfuhrverbot von Teigwaren, die Weichweizen enthielten, stellte keine Diskriminierung der eingeführten Erzeugnisse dar und wurde damit nicht als *Maßnahme gleicher Wirkung* betrachtet. Es ist festzuhalten, daß der EuGH in der nationalen Regelung keine Diskriminierung sah, da sowohl die in- als auch die ausländischen Erzeugnisse von der Regelung betroffen waren und somit gleich behandelt wurden.

Im Bereich der Ausstrahlung von Fernsehsendungen stehen Unternehmen ausschließliche Rechte zu. Diese sog. Senderechte können gegen den freien Warenverkehr verstoßen. Der EuGH entschied jedoch, daß die Einräumung ausschließlicher Rechte im Bereich der Ausstrahlung von Fernsehsendungen und die zu diesem Zweck verliehene ausschließliche Befugnis, die für die Ausstrahlung erforderlichen Materialien und Erzeugnisse einzuführen, zu vermieten, oder zu vertreiben, keine *Maßnahme gleicher Wirkung* sei.[161] Dies wäre nur der Fall, wenn sich daraus unmittelbar oder mittelbar eine Diskriminierung eingeführter Erzeugnisse gegenüber inländischen ergebe.[162] Mit dieser Begründung machte der Gerichtshof deutlich, daß er einen qualitativen Unterschied zwischen der unmittelbaren oder mittelbaren Diskriminierung sah. Wie dieser Unterschied genau aussah, führte er nicht weiter aus. Wichtig ist aber, daß er diese Unterscheidung traf, da sie die bereits getroffene Feststellung untermauert, daß der Gerichtshof zwischen formeller und materieller Diskriminierung unterscheidet.

Eine Entscheidung aus dem Jahre 1998, die den Anwendungsbereich des freien Warenverkehrs und damit einer Handelsbehinderung verneinte, gibt Aufschluß darüber, wann der Gerichtshof im Umkehrschluß eine Handelsbehinderung bejahte. Es ging dabei um eine Regelung, die vorschrieb, daß Schiffe, die italienische Häfen anlaufen, die Dienstleistungen der örtlichen

---

[160] EuGH vom 21.02.1984, Slg. 1984, S. 933 (944), Rdn. 9, Rs. 202/82.
[161] EuGH vom 18.06.1991, Slg. 1991, S. 2925, Rs. 260/89.
[162] EuGH vom 18.06.1991, Slg. 1991, S. 2925 (2958), Rdn. 16, Rs. 260/89.

Festmacher, die über eine ausschließliche Konzession verfügten, gegen Entgelt in Anspruch nehmen mußten. Der Gerichtshof entschied:

„Eine Regelung, wie die des Ausgangsverfahrens unterscheidet folglich nicht nach dem Ursprung der beförderten Waren und soll nicht den Warenhandel mit den anderen Mitgliedstaaten regeln; die beschränkenden Wirkungen, die sie auf den freien Warenverkehr haben könnte, sind zu ungewiß und zu indirekt, als daß die in ihr aufgestellte Verpflichtung als geeignet angesehen werden könnte, den Handel zwischen den Mitgliedstaaten zu behindern.“[163]

Damit setzte der Gerichtshof zwei Voraussetzungen fest, um eine *Maßnahme gleicher Wirkung* zu bejahen; eine davon ist eine Diskriminierung; die andere die Regelung des Warenverkehrs. Zu fragen ist, ob sich diese Begründung auf die „Keck-Formel“ bezieht, die bei Regelungen, die „Verkaufsmodalitäten“ darstellen, eine rechtliche oder tatsächliche Unterscheidung der Erzeugnisse verlangt, um überhaupt die Anwendbarkeit des. Art. 28 EG-Vertrages zu bejahen. Dies ist aus zwei Gründen zu verneinen: Zum einen hätte sich der Gerichtshof auf sein Urteil „Keck und Mithouard“,[164] wie sonst auch, wenn er die Problematik der „Verkaufsmodalitäten prüfte, bezogen. Zum anderen hat der Gerichtshof bereits in einem Urteil aus dem Jahre 1990 - als es die „Keck-Entscheidung“ bekanntlich noch nicht gab - die Anwendbarkeit des Art. 28 EG-Vertrag aus denselben Gründen verneint.[165] Der EuGH schloß eine Diskriminierung der ausländischen Waren aus, bejahte jedoch eine mögliche indirekte Beschränkung des Handels zwischen den Mitgliedstaaten. Diese mögliche Beschränkung ließ er jedoch für das Vorliegen einer Handelsbehinderung im Sinne der „Dassonville-Formel“ nicht ausreichen. Er verneinte das Vorliegen einer *Maßnahme gleicher Wirkung*.

---

[163] EuGH vom 18.06.1998, Slg. 1998, S. 3949 (3992), Rdn. 31, Rs. 266/96 – „Corsica Ferries“; so auch in EuGH vom 14.07.1994, Slg. 1994, S. 3453 (3497), Rdn. 24, Rs. 379/92 – „Peralta“; EuGH vom 17.10.1995, Slg. 1995, S. 3257 (3297), Rdn. 29, Rs. 140-142/94.; EuGH vom 22.06.1999, Slg. 1999, S. 3845 (3879 f.), Rdn. 11, Rs. 412/97; EuGH vom 21.09.1999, Slg. 1999, S. 6269 (6294), Rdn. 16ff., 44/98.

[164] a.a.O.

[165] EuGH vom 07.03.1990, Slg. 1990, S. 583 (597), Rdn. 10, Rs. 69/88 – „Krantz“.

d) Ergebnis

Der EuGH hat in den untersuchten Fällen, die die verschiedensten Regelungen betrafen – Einfuhrregelungen, Produktregelungen, Werberegelungen, etc. – gezeigt, daß eine *Maßnahme gleicher Wirkung* immer dann vorliegt, wenn die einzuführenden Erzeugnisse gegenüber den inländischen formell diskriminiert werden, also eine Unterscheidung aufgrund der Herkunft der Ware gegeben ist. In einigen untersuchten Fällen war das Vorliegen einer formellen Diskriminierung Voraussetzung für die Annahme einer *Maßnahme gleicher Wirkung.* Die untersuchten Fälle haben aber auch gezeigt, daß Regelungen, die eine formelle Unterscheidung zwischen eingeführter und inländischer Ware nicht treffen, dennoch die ausländischen gegenüber den inländischen Waren benachteiligen können. Der EuGH nimmt insoweit das Vorliegen einer materiellen Diskriminierung an. In der Mehrzahl dieser Fälle hat der Gerichtshof die Anwendbarkeit der „Cassis-Formel" verneint und statt dessen allein die Rechtfertigungsgründe des Art. 30 EG-Vertrag geprüft.

2. Abschottung der Märkte

In anderen Urteilen begründete der EuGH das Vorliegen einer *Maßnahme gleicher Wirkung* nicht mit der diskriminierenden Wirkung der fraglichen Regelung, sondern damit, daß diese zu einer „Abschottung der Märkte" führe. Diese Begründung des Gerichtshofes soll anhand der folgenden Fälle untersucht werden:

Der EuGH benutzte das Argument der „Marktabschottung" zum ersten Mal in einem das Warenzeichenrecht betreffenden Fall, dem sog. HAG I-Fall.[166] Diesem lag der folgende Sachverhalt zugrunde: Der in Deutschland ansässige, ursprüngliche Inhaber des Warenzeichens „HAG" übertrug dieses für Belgien auf eine von ihm gegründete und beherrschte Tochtergesellschaft, die später aufgrund eines Hoheitsaktes verselbständigt wurde. Der ursprüngliche Warenzeicheninhaber ging nunmehr gegen die Einfuhr von in Belgien rechtmäßig hergestellten Erzeugnissen vor, die dort mit dem Warenzeichen „HAG" versehen worden waren. Der Gerichtshof entschied:

---

[166] EuGH vom 03.07.1974, Slg. 1974, S. 731, Rs. 192/73 – „HAG I".

„Die Ausübung des Warenzeichenrechts ist geeignet, zur Abschottung der Märkte beizutragen und auf diese Weise den freien Warenverkehr zwischen den Mitgliedstaaten zu beeinträchtigen, und zwar um so mehr, als dieses Recht im Gegensatz zu anderen gewerblichen Schutzrechten keinen zeitlichen Grenzen unterliegt."[167]

Da dieser Fall im Jahr 1974 entschieden wurde, kam es auf die „Cassis-Formel" noch nicht an. Interessant wäre aber gewesen, ob der Gerichtshof deren Anwendbarkeit bejaht hätte. Es stellt sich die Frage, ob eine Abschottung der Märkte für den EuGH eine Diskriminierung darstellte. Dieser Frage ging der Gerichtshof in dem folgenden Fall nach.

Im Verfahren „Kohl – Ringelhan & Rennett" wurde eine ähnliche Fragestellung untersucht.[168] Es ging darum, daß einem ausländischen Unternehmen untersagt worden war, ein im Ausland rechtmäßig gebrauchtes Firmensignet zu benutzen, da dieses Firmensignet zuvor von einem im Inland, und zwar in Deutschland ansässigen Unternehmen, zu dem das ausländische gehört hatte, benutzt worden war. Inzwischen war das deutsche Unternehmen allerdings untergegangen. Der Gebrauch dieses Firmensignets hätte die Verbraucher jedoch darüber täuschen können, daß das deutsche Unternehmen weiterhin bestehe. Demgemäß war der Gebrauch des Signets nach deutschem Recht verboten (§ 3 UWG). Der EuGH entschied, daß in einem solchen Fall diese Vorschrift in Wirklichkeit ausschließlich den Vertrieb eingeführter Erzeugnisse betreffe:[169]

„Selbst wenn eine Vorschrift eines nationalen Gesetzes gegen den unlauteren Wettbewerb unterschiedslos für den Vertrieb von einheimischen wie von eingeführten Erzeugnissen gilt, kann sie die genannte Voraussetzung nicht erfüllen, sobald sie so ausgelegt wird, daß sie es ermöglicht, die Benutzung eines Firmensignets nur mit der Begründung zu untersagen, daß die Öffentlichkeit in bezug auf die in- oder ausländische Herkunft der Waren getäuscht werden könnte, ohne daß weitere besondere Tatsachen festgestellt werden, die das Vorliegen unlauteren Wettbewerbs bewiesen. In einem solchen Fall betrifft diese Vorschrift ausschließlich den Vertrieb eingeführter Erzeugnisse."[170]

„Soweit eine Vorschrift eines solchen nationalen Gesetzes die Möglichkeit gibt, ein derartiges Verbot durchzusetzen, kann sie nicht als Gesetz angesehen werden, das den Ver-

---

167 EuGH vom 03.07.1974, Slg. 1974, S. 731 (744), Rdn. 11, Rs. 192/73 – „HAG I".
168 EuGH vom 06.11.1984, Slg. 1984, S. 3651, Rs. 177/83.
169 EuGH vom 06.11.1984, Slg. 1984, S. 3651 (3663), Rdn. 15, Rs. 177/83.
170 EuGH vom 06.11.1984, Slg. 1984, S. 3651 (3662), Rdn. 14, Rs. 177/83.

trieb einheimischer und eingeführter Erzeugnisse einheitlich regelt. Insoweit läßt sie eine Abschottung innerhalb des Gemeinsamen Marktes zu, die eine gemäß Artikel 30 EWG-Vertrag [Artikel 28 EG-Vertrag] verbotene Beschränkung des innergemeinschaftlichen Handels darstellt."[171]

Die Marktabschottung ergab sich daraus, daß die Vorschrift ausschließlich den Vertrieb eingeführter Erzeugnisse betraf. Es stellt sich daher die Frage, ob der EuGH in allen Fällen, in denen er die Marktabschottung als Kriterium für die Festlegung einer *Maßnahme gleicher Wirkung* ansieht auch davon ausgeht, daß die in- und ausländischen Erzeugnisse unterschiedlich behandelt werden. Diese Frage beantwortete der Gerichtshof selbst, indem er die Anwendbarkeit der Cassis-Formel prüfte und verneinte. Dieser Fall zeigt erneut sehr anschaulich, daß der EuGH die Anwendbarkeit der „Cassis-Formel" vom nicht-diskriminierenden Charakter einer Maßnahme abhängig macht. Er sagte zwar zunächst, daß die Regelung unterschiedslos für den Vertrieb von einheimischen wie von eingeführten Erzeugnissen gelte. Er prüfte jedoch weiter und stellte fest, daß die Regelung ausschließlich die eingeführten Erzeugnisse betreffe. Damit verneinte er die Anwendbarkeit der „Cassis-Formel". Die „Cassis-Formel" wurde also vom EuGH nicht automatisch auf jede scheinbar unterschiedslose Regelung angewandt. Es wurde vielmehr genau differenziert, wie die scheinbar unterschiedslos wirkende Regelung sich auf die eingeführten und die inländischen Produkte auswirkte. Da er eine unterschiedliche Auswirkung der Regelung auf die eingeführten und die inländischen Produkte feststellte, wurde die unterschiedslose Wirkung verneint, eine materielle Diskriminierung wurde bejaht. Folglich war sich der EuGH bewußt, daß es für die Frage der Anwendbarkeit der „Cassis-Formel" nicht allein darauf ankam, daß eine formelle Diskriminierung nicht vorlag, sondern darüberhinaus auch eine materielle Diskriminierung ausgeschlossen werden mußte. Die Abschottung eines Marktes stellte demnach eine materielle Diskriminierung dar.

In einem patentrechtlichen Fall entschied der Gerichtshof, daß der Inhaber eines Patentes nicht verhindern könne, daß ein Erzeugnis, das in einem Land ohne Patentschutz mit seiner Zustimmung in den Verkehr gebracht

---

[171] EuGH vom 06.11.1984, Slg. 1984, S. 3651 (3663), Rdn. 16f., Rs. 177/83; zu dieser Fallkonstellation, siehe auch EuGH vom 17.10.1990, Slg. 1990, S. 3711, Rs. 10/89; EuGH vom 31.10.1974, Slg. 1974, S. 1183 (1195), Rdn. 12, Rs. 16/74.

wurde, in ein Land mit bestehendem Patentschutz eingeführt werde.[172] Der EuGH führte hierzu aus:

„Würde man also dem Erfinder oder seinen Rechtsnachfolgern erlauben, sich auf das Patent, das sie in einem ersten Mitgliedstaat besitzen, zu berufen, um sich der Einfuhr des Erzeugnisses zu widersetzen, das von ihnen in einem anderen Mitgliedstaat, in dem dieses Erzeugnis nicht patentfähig war, frei in den Verkehr gebracht worden ist, so würde dies zu einer Abschottung der nationalen Märkte führen, die den Zielen des Vertrages zuwiderliefe."[173]

Der EuGH stellte also fest, daß der Patentinhaber nicht selbst eine Regulierung schaffen könne.[174] Er könne nicht bestimmen, welche Produkte auf den Markt gelangen könnten und welche nicht. Eine Abschottung der Märkte sei vom Vertrag nicht erlaubt.

Hinsichtlich marktabschottender Regelungen ist also festzuhalten, daß sie zwar nicht formell nach der Herkunft der Ware unterscheiden, jedoch eine materielle Unterscheidung zwischen der eingeführten und der inländischen Ware treffen. Dies hat auch der EuGH so gesehen und aus diesem Grunde die Anwendbarkeit der „Cassis-Formel" verneint.

3. *„Einfuhrbeschränkungen"*

In vielen Fällen wurde das *Vorliegen* einer *Maßnahme gleicher Wirkung* mit der Begründung bejaht, daß eine Einfuhrbeschränkung vorliege. Die Wirkung einer Einfuhrbeschränkung entfalten solche Regelungen, die die Ware unmittelbar an der Grenze aufhalten. Anhand der nachfolgenden Fälle soll analysiert werden, welche nationalen Regelungen als Einfuhrbeschränkung angesehen wurden und wie dies begründet worden ist.

Die einzuführende Ware wird am stärksten aufgrund eines Einfuhrverbotes betroffen, da ein solches zur Folge hat, daß die Ware die Grenze nicht überschreiten kann. Durch ein solches Verbot wird dem ausländischen Er-

---

[172] EuGH vom 14.07.1981, Slg. 1981, S. 2063, Rs. 187/80;
[173] EuGH vom 14.07.1981, Slg. 1981, S. 2063 (2082), Rdn. 13, Rs. 187/80; so auch EuGH vom 05.12.1996, Slg. 1996, S. 6285, Rs. 267 und 268/95; EuGH vom 09.07.1997, Slg. 1997, S. 3929, Rs. 316/95.
[174] Siehe auch: EuGH vom 22.06.1976, Slg. 1976, S. 1039, Rs. 119/75; EuGH vom 22.01.1981, Slg. 1981, S. 181, Rs. 58/80.

zeugnis, das in einem Mitgliedstaat rechtmäßig hergestellt worden ist, die Einfuhr und damit der Absatz auf dem Markt eines anderen Mitgliedstaates vollständig verwehrt.

Ein solches Einfuhrverbot kann zweierlei bedeuten: zum einen, daß sowohl die Einfuhr eines bestimmten Produktes aus dem Ausland als auch dessen Herstellung und Vertrieb im Inland verboten sind, ein solches Importverbot also auf dem Verbot des Inverkehrbringens des betreffenden Erzeugnisses im Inland beruht (absolutes Einfuhrverbot) oder zum anderen, daß lediglich der Import verboten ist, die entsprechenden inländischen Erzeugnisse aber vertrieben werden können (relatives Einfuhrverbot). Dieser unterschiedlichen Qualität von Einfuhrregelungen soll durch eine getrennte Prüfung Rechnung getragen werden.

a) Absolutes Einfuhrverbot

In einem von der Kommission eingeleiteten Verfahren ging es um die Frage, ob das französische Verbot der Einfuhr und des Verkaufs von Ersatzstoffen für Milchpulver und Kondensmilch, unabhängig von ihrer Bezeichnung, eine *Maßnahme gleicher Wirkung* darstellte.[175] Es handelte sich dabei um ein Verbot, das sowohl inländische als auch ausländische Produkte betraf. Ein Verstoß gegen Art. 28 EG-Vertrag war für den Gerichtshof so deutlich, daß er sogleich einen möglichen Ausschluß des Tatbestandes bzw. eine mögliche Rechtfertigung prüfte.[176]

Ein solches Verbot der Einfuhr und des Inverkehrbringens stellte eine Regelung dar, welche weder die ausländischen und die inländischen Erzeugnisse ungleich behandelte oder sich auf die ausländischen Erzeugnisse diskriminierend auswirkte.[177] Die Erzeugnisse durften generell im Inland nicht vertrieben werden, so daß das Einfuhrverbot keine Diskriminierung der ausländischen Erzeugnisse gegenüber den inländischen Erzeugnissen bedeutete. Die Regelung stellte also weder eine formelle noch eine materielle Diskriminierung dar. Aus diesem Grunde war es auch folgerichtig, daß

---

[175] EuGH vom 23.02.1988, Slg. 1988, S. 793, Rs. 216/84.

[176] Auf die gleiche Art und Weise urteilte der EuGH über das vollständige Verkaufsverbot von UHT-Milch und UHT-Rahm in Nordirland und stellte eine verbotene Handelsbeschränkung fest: EuGH vom 08.02.1983, Slg. 1983, S. 203 (240), Rdn. 34, Rs. 124/81.

[177] Vgl. Waelbrock, CDE 25 (1989), S. 41 (52).

der Gerichtshof die „Cassis-Formel" anwandte.[178] Da diese nur bei unterschiedslosen Regelungen Anwendung findet, ist davon auszugehen, daß auch der EuGH in der Regelung keine Diskriminierung der einzuführenden Erzeugnisse sah.

In einem anderen Fall ging es um eine deutsche Regelung, die die Einfuhr von Fleischerzeugnissen, die bestimmte fleischfremde Stoffe enthielten, verbot.[179] Der EuGH entschied:

„[...] die beanstandete Regelung hat unstreitig die Wirkung einer Einfuhrbeschränkung für in anderen Mitgliedstaaten rechtmäßig hergestellte und in den Verkehr gebrachte Fleischerzeugnisse."[180]

Der EuGH benutzte nicht die Begriffe „Diskriminierung" oder „Benachteiligung", sondern stellte darauf ab, daß die Regelung eine Einfuhrbeschränkung darstelle. Die Regelung wurde von dem Gerichtshof anhand der „Cassis-Formel" überprüft[181]:

„Ferner ist vorab darauf hinzuweisen, daß die streitige Regelung das Inverkehrbringen der fraglichen Erzeugnisse in der Bundesrepublik Deutschland verbietet, ohne insoweit eine unterschiedliche Behandlung der einheimischen und der ausländischen Erzeugnisse vorzusehen. Eine solche unterschiedslos geltende Maßnahme fällt nicht unter das Verbot von Maßnahmen gleicher Wirkung, soweit sie erforderlich ist, um bestimmten Erfordernissen gerecht zu werden."[182]

Der Gerichtshof bejahte die Anwendbarkeit der „Casis-Formel". Daraus ist zu schließen, daß er die Regelung als unterschiedslos anwendbar ansah und eine Diskriminierung verneinte. Die ausländischen Hersteller wurden nicht gegenüber den inländischen diskriminiert, da die Herstellung der streitigen Fleischerzeugnisse in Deutschland verboten war. Damit wurden die in- und ausländischen Hersteller gleichermaßen von der Regelung betroffen, so daß eine Diskriminierung der ausländischen gegenüber den inländischen Erzeugnissen zu verneinen war. Es handelte sich vielmehr um eine Ein-

---

[178] EuGH vom 23.02.1988, Slg. 1988, S. 793 (811), Rdn. 7, Rs. 216/84.
[179] EuGH vom 02.02.1989, Slg. 1989, S. 229, Rs. 274/87.
[180] EuGH vom 02.02.1989, Slg. 1989, S. 229 (252), Rdn. 4, Rs. 274/87.
[181] EuGH vom 02.02.1989, Slg. 1989, S. 229 (254), Rdn. 12, Rs. 274/87.
[182] EuGH vom 02.02.1989, Slg. 1989, S. 229 (252), Rdn. 5, Rs. 274/87.

fuhrbeschränkung und damit um eine Handelsbeschränkung im Sinne der „Dassonville-Formel“.

In einem ähnlich gelagerten Fall mußte der EuGH der Frage nachgehen, ob die in Deutschland geltende Regelung des § 36 Absatz 1 Milchgesetz, welche das Inverkehrbringen von Milchersatzerzeugnissen verbot, die ähnliche Merkmale wie die Milch aufwiesen, gegen Art. 28 EG-Vertrag verstieß.[183] Der EuGH entschied, ohne die „Dassonville-Formel“ in der Urteilsbegründung zu berücksichtigen, daß dies der Fall sei.[184] Das Urteil wurde anhand der „Cassis-Formel“ überprüft,[185] was auf den nicht-diskriminierenden Charakter der Regelung schließen läßt.

Im Hinblick auf die Anwendbarkeit der „Cassis-Formel“ ist festzuhalten, daß diese in den genannten Fällen bejaht wurde. Sie wurde also auf solche Regelungen angewandt, die weder eine formelle noch eine materielle Diskriminierung enthielten. Das jeweilige Verbot bezog sich auf alle Waren, so daß die ausländischen Waren gegenüber den inländischen Waren nicht unterschiedlich behandelt werden konnten. Eine Differenzierung aufgrund der Herkunft der Waren war nicht möglich.

Absolute Einfuhrverbote sieht der EuGH als *Maßnahmen gleicher Wirkung* an, weil sie auch ohne Diskriminierung eine Behinderung des innergemeinschaftlichen Handels bewirken bzw. den Handelsverkehr beeinträchtigen.[186] Da die ausländischen Erzeugnisse nicht anders behandelt werden als die inländischen, stellt diese Art der Handelsbeschränkung mangels einer inländischen Vergleichsgruppe keine Diskriminierung der ausländischen Erzeugnisse dar.

Für eine Diskriminierung könnte allerdings sprechen, daß jede Einfuhrverbotsregelung sich per se ausschließlich auf ausländische Waren bezieht. Diese Diskriminierung kann auf zweierlei Ebenen zu sehen sein. Zum einen kann sie darin bestehen, daß die Regelung nur für die ausländischen Waren gilt und für die Erzeugung im Inland ein weiteres Verbot gilt. Andererseits sind diese Regelungen des Einfuhrverbots stets mit einem Verbot

[183] EuGH vom 11.05.1989, Slg. 1989, S. 1021, Rs. 76/86.
[184] EuGH vom 11.05.1989, Slg. 1989, S. 1021 (1040), Rdn. 13, Rs. 76/86.
[185] EuGH vom 11.05.1989, Slg. 1989, S. 1021 (1040), Rdn. 15, Rs. 76/86.
[186] Weitere Fälle sind: EuGH vom 13.07.1994, Slg. 1994, S. 3303 (3319), Rdn. 9f., Rs. 131/93; EuGH vom 28.03.1995, Slg. 1995, S. 563 (604). Rdn. 21, Rs. 324/93.

des Inverkehrbringens bzw. des Verkaufs gekoppelt, so daß sich die betreffende Regelung gerade nicht nur auf die ausländischen Erzeugnisse bezieht. Eine Trennung des Einfuhr- und des Erzeugungsverbots ist deswegen zwar denkbar, aber letztlich formalistisch konstruiert.

Für die genannten Fälle kann im Ergebnis festgehalten werden, daß der Gesichtspunkt der Diskriminierung für die Annahme einer *Maßnahme gleicher Wirkung* keine Rolle spielt. Es handelt sich vielmehr um eine Handelsbehinderung, ohne daß die ausländischen Waren gegenüber den inländischen unterschiedlich behandelt werden.

In einem neueren Urteil hatte der Gerichtshof sich mit einer ungewöhnlichen Fallkonstellation zu befassen. Es ging um eine dänische Verordnung, wonach auf der Insel Læsø keine anderen Bienen als solche der Unterart Apis mellifera mellifera (braune Læsø-Biene) gehalten werden durften.[187] Ein dänischer Bienenzüchter hatte gegen diese Verordnung verstoßen und war der Meinung, daß diese gegen Art. 28 EG-Vertrag verstoße. Der Gerichtshof entschied vorab, daß ein solcher Fall keinen rein inländischen Sachverhalt darstelle, da die dänische Verordnung auch die Einfuhr aus anderen Mitgliedstaaten verbiete und damit geeignet sei, den innergemeinschaftlichen Handel zu behindern.[188] Auch stelle die Regelung keine „Verkaufsmodalität dar, da sie sich auf die Eigenschaften der Bienen beziehe.[189] Eine *Maßnahme gleicher Wirkung* wurde bejaht. Da der EuGH die Regelung aufgrund des Artikels 30 EG-Vertrag für gerechtfertigt hielt, kam er nicht mehr dazu, zu entscheiden, ob die Verordnung eine Diskriminierung der eingeführten Erzeugnisse enthielt. Diese Frage wäre nur dann relevant geworden, wenn die „Cassis-Formel“ hätte geprüft werden müssen. Mit dieser Frage beschäftigte sich in aller Ausführlichkeit Generalanwalt Fennelly, der in der Regelung sowohl diskriminierende Elemente sah als auch deren unterschiedslose Geltung anerkannte.[190] Eine Diskriminierung sah er in der Regelung, da die dänische Verordnung die Zucht von Bienen einer

---

[187] EuGH vom 03.12.1998, Slg. 1998, S. 8033, Rs. – „Læsø-Biene“.

[188] EuGH vom 03.12.1998, Slg. 1998, S. 8033 (8062), Rdn. 19, Rs. 67/97 – „Læsø-Biene“; hiermit wollte sich der EuGH wahrscheinlich der dem „Keck-Urteil“ entgegengebrachten Kritik widersetzen, daß es sich um einen inländischen Sachverhalt gehandelt habe.

[189] EuGH vom 03.12.1998, Slg. 1998, S. 8033 (8063), Rdn. 21, Rs. 67/97 – „Læsø-Biene“.

[190] Schlußantrag des Generalanwalts Hennelly vom 16.06.1998, Slg. 1998, S. 8035 (8045 ff.), Rdn. 22ff., Rs. 67/97 – „Læsø-Biene“.

bestimmten Art begünstigte und die Einfuhr von anderen Bienen aus anderen Mitgliedstaaten ausschloß.

b) Relatives Einfuhrverbot

In „Schumacher gegen HZA Frankfurt" mußte der EuGH entscheiden, ob das Verbot der Einfuhr eines im Einfuhrmitgliedstaat zugelassenen und dort ohne ärztliches Rezept erhältlichen Arzneimittels zum persönlichen Gebrauch gegen Art. 28 EG-Vertrag verstieß.[191] Dazu stellte der EuGH fest, daß eine solche Regelung offensichtlich eine Maßnahme darstelle, die den innergemeinschaftlichen Handelsverkehr beschränke[192], also eine *Maßnahme gleicher Wirkung* sei.[193] Die Regelung führte dazu, daß die ausländischen Erzeugnisse anders behandelt wurden als die inländischen: Im Inland war das Medikament zugelassen, aus dem Ausland durfte es aber nicht eingeführt werden. Die Regelung führte dazu, daß die ausländischen Erzeugnisse anders behandelt wurden als die inländischen.

Auf diese Regelung wurde die „Cassis-Formel" nicht angewandt. Dies ist ein Hinweis dafür, daß auch der EuGH diese Regelung als diskriminierend betrachtete, da er die „Cassis-Formel" ansonsten hätte prüfen müssen. Im Unterschied zu den Verboten der Einfuhr gekoppelt mit einem Verbot des inländischen Inverkehrbringens prüfte der Gerichtshof in diesen Fällen ausschließlich Art. 30 EG-Vertrag als Rechtfertigungsgrund, nicht die „Cassis-Formel". Dies ist ein Hinweis darauf, daß sich die beiden Falluntergruppen voneinander unterscheiden.

In dem Verfahren „Conegate" ging es um ein britisches Einfuhrverbot für Waren eindeutig sexueller Natur. Die Herstellung und der Vertrieb der Waren war in Großbritannien nicht verboten. Der EuGH hatte zu entscheiden, ob die Beschlagnahme solcher Waren durch die Zollbehörden des Vereinigten Königreichs gegen Art. 28 EG-Vertrag verstieß.[194] Der Ge-

---

[191] EuGH vom 07.03.1989, Slg. 1989, S. 617, Rs. 215/87.
[192] EuGH vom 07.03.1989, Slg. 1989, S. 617 (639), Rdn. 19, Rs. 215/87.
[193] EuGH vom 07.03.1989, Slg. 1989, S. 617 (638), Rdn. 14, Rs. 215/87.
[194] EuGH vom 11.03.1986, Slg. 1986, S. 1007, Rs. 121/85; vergleiche zwei weitere Fälle: in einem verbat das Vereinigte Königreich die Einfuhr von Geflügel: EuGH vom 15.07.1982, Slg. 1982, S. 2793, Rs. 40/82, in einem anderen ließ Griechenland die Einfuhr von frischem Rindfleisch nur in bestimmter Weise zerlegt zu: EuGH vom 16.12.1986, Slg. 1986, S. 3935, Rs. 124/85.

richtshof erörterte sogleich die Frage der Ausnahmemöglichkeit des Art. 30 EG-Vertrag. Das heißt, daß er eine *Maßnahme gleicher Wirkung* implizit bejahte, da eine Prüfung der Ausnahme ohne das Vorliegen des Grundtatbestandes des Art. 28 EG-Vertrag keinen Sinn ergeben würde. Hierbei handelte es sich um eine Diskriminierung der ausländischen gegenüber den inländischen Erzeugnissen; da die ausländischen beschlagnahmt wurden, während die inländischen keiner Einschränkung unterlagen. Damit wurde das gleiche Erzeugnis in Abhängigkeit von seiner Herkunft unterschiedlich behandelt, eine formelle Diskriminierung aufgrund der Herkunft war gegeben.[195]

In einem anderen Fall lehnte der EuGH die Anwendung der „Cassis-Formel" ab, weil die innerstaatlichen Rechtsvorschriften über die Lizenzbereitschaft nicht unterschiedslos für im Inland niedergelassene Erzeuger und für Importeure galten:

„Dem vorlegenden Gericht ist daher zu antworten, daß ein Einfuhrverbot nicht mit zwingenden Erfordernissen des Verbraucherschutzes oder der Lauterkeit des Handelsverkehrs begründet werden kann, wenn die nationalen Rechtsvorschriften, auf denen das Verbot beruht, nicht unterschiedslos für einheimische und eingeführte Erzeugnisse gelten."[196]

Es handelte sich somit um eine formelle Diskriminierung, da die ausländischen Erzeugnisse anders behandelt wurden als die inländischen.

In einem Vertragsverletzungsverfahren gegen Irland hatte der Gerichtshof über zwei irische Verordnungen zu befinden, die vorsahen, daß eingeführte Schmuckwaren mit Motiven oder Merkmalen, die sie als Souvenirs aus Irland erscheinen ließen, mit einer Angabe ihres Ursprungslandes oder dem Wort „foreign" versehen werden müssen.[197] Daß solche Regelungen den freien Warenverkehr beschränken, war nicht streitig.[198] Streitig war vielmehr, ob auf solche Regelungen die „Cassis-Formel" anwendbar sei. Die

---

[195] Diese Regelung wird im Rahmen der Rechtfertigung nach Art. 30 EG-Vertrag noch eingehender untersucht werden. Dazu siehe unten.
[196] EuGH vom 03.03.1988, Slg. 1988, S. 1245 (1277), Rdn. 36, Rs. 434/85.
[197] EuGH vom 17.06.1981, Slg. 1981, S. 1625, Rs. 113/80.
[198] EuGH vom 17.06.1981, Slg. 1981, S. 1625 (1638), Rdn. 5, Rs. 113/80.

irische Regierung hatte nämlich vorgetragen, daß eine Diskriminierung nicht vorliege.[199] Der EuGH entschied:

„Im vorliegenden Fall handelt es sich jedoch nicht um eine Regelung, die unterschiedslos für einheimische wie für eingeführte Erzeugnisse gilt, sondern um einen Komplex von Vorschriften, die sich ausschließlich auf eingeführte Erzeugnisse beziehen und daher diskriminierenden Charakter haben. Aus diesem Grunde kann die oben erwähnte Rechtsprechung [„Cassis"][200]*, die sich ausschließlich auf Rechtsvorschriften bezieht, durch die das Inverkehrbringen einheimischer und eingeführter Erzeugnisse einheitlich geregelt wird, auf die fraglichen Maßnahmen nicht angewandt werden.*[201] *[...] Dadurch, daß sie aus anderen Mitgliedstaaten eingeführte Souvenirs zum einheimischen Markt nur zulassen, wenn sie mit einer Ursprungsbezeichnung versehen sind, die bei einheimischen Erzeugnissen nicht verlangt wird, stellen die in den Verordnungen Nr. 306 und 307 enthaltenen Vorschriften somit unbestreitbar eine diskriminierende Maßnahme dar.*[202]*"*

Der Gerichtshof verneinte die unterschiedslose Geltung der Regelung, da diese die ausländischen Souvenirs anders behandelt als die inländischen. Die Regelung unterschied somit aufgrund der Herkunft. Damit sah der Gerichtshof in diesen beiden Verordnungen eine Diskriminierung, so daß er die Anwendbarkeit der „Cassis-Formel" verneinte.

In dieser Variante des Einfuhrverbots ist die unterschiedliche Behandlung der ausländischen gegenüber der inländischen Ware offensichtlich. Das betreffende Verbot hat zur Folge, daß die ausländische Ware gegenüber der inländischen benachteiligt wird, da die Vermarktung des Produktes auf dem inländischen Markt nicht verboten ist, sondern nur dessen Einfuhr aus einem anderen Mitgliedstaat. Die Regelung verbietet grundsätzlich die Einfuhr von ausländischen Erzeugnissen. Damit unterscheidet die Regelung zwischen in- und ausländischen Erzeugnissen. Es liegt eine formelle Diskriminierung der ausländischen Erzeugnisse vor.

c) Ergebnis

Hinsichtlich der absoluten Einfuhrverbote ist insbesondere hervorzuheben, daß diese Regelungen ohne zu diskriminieren geeignet sind, den Handel

---

[199] EuGH vom 17.06.1981, Slg. 1981, S. 1625 (1640), Rdn. 12, Rs. 113/80.
[200] Einschub der Verfasserin.
[201] EuGH vom 17.06.1981, Slg. 1981, S. 1625 (1639), Rdn. 11, Rs. 113/80.
[202] EuGH vom 17.06.1981, Slg. 1981, S. 1625 (1641), Rdn. 17, Rs. 113/80.

zwischen den Mitgliedstaaten grundlegend zu behindern bzw. zu beeinträchtigen. Eine solche Behinderung bzw. Beeinträchtigung erfolgt auch aufgrund der relativen Einfuhrverbote allerdings mit dem Unterschied, daß diese die ausländischen Waren diskriminieren. Anhand dieses Unterschieds wird deutlich, daß die Frage des diskriminierenden Charakters einer Regelung nur ein Anhaltspunkt zur Feststellung des Vorliegens einer *Maßnahme gleicher Wirkung* sein kann, da auch ohne eine solche Diskriminierung der Handel zwischen den Mitgliedstaaten beeinträchtigt werden kann.

4. Administrative Maßnahmen

Über die Einfuhrverbote hinaus gab es weitere die Einfuhr von Waren betreffende nationale Regelungen, die der Gerichtshof auf ihre Vereinbarkeit mit den Regelungen des freien Warenverkehrs überprüfen mußte.

Der EuGH bejahte das Vorliegen einer *Maßnahme gleicher Wirkung* dann, wenn ein Mitgliedstaat für das Einführen von Erzeugnissen, die sich in einem anderen Mitgliedstaat im freien Verkehr befanden, eine Einfuhrlizenz verlangte:

In einer Klage der Kommission gegen das Vereinigte Königreich und Nordirland ging es darum, ob Regelungen, die die Einfuhr von Milch und Rahm, welche nach dem Ultra-Hoch-Temperatur-Verfahren[203] behandelt worden waren, Beschränkungen unterworfen hatten, gegen Art. 28 EG-Vertrag verstießen.[204] Die Klage beschäftigte sich mit zwei Fragestellungen: zum einen konnten UHT-Milch und UHT-Rahm nur mit Erlaubnis der zuständigen Behörde, die durch eine Einfuhrlizenz ausgewiesen wurde, nach England, Wales, Nordirland und Schottland eingeführt werden, so daß die Frage erörtert wurde, ob eine derartige Vorschrift gegen Art. 28 EG-Vertrag verstieß:

---

[203] Verfahren, bei dem das Erzeugnis während einer kurzen Zeit auf einer Temperatur von weit über 100 ° C gehalten wird.

[204] EuGH vom 08.02.1983, Slg. 1983, S. 203, Rs. 124/81. Siehe auch EuGH vom 15.12.1971, Slg. 1971, S. 1107 (1116), Rdn. 8/9, Rs. 51 - 54/71; EuGH vom 16.03.1977, Slg. 1977, S. 515, Rs. 68/76.

„Der Gerichtshof hat bereits für Recht erkannt, daß Artikel 30 [Artikel 28] der Anwendung solcher nationalen Rechtsvorschriften in den innergemeinschaftlichen Beziehungen entgegensteht, die, auch nur als reine Formalität, Einfuhrlizenzen oder irgendein anderes ähnliches Verfahren verlangen."[205]

Der EuGH entschied also kategorisch, daß das Erfordernis von Einfuhrlizenzen im innergemeinschaftlichen Handel immer einen Verstoß gegen Art. 28 EG-Vertrag darstellt.[206] Diese Argumentation wandte er auch für das Erfordernis einer Einfuhrerlaubnis[207] bzw. das Erfordernis einer Zulassung[208] vor dem Inverkehrbringen eines Erzeugnisses an.[209] Zulassungsvorschriften verhindern zwar nicht, daß ausländische Produkte in das betreffende Land eingeführt werden; sie verhindern jedoch, daß diese ohne die betreffende Zulassung auf den Markt gelangen. Sie dürfen erst dann auf den Markt, wenn sie zugelassen bzw. genehmigt sind.[210] Eine Unter-

---

[205] EuGH vom 08.02.1983, Slg. 1983, S. 203 (234), Rdn. 9, Rs. 124/81.

[206] Er stellte zudem fest, daß ein solches Verfahren auch dann eine *Maßnahme gleicher Wirkung* darstelle, wenn eine große Flexibilität bei der Gewährung solcher Einfuhrlizenzen bestehe, denn der freie Warenverkehr sei ein Recht, dessen Ausübung nicht von einem Ermessen oder einer Konzession der nationalen Verwaltung abhängen könne (ständige Rechtsprechung: EuGH vom 24.01.1978, Slg. 1978, S. 25, Rs. 82/77; EuGH vom 19.02.1981, Slg. 1981, S. 527, Rs. 124/81, auch für den Fall von ausschließlichen Einfuhr- und Vertriebsrechten im Sektor der Telekommunikationsendgeräte bejaht: EuGH vom 19.03.1991, Slg. 1991, S. 1223, Rs. 202/88).

[207] EuGH vom 16.04.1991, Slg. 1991, S. 1747 (1770), Rdn. 24, Rs. 347/89.

[208] EuGH vom 24.03.1994, Slg. 1994, S. 1019 (1034), Rdn. 21, Rs. 80/92. Dieses Ergebnis gilt dann nicht, wenn im Rahmen einer Richtlinie zur Durchführung von Art. 28 EG-Vertrag festgelegt wird, daß die einzelnen Mitgliedstaaten prüfen können, ob die Zulassungsvoraussetzungen erfüllt sind: EuGH vom 12.07.1994, Slg. 1994, S. 3257 (3277f.), Rdn. 7, Rs. 314/93. Ansonsten wäre die den Mitgliedstaaten aufgrund der Richtlinie eingeräumte Befugnis ihrer Wirkung beraubt. Weitere Urteile, die eine Zulassungsregelung als *Maßnahme gleicher Wirkung* ansahen: EuGH vom 27.06.1996, Slg. 1996, S. 3159 (3174f.), Rdn. 5, Rs. 293/94 – „Brandsma"; so auch EuGH vom 17.09.1998, Slg. 1998, S. 5121 (5136), Rdn. 30, Rs. 400/96.

[209] In einem anderen Fall sollte der Gerichtshof überprüfen, ob eine Regelung, nach der niemand ohne vorherige Erlaubnis des Innenministers ein Sicherungsunternehmen betreiben dürfe, gegen Art. 28 EG-Vertrag verstoße. Der EuGH entschied, daß eine solche Regelung nicht in den Anwendungsbereich des Art. 28 EG-Vertrag falle: EuGH vom 30.04.1996, Slg. 1996, S. 2201 (2249), Rdn. 58, Rs. 194/94.

[210] EuGH vom 09.05.1985, Slg. 1985, S.1355, Rs. 21/84; EuGH vom 11.06.1987, Slg. 1987, S. 2525, Rs. 406/85; EuGH vom 14.06.1988, Slg. 1988, S. 2965, Rs. 29/87; EuGH vom 21.03.1991, Slg. 1991, S. 1487, Rs. 369/88 – „Delattre"; EuGH vom 13.12.1991, Slg. 1991, S. 5941, Rs. 18/88.

scheidung aufgrund der Herkunft der Waren wird dabei nicht getroffen. In diesen Fällen des Zulassungs- bzw. Genehmigungserfordernisses werden die ausländischen Waren also nicht gegenüber den inländischen diskriminiert.

Anders ist dies nur dann, wenn nur die ausländischen Produkte von den Zulassungsregelungen betroffen sind. In dem Verfahren „Cayrol" beispielsweise ging es um das Erfordernis, Ursprungszeugnisse bei der Einfuhr vorzulegen.[211] Dabei wurde die Einfuhr davon abhängig gemacht, daß im freien Verkehr befindliche Waren durch Ursprungszeugnisse oder sonstige auf die Identifizierung des Ursprungs der Waren gerichtete Modalitäten vorgelegt werden mußten. Der Gerichtshof entschied:

„Allgemein ist jede administrative oder strafrechtliche Maßnahme, die über den Rahmen dessen hinausgeht, was für den Einfuhrmitgliedstaat unbedingt erforderlich ist, um angemessen vollständige und richtige Erkenntnisse über die besonderen handelspolitischen Maßnahmen unterliegenden Warenströme zu erhalten, als vom Vertrag verbotene Maßnahme mit gleicher Wirkung wie eine mengenmäßige Beschränkung anzusehen. Wird bei Waren, die sich im freien Verkehr befinden, für ihre Einfuhr in einen anderen Mitgliedstaat eine Einfuhrlizenz verlangt, dann ist dies erst recht mit dem EWG-Vertrag [EG-Vertrag] unvereinbar."[212]

Der EuGH versuchte zunächst auf einer allgemeinen Ebene festzulegen, inwieweit ein einzelner Mitgliedstaat berechtigt ist, Maßnahmen für die Einfuhr von Waren zu bestimmen. Dabei legte er eine niedrige Grenze dafür fest, was erlaubt ist: nur der Erlaß solcher Maßnahmen, die unbedingt erforderlich sind, sind den Mitgliedstaaten erlaubt. Sie sind keine *Maßnahme gleicher Wirkung*. Wann ein solches Bedürfnis für den Einfuhrmitgliedstaat gegeben ist, wurde nicht abstrakt definiert. Der EuGH subsumierte vielmehr den konkreten Fall unter diese Definition und stellte fest, daß Einfuhrlizenzen keineswegs als mit dem Vertrag vereinbar einzustufen seien. Sie sind also nicht „unbedingt erforderlich" im Sinne seiner abstrakten Definition.

In diesem Fall wurde also nicht die „Dassonville-Formel" als Prüfungsmaßstab herangezogen, sondern der Gerichtshof formulierte mit der „unbedingten Erforderlichkeit" ein neues Kriterium, um zu beurteilen, ob eine

[211] EuGH vom 30.11.1977, Slg. 1977, S. 2261, Rs. 52/77.
[212] EuGH vom 30.11.1977, Slg. 1977, S. 2261 (2280), Rdn. 39/40, Rs. 52/77.

Maßnahme gleicher Wirkung vorliegt. Da es sich bei diesem Kriterium um einen äußerst vagen Begriff handelte, ist es begrüßenswert, daß der EuGH das Vorliegen *einer Maßnahme gleicher Wirkung* bejahte. Er machte damit deutlich, daß dieses von ihm neu geschaffene Kriterium restriktiv auszulegen ist.

Bei bestimmten Waren werden an der Grenze gesundheitsbehördliche Kontrollen durchgeführt.[213] Diese Kontrollen dienen der Feststellung, ob die Waren aus gesundheitsbehördlicher Sicht den Standards des Einfuhrlandes entsprechen.[214] So ging es in dem Fall „Denkavit" um bestimmte Regelungen der deutschen Tierseuchenverordnung, wonach bestimmte Futtermittel im Exportland auf Salmonellen untersucht worden waren und zusätzlich bei der Einfuhr eine bakteriologische Untersuchung durch Sachverständige des Einfuhrlandes vorgenommen worden war.[215] Die fragliche Rechtsnorm des Einfuhrstaates sah vor, daß die Einfuhr von Futtermitteln tierischer Herkunft hinsichtlich jeder Partie von einer Bescheinigung der zuständigen Behörde des Exportlandes begleitet werden mußte. Diese mußte bescheinigen, daß die genannten Untersuchungen stattgefunden hatten. Der EuGH entschied:

„Der Begriff der Maßnahme mit gleicher Wirkung wie eine mengenmäßige Beschränkung umfaßt auch die Verpflichtung, eine Bescheinigung darüber vorzulegen, daß die einzuführenden Futtermittel im Ausfuhrland einer bestimmten Behandlung unterzogen worden sind."[216]

Er erklärte ferner, daß eine solche einzelstaatliche Regelung nicht mit einer vereinheitlichten gesundheitsbehördlichen Bescheinigung im Rahmen eines mitgliedstaatlichen Systems zu vergleichen sei, da ein solches System die

---

[213] Neben gesundheitspolizeilichen Kontrollen werden auch Sicherheitsüberprüfungen im Bereich von Maschinen gemacht, so z.B. EuGH vom 28.01.1986, Slg. 1986, S. 419, Rs: 188/84. Auch in diesem Fall wurde eine *Maßnahme gleicher Wirkung* bejaht.

[214] Es handelt sich wiederum um Waren, die im Herstellerstaat rechtmäßig hergestellt worden sind und sich im freien Verkehr befinden. Das bedeutet aber nicht, daß die betreffenden Waren nicht schon in ihrem Ursprungsland einer gesundheitsbehördlichen Kontrolle unterzogen worden sind. Es soll nur heißen, daß sie sich nunmehr rechtmäßig im freien Verkehr befinden.

[215] EuGH vom 08.11.1979, Slg. 1979, S. 3369, Rs. 251/78 - „Denkavit".

[216] EuGH vom 08.11.1979, Slg. 1979, S. 3369 (3387), Rdn. 11, Rs. 251/78 - „Denkavit".

mehrfachen Kontrollen an der Grenze überflüssig machen würde.[217] Er sah also den Grund für das Vorliegen einer *Maßnahme gleicher Wirkung* in der möglichen mehrfachen Kontrolle. In allen Fällen von gesundheitsbehördlichen Kontrollen entschied der EuGH, daß eine *Maßnahme gleicher Wirkung* i.S.d. Art. 28 EG-Vertrag vorliegen würde.[218]

Wie bereits in dem Fall „Ligur Carni" erwähnt,[219] bejahte der EuGH im Falle des Erfordernisses des Vertreibens über ein konzessioniertes Unternehmen ein Einfuhrhindernis. Dies tat der EuGH auch in dem folgenden Fall: die zu untersuchende Regelung sah vor, daß private Wirtschaftsteilnehmer, die Rindersamen aus einem anderen Mitgliedstaat einführten, verpflichtet waren, diese Samen gegen Zahlung eines Entgelts bei einer zugelassenen Station zu lagern, die eine ausschließliche Konzession für die Aufbewahrung des Samens besaß.[220] Hierin sah der Gerichtshof ein Einfuhrhindernis:

„Dieses Erfordernis ist nämlich deshalb, weil es in dem unmittelbar auf die Einfuhr folgenden Stadium gilt und die Einführer wirtschaftlich belastet, geeignet, den Umfang der Einfuhren einzuschränken."[221]

Die Einführer wurden aufgrund dieser Regelung wirtschaftlich belastet; ihnen entstanden zusätzliche Kosten. Diese Regelung galt nur für eingeführte Rindersamen und hätte somit eine formelle Diskriminierung der eingeführten Erzeugnisse darstellen können. Dies war jedoch nicht der Fall, da eine gleichartige Verpflichtung auch für die inländischen Rindersamen

---

217 EuGH vom 08.11.1979, Slg. 1979, S. 3369 (3388), Rdn. 11, Rs. 251/78 - „Denkavit".

218 EuGH vom 08.07.1975, Slg. 1975, S. 843, Rs. 4/74; EuGH vom 25.01.1977, Slg. 1977, S. 5, Rs. 46/76; EuGH vom 07.04.1981, Slg. 1981, S. 995, Rs. 132/80; EuGH vom 15.12.1976, Slg. 1976, S. 1871, Rs. 35/76; EuGH vom 08.11.1979, Slg. 1979, S. 3369, Rs. 251/78; EuGH vom 06.06.1984, Slg. 1984, S. 2367, Rs. 97/83 – „Melkunie"; EuGH vom 19.09.1984, S. 3263, Rs. 94/83; EuGH vom 27.03.1985, Slg. 1985, S. 1013, Rs. 73/84.

219 Siehe oben unter 1.: EuGH vom 15.12.1993, Slg. 1993, S. 6621 (6661), Rdn. 36, Rs. 277/91, 318/91 und 319/91.

220 EuGH vom 05.10.1994, Slg. 1994, S. 5077, Rs. 323/93 – „La Crespelle".

221 EuGH vom 05.10.1994, Slg. 1994, S. 5077 (5107), Rdn. 29, Rs. 323/93 – „La Crespelle"; vergleiche auch EuGH vom 11.06.1987, Slg. 1987, S. 2525, Rs. 406/85.

bestand.[222] Damit stellte die Regelung keine Diskriminierung der ausländischen Erzeugnisse gegenüber den inländischen dar, da beide insoweit gleich behandelt wurden.[223] Die Regelung war aber dennoch geeignet, die Einfuhren einzuschränken und beschränkte somit den innergemeinschaftlichen Handel.

Als Ergebnis bleibt festzuhalten, daß der EuGH das Vorliegen einer *Maßnahme gleicher Wirkung* in allen untersuchten Fällen bejaht hat. Bezieht sich eine Regelung speziell auf die Einfuhr eines Erzeugnisses, so wird dieses Erzeugnis anders behandelt als das inländische. Es findet eine Unterscheidung aufgrund der Herkunft statt. Der Gesichtspunkt der Diskriminierung ist aber keine zwingende Voraussetzung für das Vorliegen einer *Maßnahme gleicher Wirkung*. Insbesondere das zuletzt erörterte Beispiel macht deutlich, daß eine fehlende Diskriminierung kein hinreichendender Anhaltspunkt für die Verneinung einer Handelsbehinderung darstellt.

Das Erfordernis von Einfuhrlizenzen bedeutet eine Benachteiligung allein der ausländischen Erzeugnisse, da diese Lizenzen ausschließlich für diese notwendig sind. Aus diesem Grunde stellt das Erfordernis von Einfuhrlizenzen bzw. Einfuhrerlaubnissen eine Diskriminierung der eingeführten Erzeugnisse dar.

Damit erfaßt Art. 28 EG-Vertrag im Rahmen der Einfuhrvorschriften nicht nur Diskriminierungen, sondern auch darüber hinausgehende Beschränkungen des freien Warenverkehrs. Auf eine Diskriminierung allein kommt es nicht an. Aufgrund der Tatsache, daß viele der erörterten Entscheidungen aus der Zeit vor der „Cassis-Entscheidung" des EuGH stammen, wurde die Anwendbarkeit derselben nicht problematisiert.

5. Sonstige Formen unterschiedlicher Behandlung von Waren

In diesem Abschnitt sollen solche Urteile des EuGH untersucht werden, in denen es um sonstige Benachteiligungen ausländischer oder um Begünstigungen, Schutzwirkungen und Anreize zugunsten inländischer Waren ging.

---

[222] EuGH vom 05.10.1994, Slg. 1994, S. 5077 (5109), Rdn. 37, Rs. 323/93 – „La Crespelle".

[223] Zu einer dennoch möglichen Ungleichbehandlung siehe die Ausführungen zu Art. 30 in Kapitel 5.

Auch hier soll untersucht werden, ob der EuGH nach Feststellen einer *Maßnahme gleicher Wirkung* die „Cassis-Formel" anwandte oder sie für nicht anwendbar erklärte:

a) Benachteiligung ausländischer Waren

In zahlreichen durch den Gerichtshof entschiedenen Fällen bejahte er das Vorliegen einer *Maßnahme gleicher Wirkung* aufgrund einer sonstigen Benachteiligung der einzuführenden Erzeugnisse. Im folgenden wird insbesondere zu analysieren sein, ob dieser vom EuGH benutzte Begriff der „Benachteiligung" mit einer „Diskriminierung" gleichzusetzen ist oder aber eine andere Bedeutung hat:

In dem sog. „Sekt-Weinbrand-Urteil"[224] ging es um die Vereinbarkeit des deutschen Weingesetzes mit dem EG-Vertrag. Nach dem deutschen Weingesetz waren die dem Verbraucher bekannten Gattungsbezeichnungen „Sekt" und „Weinbrand" ausschließlich Inlandsprodukten sowie Produkten aus Ländern, in denen deutsch die einzige Amtssprache war, vorbehalten, wohingegen andere Importprodukte auf unbekannte oder weniger geschätzte Bezeichnungen ausweichen mußten. Der EuGH entschied:

„Dadurch, daß die weinrechtliche Regelung von 1971 solche Bezeichnungen der inländischen Erzeugung vorbehält und die Erzeugnisse der übrigen Mitgliedstaaten auf unbekannte oder vom Verbraucher weniger geschätzte Bezeichnungen zurückdrängt, ist sie geeignet, den Absatz der inländischen Erzeugung auf dem deutschen Markt zum Nachteil der Erzeugnisse der übrigen Mitgliedstaaten zu begünstigen."[225]

Der EuGH stellte auf die Begünstigung des Absatzes der inländischen Produkte zum Nachteil der Erzeugnisse aus den übrigen Mitgliedstaaten durch die deutsche weinrechtliche Regelung ab. Der Absatz der inländischen Erzeugnisse wurde gegenüber dem Absatz der ausländischen Erzeugnisse begünstigt, die ausländische Produktion wurde benachteiligt. Der Gerichtshof sagte aber nicht ausdrücklich, daß die ausländischen Erzeugnisse aufgrund der Regelung diskriminiert wurden. Es stellt sich also wieder die Frage, ob diese Benachteiligung der ausländischen Erzeugnisse eine Diskriminierung darstellte. Eine formelle Diskriminierung wäre zu bejahen, wenn das deutsche Weingesetz an das Merkmal der ausländischen Herkunft

[224] EuGH vom 20.02.1975, Slg. 1975, S. 181, Rs. 12/74.
[225] EuGH vom 20.2.1975, Slg. 1975, S. 181 (198), Rs. 12/74.

angeknüpft hätte. Gerade das ist fraglich, weil das Gesetz die Bezeichnungen „Sekt" und „Weinbrand" nicht nur Inlandsprodukten vorbehielt, sondern ihre Verwendung auch für Getränke aus anderen Ländern erlaubte, in denen Deutsch die einzige Amtssprache war. Dabei ist festzustellen, daß im Jahre 1975 Deutschland das einzige Mitglied der Gemeinschaft war, in dem deutsch die einzige Amtssprache war. Wenn aber nur deutsche Produkte die Voraussetzung der weinrechtlichen Regelung erfüllen konnten, lag eine formelle Diskriminierung aller ausländischen Waren vor. Die Regelung stellte also eine formelle Diskriminierung dar.

In dem folgenden Fall verneinte der EuGH das Vorliegen einer *Maßnahme gleicher Wirkung*, da eine Benachteiligung seines Erachtens nicht vorlag. In Frankreich waren gegen französische Winzer Strafverfahren wegen unerlaubter Anreicherung von Rotweinen eingeleitet worden.[226] Diese Verfahren wurden eingeleitet, da nach Artikel 8 des Code du Vin eine Überalkoholisierung vermutet wurde, wenn das Verhältnis des Alkohols zum reduzierten Extrakt bei Rotwein über 4,6 und bei Weißwein über 6,5 lag, vorbehaltlich gewisser Berichtigungen, mit denen besonderen Weinbereitungsarten Rechnung getragen wurde. Der Gerichtshof hatte zu entscheiden, ob die französische Regelung, nach der eine Überalkoholisierung vermutet wurde, gegen Art. 28 EG-Vertrag verstieß.[227] Er entschied:

„[...] daß beim gegenwärtigen Stand der Gemeinschaftsregelung ein Mitgliedstaat grundsätzlich zu Kontrollzwecken eine gesetzliche Vermutung verwenden darf, um Fälle der Überalkoholisierung aufzudecken. Die gesetzliche Vermutung der Überalkoholisierung als nationales Kontrollinstrument wäre indessen unzulässig, falls der Rückgriff auf sie Weine aus anderen Mitgliedstaaten zu benachteiligen geeignet wäre und somit eine durch Art. 30 EWG-Vertrag [Art. 28 EG-Vertrag] verbotene Maßnahme gleicher Wirkung wie eine mengenmäßige Beschränkung darstellen würde. Dies wäre beispielsweise dann der Fall, wenn für Weine aus einem anderen Mitgliedstaat nicht im gleichen

[226] EuGH vom 30.09.1975, Slg. 1975, S. 1023, Rs. 89/74, 18 und 19/75.

[227] Vorab stellt sich die Frage, warum der Gerichtshof die Frage überhaupt zur Entscheidung angenommen hat, da es sich um einen rein französischen Sachverhalt handelte, der keinerlei Auslandsbezug hatte. Eine Behinderung des innergemeinschaftlichen Handels ist allein aus diesem Grund äußerst zweifelhaft, da der Warenverkehr zwischen den Mitgliedstaaten nicht berührt wird. Hiermit setzte sich der Gerichtshof jedoch nicht auseinander.

Maße und unter den gleichen Bedingungen wie für einheimische Weine die rechtliche und tatsächliche Möglichkeit[228] *eröffnet würde, die Vermutung zu widerlegen.*"[229]

In diesem Fall wird deutlich, daß der Gerichtshof eine *Maßnahme gleicher Wirkung* dann bejaht hätte, wenn die ausländischen gegenüber den inländischen Erzeugnissen benachteiligt worden wären.[230] Das hätte er bejaht, wenn für die ausländischen Weine nicht dieselbe Möglichkeit bestanden hätte, die Vermutung zu widerlegen. Der EuGH erkannte somit, daß eine nationale Regelung, die nicht formell aufgrund der Herkunft unterschied, dennoch eine *Maßnahme gleicher Wirkung* darstellen könne, wenn den ausländischen Weinen nicht die gleiche Möglichkeit eröffnet würde wie den inländischen. In diesem Fall wurde der Begriff der „Benachteiligung" mit „Diskriminierung" gleichgesetzt.

Eine weitere deutsche Regelung sah vor, daß inländischer Branntwein aus Wein nur dann als Qualitätsbranntwein aus Wein oder als Weinbrand bezeichnet werden durfte, wenn mindestens 85 vom Hundert des Alkoholgehalts aus im Inland durch Abbrennen gewonnenen Weindestillats stammten. Der Gerichtshof bejahte das Vorliegen einer *Maßnahme gleicher Wirkung*.[231] In einem solchen Fall, in dem das zu produzierende Endprodukt aus einem inländischen Zwischenprodukt hergestellt sein mußte, wurden die ausländischen Zwischenprodukte benachteiligt, da sie für die Produktion nicht in Betracht kamen. Die Vorschrift diskriminierte damit die ausländischen Weindestillate, da diese für die Produktion nicht benutzt oder nur zu einem geringen Anteil benutzt werden durften. Hierbei handelt es sich um eine formelle Diskriminierung, da die Vorschrift zwischen inländischen und ausländischen Produkten unterschied.[232]

---

[228] Der EuGH benutzt bereits in diesem Urteil die Begriffe der „rechtlichen" und „tatsächlichen" Möglichkeit, die fast 20 Jahre später in dem „Keck-Urteil" (EuGH vom 24.11.1993, Slg. 1993, S. 6097, verb. Rs. 267 u. 268/91) von ihm erneut zur Anwendung gelangen. Inwieweit dieses frühe Urteil auf die „Keck-Rechtsprechung" des Gerichtshofes Auswirkungen gehabt hat, wird im Rahmen der Analyse der „Keck-Rechtsprechung" vertieft werden, siehe hierzu: 4. Kapitel, I., 1. a).

[229] EuGH vom 30.09.1975, Slg. 1975, S. 1023 (1036f.), Rdn. 9/12, 13/16, Rs. 89/74, 18 und 19/75; so auch EuGH vom 30.09.1975, Slg. 1975, S. 1053, Rs. 10–14/75.

[230] So hatte auch schon der Generalanwalt Trabucchi in seinem Schlußantrag argumentiert, Schlußantrag vom 08.07.1975, Slg. 1975, S. 1040 (1044f.).

[231] EuGH vom 12.10.1978, Slg. 1978, S. 1935 (1954), Rdn. 26, Rs. 13/78.

[232] So auch Hakenberg/Harles, GRUR Int. 1990, S. 957 (958).

In dem sog. „Essigfall“ mußte der EuGH unter anderem der Frage nachgehen, ob die italienische Regelung, die vorsah, daß nur aus Wein gewonnener Essig als „Essig“ bezeichnet werden konnte, eine *Maßnahme gleicher Wirkung* sei.[233] Hierzu stellte der Gerichtshof fest, daß es mit dem wesentlichen Grundsatz des freien Warenverkehrs unvereinbar sei, wenn ein Gattungsbegriff in nationalen Rechtsvorschriften einer einheimischen Erzeugnisart zum Nachteil der namentlich in anderen Mitgliedstaaten produzierten übrigen Erzeugnisarten vorbehalten werden könnte.[234]

Der Gerichtshof stellte somit eine Benachteiligung der ausländischen Erzeugnisse fest und füllte diese Benachteiligung auch mit einem Inhalt: sie bestand in der Verwendung unbekannter oder weniger geschätzter Bezeichnungen. Die Benachteiligung lag also darin, daß die ausländischen Hersteller zwar ihr Produkt in Italien vermarkten konnten, aber nicht unter dem Begriff „Essig“. Zu fragen ist, ob diese Benachteiligung eine Diskriminierung der ausländischen Erzeugnisse bedeutete oder aber eine Beschränkung des Handels aufgrund der mangelnden Harmonisierung auf Gemeinschaftsebene. Die Regelung galt insoweit unterschiedslos für in- und ausländische Erzeugnisse, als sie keine formelle Diskriminierung darstellte, da nicht aufgrund der Herkunft unterschieden wurde. Allerdings könnte es jeweils um den Schutz einer typisch einheimischen Erzeugung gegangen sein, wenn die ausländischen Erzeugnisse aufgrund dieser Vorschriften benachteiligt wurden. Da der EuGH in seiner Urteilsbegründung selbst von einer Benachteiligung der ausländischen Produkte ausging, lag eine materielle Diskriminierung vor. Dennoch bejahte der Gerichtshof die Anwendbarkeit der „Cassis-Formel“.[235] Er stufte die Regelung folglich als unterschiedslos geltende ein.

In einer weiteren Entscheidung bejahte der Gerichtshof das Vorliegen einer *Maßnahme gleicher Wirkung,* als Großbritannien den Einzelhandelsverkauf von bestimmten, aus anderen Mitgliedstaaten eingeführten Waren verboten hatte, wenn sie nicht mit einer Ursprungskennzeichnung versehen waren oder diese ihnen nicht beigefügt worden war:

---

[233] EuGH vom 09.12.1981, Slg. 1981, S. 3019, Rs. 193/80 – „Essig“.

[234] EuGH vom 09.12.1981, Slg. 1981, S. 3019 (3036), Rdn. 26, Rs. 193/80 – „Essig“; so auch EuGH vom 20.02.1975, Slg. 1975, S. 181, Rs. 12/7; EuGH vom 26.11.1985, Slg. 1985, S. 3731 (3746), Rdn. 22, Rs. 182/84.

[235] EuGH vom 09.12.1981, Slg. 1981, S. 3019 (3036), Rdn. 27, Rs. 193/80 – „Essig“.

„Sodann ist einzuräumen, daß die Ursprungsangaben oder –kennzeichnungen den Verbrauchern ermöglichen sollen, zwischen den einheimischen und den eingeführten Erzeugnissen zu unterscheiden, und ihnen so die Möglichkeit geben, ihre eventuellen Vorurteile gegenüber den ausländischen Erzeugnissen geltend zu machen. [...] Sonach sind die fraglichen Bestimmungen des Vereinigten Königreichs geeignet, eine Erhöhung der Herstellungskosten der eingeführten Waren zu bewirken und deren Absatz auf dem Markt des Vereinigten Königreichs zu erschweren."[236]

Der Gerichtshof stellte zwar keine Benachteiligung der ausländischen Erzeugnisse fest, jedoch könnte die von ihm gewählte Formulierung etwas Ähnliches bedeuten. Er meinte, daß die Ursprungskennzeichnung dazu führe, daß die Verbraucher ihre Vorurteile geltend machen könnten, indem sie die Produkte aufgrund ihrer ausländischen Herkunft nicht kauften. Ein solches Verhalten der Verbraucher stellte aber nichts anderes als eine Benachteiligung der ausländischen Erzeugnisse, die durch die Kennzeichnungspflicht entstand, dar. Hiermit im Zusammenhang standen die zusätzlichen Kosten und die Erschwerung des Absatzes.

Im Rahmen der Anwendbarkeitsprüfung der „Cassis-Formel" kam der Gerichtshof auf das Problem der Diskriminierung zu sprechen. Die Regierung des Vereinigten Königreiches hatte geltend gemacht, daß die Regelung unterschiedslos für einheimische wie für eingeführte Waren gelte und daher wegen zwingender Erfordernisse notwendig sei.[237] Eine Anwendung der „Cassis-Formel" verneinte der EuGH jedoch mit der folgenden Begründung:

„Dieses Argument ist zurückzuweisen. Die Anforderungen in bezug auf die Ursprungskennzeichnung von Waren gelten nur der Form nach unterschiedslos für einheimische wie für eingeführte Waren, denn sie sollen ihrer Natur nach dem Verbraucher ermöglichen, zwischen diesen beiden Arten von Waren zu unterscheiden, was ihn veranlassen kann, den einheimischen Waren den Vorzug zu geben."[238]

Der EuGH ließ also die Anwendbarkeit der „Cassis-Formel" scheitern. Er sagte zwar, daß die Regelung formell betrachtet keine Unterscheidung aufgrund der Herkunft treffe („der Form nach"), daß es aber auf diese formelle Betrachtung allein für die Anwendbarkeit der „Cassis-Formel" nicht ankä-

---

[236] EuGH vom 25.04.1985, Slg. 1985, S. 1201 (1211), Rdn. 17 und 18, Rs. 207/83.
[237] EuGH vom 25.04.1985, Slg. 1985, S. 1201 (1212), Rdn. 19, Rs. 207/83.
[238] EuGH vom 25.04.1985, Slg. 1985, S. 1201 (1212), Rdn. 20, Rs. 207/83.

me. Die Regelung habe nämlich in materieller Hinsicht („ihrer Natur nach") eine andere Wirkung. Gerade diese materielle Betrachtung (materielle Diskriminierung) mache aber deutlich, daß die Regelung in ihren Auswirkungen die ausländischen Erzeugnisse benachteilige. In dieser Entscheidung machte der EuGH den Unterschied zwischen der formellen und der materiellen Diskriminierung wieder deutlich. Eine Anwendbarkeit der „Cassis-Formel" kam nur dann in Betracht, wenn die Regelung sowohl in formeller als auch in materieller Hinsicht die in- und ausländischen Erzeugnisse gleichermaßen berührte. Folglich bedeutete „unterschiedslos", daß die Regelung zum einen keine Unterscheidung aufgrund der Herkunft traf und zum anderen auch in tatsächlicher Hinsicht nicht zwischen eingeführten und einheimischen Erzeugnissen unterschied. Diesem Urteil zufolge kann aufgrund der Herkunft auch dann unterschieden werden, wenn die Regelung formell betrachtet keine Unterscheidung aufgrund der Herkunft traf.

Eine in Irland erfolgte Ausschreibung für ein irisches Bauvorhaben enthielt eine Klausel, wonach die zu verarbeitenden Rohre aus Asbestzement für Druckrohrleitungen gemäß dem „Irish Standard Mark Licensing Scheme" des „Institute for Industrial Research and Standards" der irischen Norm 188:1975 entsprechen mußten.[239] Bei der Prüfung dieser Vorschrift entschied der EuGH:

„Aus den Akten geht zudem hervor, daß nur ein einziges Unternehmen vom irischen Institut für industrielle Forschung und Normung im Rahmen der Norm 188:1975 in dem Sinne zugelassen war, daß es das irische Normzeichen auf Rohren des für den streitigen Bauauftrag geforderten Typs anbringen darf. Dieses Unternehmen hat seinen Sitz in Irland. Die Einfügung der Klausel hat somit dazu geführt, daß die Lieferung der Leitungsrohre, die für die in Dundalk auszuführenden Arbeiten erforderlich waren, irischen Herstellern vorbehalten blieb."[240]

An der Ausschreibung dieses Bauauftrages konnten damit nur solche Bieter teilnehmen, die irische Materialien zu verwenden beabsichtigten.[241] Da es unwahrscheinlich war, daß ein ausländischer Hersteller Rohre des streitigen Typs nach irischen Normen herstellte, wurde dieser Hersteller gegenüber den irischen benachteiligt. Er hatte keine Möglichkeit, die in der Regelung

---

[239] Vgl. EuGH vom 22.09.1988, Slg. 1988, S. 4929, Rs. 45/87.
[240] EuGH vom 22.09.1988, Slg. 1988, S. 4929 (4964), Rdn. 20, Rs. 45/87.
[241] So auch der Gerichtshof in Rdn. 22 des Urteils.

enthaltenen Voraussetzungen zu erfüllen. Obwohl die Regelung nicht formell aufgrund der Herkunft unterschied, wirkte sie sich so aus, da nur irische Hersteller die Voraussetzungen der Ausschreibung erfüllen konnten. Damit stellte die Regelung eine materielle Diskriminierung dar.

In Frankreich durfte ein Käse erst dann als „Edamer" bezeichnet werden, wenn er einen Mindestfettgehalt von 40% hatte. Ein französischer Importeur importierte dennoch einen in Deutschland rechtmäßig hergestellten „Edamer" mit einem Fettgehalt von 34,3% nach Frankreich. Dies Verhalten war Ausgangspunkt für das Verfahren.[242] Der Importeur war der Ansicht, die französische Regelung verstoße gegen Art. 28 EG-Vertrag. Der Gerichtshof entschied, daß die französische Regelung eine *Maßnahme gleicher Wirkung* darstelle:

„Es wäre jedoch mit Artikel 30 EWG-Vertrag [Art. 28 EG-Vertrag] und den Zielen eines gemeinsamen Marktes unvereinbar, die Anwendung derartiger Vorschriften auf importierten Käse der gleichen Sorte zu erstrecken, wenn dieser in einem anderen Mitgliedstaat unter derselben Gattungsbezeichnung, aber mit einem abweichenden Mindestfettgehalt rechtmäßig hergestellt und in den Verkehr gebracht wurde. Der einführende Mitgliedstaat darf Einfuhr und Inverkehrbringen eines solchen Käses nicht behindern, wenn die Unterrichtung der Verbraucher gewährleistet ist."[243]

Obwohl dieser Fall eine Parallele zum Essig-Fall zu sein scheint, benutzte der Gerichtshof nicht das Argument der Benachteiligung. Dies könnte darauf hindeuten, daß der EuGH seine Rechtsprechung geändert hat, da dieser Fall der neuere war. Allerdings ist festzuhalten, daß die Qualität der Regelung tatsächlich eine andere war, da Frankreich durch die Regelung des Fettgehalts von Edamerkäse keine eigene Produktion schützen wollte. Hierin unterscheiden sich also die besprochenen Regelungen. Es handelte sich damit um das Bejahen einer *Maßnahme gleicher Wirkung* aus anderen Gründen, die nichts mit einer Diskriminierung zu tun haben. Vielmehr ergab sich die Behinderung aus der Unterschiedlichkeit der Rechtsordnungen.

Im Verfahren „Celestini" mußte eine europäische Verordnung überprüft werden.[244] Gemäß der VO Nr. 2048/89 des Rates vom 19.06.1989[245] kön-

---

[242] EuGH vom 22.09.1988, Slg. 1988, S. 4907, Rs. 286/86.
[243] EuGH vom 22.09.1988, Slg. 1988, S. 4907 (4925), Rdn. 12, Rs. 286/86.
[244] EuGH vom 05.06.1997, Slg. 1997, S. 2971, Rs. 105/94.

nen zur Überprüfung der gemeinschaftsrechtlichen Bestimmungen über Wein systematische Kontrollen angeordnet werden. Allerdings müssen diese im Einklang mit den Vertragsbestimmungen stehen.[246] Dazu stellte der Gerichtshof fest:

„Daher wären die in Artikel 3 der Verordnung Nr. 2048/89 genannten Kontrollmaßnahmen unzulässig, wenn ihre Anwendung geeignet wäre, Weine aus anderen Mitgliedstaaten zu benachteiligen, und damit eine nach Artikel 30 des Vertrages verbotene Maßnahme gleicher Wirkung wie eine mengenmäßige Beschränkung darstellen würde. Diese Kontrollen müssen daher nichtdiskriminierenden Charakter haben."[247]

Diese Begründung verdeutlichte, daß die Kontrollmaßnahme so lange keinen Verstoß gegen Artikel 28 EG-Vertrag darstellt wie die ausländischen Weine nicht benachteiligt werden. Eine Benachteiligung setzte der Gerichtshof in diesem Fall mit „Diskriminierung" gleich. Damit reduzierte er in diesem Urteil im Hinblick auf die Anwendung von gemeinschaftlichen Verordnungen Artikel 28 EG-Vertrag auf ein Diskriminierungsverbot und setzte seine im Jahr 1984 bereits angedeutete Rechtsprechung fort, die besagte, daß eine solche Kontrolle dann nicht unter das Gemeinschaftsrecht falle, wenn Einfuhren nicht diskriminiert würden.[248]

In den meisten aufgezeigten Fällen benutzte der Gerichtshof den Begriff der „Benachteiligung" als Synonym für eine formelle oder materielle Diskriminierung und wandte dann konsequenterweise die „Cassis-Formel" nicht an. Allerdings zeigt der „Essig-Fall", daß er auch in einem Fall, in dem er einen Nachteil für die ausländischen Produkte feststellte und folglich eine materielle Diskriminierung zu bejahen war, dennoch die Anwendbarkeit der „Cassis-Formel" bejahte. Seine Rechtsprechung ist damit nicht einheitlich. Aufgrund der weiteren Analyse soll erörtert werden, ob ein Grund für diese Unterscheidung gefunden werden kann.

b) Schutzwirkung

In zwei Fällen setzte sich der EuGH mit der Zusammensetzung von Essigsäure und Essig auseinander; in Italien mußte sowohl Essigsäure als auch

---

[245] ABl. L 202, S. 32.
[246] EuGH vom 05.06.1997, Slg. 1997, S. 2971 (3012), Rdn. 32, Rs. 105/94.
[247] EuGH vom 05.06.1997, Slg. 1997, S. 2971 (3012), Rdn. 33, Rs. 105/94.
[248] EuGH vom 21.02.1984, Slg. 1984, S. 933 (944), Rdn. 9, Rs. 202/82.

Essig aus Wein hergestellt sein:[249] Hinsichtlich des letzteren Falles war bereits erörtert worden, daß der EuGH eine Benachteiligung der ausländischen Erzeugnisse zwar bejahte, die „Cassis-Formel" dennoch für anwendbar erachtete.

In dem zeitlich vor dieser Entscheidung getroffenen Urteil in der Sache „Gilli und Andres" ging es um eine italienische Regelung, nach der das Inverkehrbringen von Essigsäure, welche nicht aus der Essigsäuregärung des Weins stammte, verboten wurde.[250] Obwohl dieses Verbot nicht aufgrund der Herkunft unterschied, da weder die inländische noch die eingeführte Produktion andere als Weinessigsäure in den Verkehr bringen durften, entschied der EuGH, daß ein mit Art. 28 EG-Vertrag unvereinbares Handelshemmnis zu bejahen sei:

„Praktisch schützen solche Bestimmungen vor allem die einheimische Erzeugung, indem sie verbieten, daß Erzeugnisse anderer Mitgliedstaaten auf den nationalen Markt gelangen, die nicht den in der nationalen Regelung vorgeschriebenen Merkmalen entsprechen."[251]

Im Gegensatz zu der bereits erörterten Entscheidung des EuGH stellte diese auf den Gesichtspunkt des Schutzes der einheimischen Erzeugung, also des Protektionismus, ab. Eine protektionistisch ausgerichtete Wirtschaftspolitik schützt die inländischen Produzenten gegenüber der ausländischen Konkurrenz.[252] Durch protektionistische Regelungen versucht ein Staat, seinen Markt von den Märkten anderer Staaten abzugrenzen, indem die einheimischen Erzeugnisse begünstigt werden, während die Einfuhr ausländischer Produkte verboten ist. Die einheimischen Erzeugnisse sollen durch eingeführte Erzeugnisse keine Konkurrenz erfahren. Die zu analysierende Regelung bewirkte, daß Essigsäure, die nicht aus der Essigsäuregärung des Weins stammte, nicht auf den italienischen Markt gelangen konnte. Sie wurde durch diese Regelung benachteiligt und die italienische Produktion, die den nationalen Bestimmungen angepaßt war, begünstigt.

---

[249] EuGH vom 26.06.1980, Slg. 1980, S. 2071, Rs. 788/79 – „Gilli und Andres"; EuGH vom 09.12.1981, Slg. 1981, S. 3019, Rs. 193/80 – „Essig".
[250] EuGH vom 26.06.1980, Slg. 1980, S. 2071, Rs. 788/79.
[251] EuGH vom 26.06.1980, Slg. 1980, S. 2071 (2079), Rdn. 10, Rs. 788/79.
[252] Gabler-Wirtschafts-Lexikon, Bd. 4. L-P.

Im Rahmen einer möglichen Rechtfertigung aufgrund der in der Cassis-Formel genannten „zwingenden Erfordernisse“[253] prüfte der Gerichtshof auch in diesem Fall die „Cassis-Formel“.[254] Er hielt die Regelung also für unterschiedslos anwendbar. Wie bereits unter a) analysiert, hatte der Gerichtshof in dem sehr ähnlich gelagerten Fall „Essig“ [255] trotz der Benachteiligung der ausländischen Waren, auch die Anwendbarkeit der „Cassis-Formel“ bejaht. Die italienische Regierung hatte geltend gemacht, daß eine solche Regelung nicht diskriminierend sei, da sie sowohl inländische als auch eingeführte Erzeugnisse erfasse.[256] Dazu stellte der Gerichtshof fest, daß:

„[...] die vom italienischen Gesetzgeber getroffene Regelung selbst dann, wenn sie unterschiedslos für inländische und eingeführte Erzeugnisse gilt, tatsächlich gleichwohl Schutzwirkungen entfaltet. Diese Regelung ist nämlich so gestaltet, daß sie nur Weinessig nach Italien hineinläßt und für alle übrigen Essigarten landwirtschaftlichen Ursprungs die Grenze schließt. Sie kommt daher einer typisch einheimischen Erzeugung zugute und benachteiligt in gleichem Maße verschiedene Kategorien von in anderen Mitgliedstaaten hergestelltem natürlichen Essig.“[257]

Der Gerichtshof bekräftigte jedoch, daß es sich um eine unterschiedslos geltende Regelung handelte. Im Hinblick auf das Vorbringen der italienischen Regierung stellte er dennoch fest, daß die Regelung gleichwohl Schutzwirkungen entfalte, da gerade die Erzeugung aus anderen Mitgliedstaaten aufgrund der Regelung benachteiligt, und die inländische Erzeugung bevorzugt werde. Wie bereits festgestellt, hat der Gerichtshof in anderweitig zur Entscheidung stehenden Fällen entschieden, daß „benachteiligen“ mit „diskriminieren“ gleichzusetzen ist. Eine Diskriminierung scheint der EuGH in der Regelung aber gerade nicht zu sehen, da er sie als unterschiedslos charakterisiert. Es stellt sich also die Frage, wie der EuGH „unterschiedslos“ definiert, wenn er dennoch bestätigt, daß die Regelung dazu führt, daß die einheimische Erzeugung gegenüber der ausländischen bevorzugt und letztere benachteiligt wird. Die Entscheidung des Gerichts-

---

[253] Daß er das Vorliegen eines *zwingenden Erfordernisses* ablehnte, ist unerheblich, da es bei dieser Betrachtung allein auf die Anwendbarkeit der „Cassis-Formel“ ankommt.
[254] EuGH vom 26.06.1980, Slg. 1980, S. 2071 (2078), Rdn. 6, Rs. 788/79 – „Gilli und Andres“.
[255] EuGH vom 09.12.1981, Slg. 1981, S. 3019, Rs. 193/80 – „Essig“.
[256] EuGH vom 09.12.1981, Slg. 1981, S. 3019 (3034), Rdn. 19, Rs. 193/80 – „Essig“.
[257] EuGH vom 9.12.1981, Slg. 1981, S. 3019 (3034), Rdn. 20, Rs. 193/80 – „Essig“.

hofes ist insbesondere im Hinblick auf diese Ausführungen widersprüchlich. Einerseits stellte er - wie in vielen anderen Urteilen auch - fest, daß die Regelung eine formelle Diskriminierung nicht enthalte. Sodann stellte er fest, daß die Regelung Schutzwirkungen entfalte und der einheimischen Erzeugung zugute komme. Daß er trotz dieser von ihm selbst getroffenen Feststellungen, die Anwendbarkeit der „Cassis-Formel" bejahte, ist nicht nachvollziehbar.

In Bezug auf diese beiden „Essig-Urteile" müßte also geschlußfolgert werden, daß die „Cassis-Formel" auf jede Regelung Anwendung findet, die keine explizite Unterscheidung zwischen in- und ausländischen Erzeugnissen trifft. Es käme für die Anwendbarkeit der „Cassis-Formel" auf mögliche Benachteiligungen der ausländischen Erzeugnisse bzw. Schutzwirkungen für die einheimische Erzeugung solange nicht an, wie die Regelung keine ausdrückliche Unterscheidung aufgrund der Herkunft der Ware trifft. Im Zusammenhang mit diesen beiden Fällen stellen Benachteiligungen bzw. Schutzwirkungen keine Diskriminierung im Sinne der „Cassis-Formel" dar, da der Gerichtshof deren Anwendbarkeit ansonsten hätte verneinen müssen. Andererseits stellte der Gerichtshof in dem zweiten Fall fest, daß die Regelung zwar unterschiedslos gelte, aber dennoch Schutzwirkungen entfalte. Diese Begründung läßt darauf schließen, daß der EuGH für das Kriterium „unterschiedslos" prüft, ob die Regelung eine Unterscheidung aufgrund der Herkunft trifft. Ist dies zu verneinen, können die anerkannten „zwingenden Erfordernisse" im Sinne der „Cassis-Formel" geprüft werden. Hiernach ist die Anwendbarkeit der „Cassis-Formel" unabhängig davon, daß eine Regelung die inländischen Erzeugnisse begünstigt bzw. die ausländischen benachteiligt. Diese Benachteiligung der ausländischen Erzeugnisse läßt der EuGH nicht ausreichen, um die Anwendbarkeit der „Cassis-Formel" zu verneinen.

Für die Anwendbarkeit der „Cassis-Formel" kam es ihm auf die von ihm bejahten Schutzwirkungen nicht an. Die zu beurteilenden Regelungen galten für ihn im Sinne der „Cassis-Formel" unterschiedslos. Dies könnte bedeuten, daß eine solche Schutzwirkung für den EuGH keine materielle Diskriminierung der eingeführten Erzeugnisse darstellt, sondern eine andere Art der Benachteiligung, die aber nicht mit einer Diskriminierung verwechselt werden dürfte. Dies erscheint widersinnig, da Regelungen mit Schutzwirkungen insbesondere die einheimischen Produkte bevorzugen sollen. Wenn der EuGH also festgestellt hat, daß eine nationale Regelung

Schutzwirkungen entfaltete, dann diskriminiert diese Regelung die ausländischen Waren. Es ist also an dieser Stelle nicht verständlich, weshalb der EuGH in diesen Fällen dennoch die „Cassis-Formel“ für anwendbar erklärte.

Obwohl die folgenden Fälle eine Schutzwirkung nicht explizit erwähnen, sollen sie an dieser Stelle erörtert werden, da die Sachverhalte derart mit den gerade untersuchten „Essig-Fällen“ vergleichbar sind, daß die Prüfung an dieser Stelle sinnvoll erscheint.

Die sog. Pasta-Entscheidungen des EuGH vom 14.07.1988 hielten das italienische Verbot, aus Weichweizen oder aus einer Mischung aus Weichweizen und Hartweizen hergestellte Teigwaren zu verkaufen, für ein Hemmnis der Einfuhr von Teigwaren.[258] Über mögliche Schutzwirkungen einer solchen Regelung für die italienische Produktion schwieg der EuGH an dieser Stelle in beiden Urteilen. Die lange Tradition der aus Hartweizen hergestellten italienischen Pasta wurde erst im Zusammenhang mit dem Schutz der Verbraucher genannt.[259] Jedoch fehlte auch im Rahmen dieser Prüfung ein Hinweis auf eventuelle Schutzwirkungen. Allerdings wurde in beiden Urteilen auf zwei bereits gefällte Urteile Bezug genommen: auf die soeben erwähnten Essigfälle und den Bierfall.[260] Diese Fälle sind insofern miteinander vergleichbar, als sie sich alle mit der gleichen Frage beschäftigen: Sie prüfen, ob eine Produktbezeichnung, die für ein Produkt reserviert ist, welches nach traditionellen Kriterien hergestellt sein muß, eine *Maßnahme gleicher Wirkung* darstellt.[261] Obwohl der EuGH nur im Essigfall von Schutzwirkungen für die einheimische Produktion sprach, stellt sich die Frage, ob er dies nicht auch in den anderen Fällen voraussetzte. Schutzwirkungen führen dazu, daß die ausländische Produktion benachteiligt wird.[262] Im Folgenden ist somit zu prüfen, ob der EuGH in den Pastafällen eine Schutzwirkung annahm.

---

[258] EuGH vom 14.07.1988, Slg. 1988, S. 4233 (4279), Rdn. 11, Rs. 407/85; EuGH vom 14.07.1988, Slg. 1988, S. 4285 (4304), Rdn. 11, Rs. 90/86.

[259] EuGH vom 14.07.1988, Slg. 1988, S. 4233 (4280), Rdn. 16, Rs. 407/85; EuGH vom 14.07.1988, Slg. 1988, S. 4285 (4305), Rdn. 16, Rs. 90/86.

[260] Siehe oben.

[261] So auch Generalanwalt Sir Gordon Slynn, Slg. 1987, S. 1246 (1250).

[262] So der EuGH im Essigfall: EuGH vom 09.12.1981, Slg. 1981, S. 3019 (3034), Rdn. 20, Rs. 193/80.

Das Teigwarengesetz wurde im Jahre 1967 erlassen und wurde, wie die italienische Regierung vorgetragen hat, auch aus dem Grunde erlassen, um den italienischen Anbau von Hartweizen in den Gebieten des Mezzogiorno zu fördern.[263] „Fördern" bedeutete aber gerade etwas Ähnliches wie „Schützen" und hatte zur Folge, daß die einheimische Produktion bevorzugt wurde. Eine Schutzwirkung konnte zudem dann entstehen, wenn das Gesetz, wie im Falle des italienischen Decreto vom 12. Februar 1965 und des Teigwarengesetzes aus dem Jahre 1967, neueren Datums war. Das Gesetz war also erst nach dem Beitritt Italiens zur Europäischen Gemeinschaft entstanden. Daraus könnte gefolgert werden, daß das Gesetz darauf abzielte, die einheimischen Waren gegenüber ausländischen zu bevorzugen. Gerade die italienische Tradition konnte als Grund für den Erlaß eines solchen Gesetzes nicht im Vordergrund gestanden haben, da eine solche Tradition nicht rechtlich fixiert werden muß, sondern von sich aus Geltung besitzt. Eines solchen Gesetzes bedurfte es nicht. Hingegen spricht das Kodifizieren eines solchen Gesetzes eher dafür, daß eine Schutzwirkung zugunsten der italienischen Pasta erreicht und die ausländischen Pastasorten benachteiligt werden sollten. Der EuGH stellte fest:

„Es ist festzustellen, daß ein Verbot, aus Weichweizen oder aus einer Mischung aus Weichweizen und Hartweizen hergestellte Teigwaren zu verkaufen, ein Hemmnis für die Einfuhr von Teigwaren darstellt, die erlaubterweise in anderen Mitgliedstaaten aus Weichweizen oder aus einer Mischung aus Weichweizen und Hartweizen hergestellt worden sind."[264]

Der EuGH stellte auf das Hemmnis für die Einfuhr ab, um eine *Maßnahme gleicher Wirkung* zu bejahen. Dennoch verwies der EuGH auf die Essigfälle und den Bierfall[265], so daß die Ähnlichkeit zu diesen Fällen betont wurde. Das bedeutete wiederum, daß der EuGH nicht allein auf die Unterschiedlichkeit der Rechtsordnungen abstellte, um ein Hemmnis der Einfuhr zu bejahen, sondern möglicherweise auch auf die von einer Regelung ausgehenden Schutzwirkungen für die einheimischen Erzeugnisse.

---

[263] EuGH vom 14.07.1988, Slg. 1988, S. 4233 (4277), Rdn. 5, Rs. 407/85; EuGH vom 14.07.1988, Slg. 1988, S. 4285 (4302), Rdn. 5, Rs. 90/86.

[264] EuGH vom 14.07.1988, Slg. 1988, S. 4233 (4278), Rdn. 11, Rs. 407/85; EuGH vom 14.07.1988, Slg. 1988, S. 4285 (4304), Rdn. 11, Rs. 90/86.

[265] Dazu siehe unten.

In beiden Pastafällen prüfte der Gerichtshof die „Cassis-Formel".[266] Die Anwendbarkeit wurde nicht weiter problematisiert. Obwohl die italienische Regierung sich für die Rechtfertigung der Regelung darauf bezog, daß sie den Hartweizenanbau im Mezzogiorno fördern wolle, bezog sich der EuGH in diesem Urteil nicht auf Schutzvorschriften. Er hat die Regelung nicht als die einheimische Erzeugung schützend betrachtet. Es ist eindeutig, daß die Regelung keine formelle Diskriminierung enthielt. Aber auch für eine materielle Diskriminierung lieferte der EuGH keine Anhaltspunkte - der EuGH bejahte das Vorliegen einer *Maßnahme gleicher Wirkung* wegen des Hemmnisses der Einfuhr aufgrund der Unterschiedlichkeit der Rechtsordnungen. Die fragliche nationale Regelung war also nach Ansicht des EuGH unterschiedslos, so daß er die Anwendbarkeit der „Cassis-Formel" bejahte. Erstaunlich ist, daß er in diesem Urteil die Möglichkeit der von der Regelung ausgehenden Schutzwirkungen nicht prüfte. Dies insbesondere deshalb, weil die italienische Regierung vorgetragen hatte, daß das Gesetz eine bestimmte Region fördern solle.

In dem sog. „Margarine-Fall"[267] mußte der Gerichtshof eine nationale Regelung untersuchen, die vorschrieb, daß Margarine nur in Würfelform verpackt vertrieben werden dürfe. Er entschied:

„[...] dieses Vorgehen ist jedoch geeignet, den Vertrieb der fraglichen Erzeugnisse zu erschweren oder zu verteuern,[268] *weil ihnen dadurch bestimmte Absatzwege verschlossen werden oder weil durch die Notwendigkeit, für ihre Aufmachung den Erfordernissen ihres Bestimmungsmarktes entsprechende besondere Verpackungen zu verwenden, zusätzliche Kosten entstehen."*[269]

„Im vorliegenden Fall zeigt sich die Schutzwirkung der belgischen Rechtsvorschriften ***auch***[270] *daran, daß es auf dem belgischen Markt, wie die Kommission von der belgischen Regierung unbestritten vorgetragen hat, trotz deutlich höherer Preise als in be-*

---

[266] EuGH vom 14.07.1988, Slg. 1988, S. 4233 (4280), Rdn. 15, Rs. 407/85; EuGH vom 14.07.1988, Slg. 1988, S. 4285 (4305), Rdn. 15, Rs. 90/86.

[267] EuGH vom 10.11.1982, Slg. 1982, S. 3961, Rs. 261/81.

[268] Das Vorliegen einer Maßnahme gleicher Wirkung aufgrund der Erschwerung oder Verteuerung des Vertriebs wird unter einem gesonderten Prüfungspunkt erörtert. Dazu siehe unten.

[269] EuGH vom 10.11.1982, Slg. 1982, S. 3961 (3973), Rdn. 13, Rs. 261/81

[270] Hervorhebung durch Verfasserin.

stimmten anderen Mitgliedstaaten praktisch keine Margarine ausländischen Ursprungs gibt."[271]

Der EuGH zog aus dem Nicht-Vorhandensein ausländischer Margarine auf dem belgischen Markt die negative Konsequenz, daß der Warenverkehr behindert werde. In diesem Fall wurde die Auswirkung einer solchen Regelung, im Gegensatz zu einer Geeignetheitsprüfung, am konkreten Fall durch Tatsachenermittlung bzw. -feststellung manifestiert. Die Schutzwirkung zeigte sich deutlich auf dem belgischen Markt, auf dem Margarine ausländischen Ursprungs nicht angeboten wurde. Der EuGH sagte aber, daß sich die Schutzwirkung *auch* daran zeige. Der Gebrauch des Wortes „auch" konnte in diesem Zusammenhang zwei Bedeutungen haben. Zum einen könnte es heißen, daß nur die Tatsachenermittlung allein die Schutzwirkung nicht begründe. Zum anderen wäre es möglich, daß sich das „auch" auf den vorhergehenden Absatz bezieht. Dann wäre jede Verteuerung aufgrund einer nationalen Regelung bzw. Eigenheit als eine Schutzwirkung verursachende Regelung zu betrachten. Da der EuGH in anderen die Erschwerung und Verteuerung betreffenden Urteilen, den Gesichtspunkt der Schutzwirkung nicht erwähnte,[272] scheint dies nicht der Sinn des „auch" zu sein. Es soll vielmehr verdeutlichen, daß die Schutzwirkung gerade im Tatsächlichen deutlich wird. Aus dieser Tatsache zog der Gerichtshof die folgende Konsequenz:

„Deshalb kann nicht geltend gemacht werden, daß das Erfordernis einer besonderen Verpackung des Erzeugnisses den Warenverkehr nicht behindere."[273]

Die Regelung entfaltete damit Schutzwirkungen gegenüber der einheimischen Margarine. Eine materielle Diskriminierung lag vor. Der EuGH wandte die Cassis-Formel an.[274] Das bedeutet, daß er trotz der von der Regelung ausgehenden Schutzwirkungen keine materielle Diskriminierung der eingeführten Erzeugnisse aufgrund der Regelung sah.

---

[271] EuGH vom 10.11.1982, Slg. 1982, S. 3961 (3973), Rdn. 14, Rs. 261/81: es wird deutlich gemacht, daß es auf dem belgischen Markt trotz deutlich höherer Preise als in bestimmten anderen Mitgliedstaaten praktisch keine Margarine ausländischen Ursprungs gibt.
[272] Dazu siehe unten.
[273] EuGH vom 10.11.1982, Slg. 1982, S. 3961 (3973), Rdn. 15, Rs. 261/81.
[274] EuGH vom 10.11.1982, Slg. 1982, S. 3961 (3973), Rdn. 17, Rs. 261/81.

Eine negative Verpackungsvorschrift, also das Verbot für ein bestimmtes Erzeugnis eine besondere Verpackung zu benutzen, wurde in einem anderen Fall auf ihre Vereinbarkeit mit dem freien Warenverkehr überprüft. Es ging dabei um eine deutsche Vorschrift, die die Benutzung einer spezifischen Flaschenform für Wein bestimmten einheimischen Erzeugern vorbehielt und alle anderen Anbieter, die eine ähnliche Flasche verwandten, mit Strafe bedrohte.[275] Die Vorschrift lautete: „In Bocksbeutelflaschen herkömmlicher Art darf nur Qualitätswein b.A. aus dem bestimmten Anbaugebiet Franken, aus dem badischen Taubertal und dem Schüpfergrund sowie aus den Gemeinden Neuweier, Steinbach, Umweg und Varnhalt abgefüllt in den Verkehr gebracht werden."[276] Der Gerichtshof entschied:

„Es ist bereits mehrfach entschieden worden, daß auch nationale Rechtsvorschriften über die Vermarktung eines Erzeugnisses, die unterschiedslos für inländische wie für eingeführte Erzeugnisse gelten, unter das Verbot des Art. 30 EWG-Vertrag [28 EG-Vertrag] fallen, wenn sie in der Praxis Schutzwirkungen entfalten, indem sie eine typische inländische Produktion begünstigen und gewisse Arten von Erzeugnissen aus anderen Mitgliedstaaten entsprechend benachteiligen. Eine Vorschrift wie § 17 der Wein-Verordnung, die die Verwendung einer spezifischen Flaschenform bestimmten Erzeugern vorbehält, entfaltet dadurch Schutzwirkungen, daß sie diese Erzeuger gegenüber Erzeugern aus anderen Mitgliedstaaten begünstigt, die ihre Weine herkömmlich in Flaschen identischer oder sehr ähnlicher Form abfüllen."[277]

Auf zusätzliche Kosten hinweisend ergänzte der EuGH:

„Es zeigt sich somit, daß eine solche Regelung, obwohl sie unterschiedslos für inländische und eingeführte Erzeugnisse gilt, in der Praxis Schutzwirkungen entfaltet. Sie fällt deshalb unter das Verbot des Artikels 30 EWG-Vertrag [28 EG-Vertrag]."[278]

Der EuGH stellte damit fest, daß die Schutzwirkungen dazu führten, inländische Erzeuger zu begünstigen. Diese Begünstigung wirkte sich dadurch aus, daß ausländische Hersteller keine Bocksbeutelflaschen benutzen durften und ihre Weine in andere Flaschen umfüllen mußten, wodurch zusätzliche Kosten und Erschwerungen bei der Anpassung an die besonderen Anforderungen entstanden. Aufgrund einer solchen Regelung wurden dem-

---

[275] EuGH vom 13.03.1984, Slg. 1984, S. 1299, Rs. 16/83 - „Prantl".
[276] § 17 der deutschen Wein-Verordnung.
[277] EuGH vom 13.03.1984, Slg. 1984, S. 1299 (1327), Rdn. 21f., Rs. 16/83 - „Prantl".
[278] EuGH vom 13.03.1984, Slg. 1984, S. 1299 (1327), Rdn. 23, Rs. 16/83 - „Prantl".

nach die inländischen Erzeugnisse gegenüber den ausländischen geschützt und somit begünstigt. Daß aufgrund der Regelung auch inländische Weine benachteiligt wurden, hat der EuGH stets als unerheblich angesehen.[279]

Die Regelung differenzierte nicht in dem Sinne zwischen in- und ausländischen Weinen, daß sie die Einfuhr ausländischer Weine in Bocksbeutelflaschen verbot. Allerdings legte sie fest, aus welchen Weinregionen Wein überhaupt nur in Bocksbeutelflaschen abgefüllt werden durfte und diese Weinregionen lagen alle in Deutschland. Ein ausländischer Wein konnte diese Voraussetzung damit nicht erfüllen; eine Diskriminierung der ausländischen Weine lag vor.

Zu überlegen ist, ob es sich hierbei um eine formelle oder eine materielle Diskriminierung handelte. Der EuGH ging davon aus, daß es sich um eine unterschiedslose Regelung handelte. Er bejahte die Anwendbarkeit der „Cassis-Formel“ [280]. Dies ist erstaunlich, da die Regelung aufgrund der Herkunft differenzierte. Dies problematisierte der Gerichtshof jedoch nicht.[281] Es kam ihm also nur darauf an, daß die Regelung nicht aufgrund der Herkunft unterschied. Auch das ist bei dieser Regelung äußerst zweifelhaft, da die Regelung besagte, welche Weine nur in Bocksbeutelflaschen abgefüllt werden durften und diese alle deutscher Herkunft waren.

Dieses Ergebnis des EuGH ist aus den folgenden Überlegungen heraus sehr zweifelhaft: Die Regelung unterschied zwar nicht zwischen in- und ausländischen Produkten; jedoch legte sie fest, welche Weine überhaupt nur in Bocksbeutelflaschen abgefüllt werden konnten. Diese Weine wurden alle in Deutschland hergestellt, so daß ein ausländischer Wein nicht die Möglichkeit hatte, die Kriterien zu erfüllen. Eine formelle Diskriminierung war aufgrund der Regelung gegeben.

Eine weitere die einheimische Produktion schützende Regelung hatte der Gerichtshof in dem Fall „Campus Oil Limited“ zu untersuchen.[282] Die irische Regelung sah vor, daß Importeure von Erdölerzeugnissen verpflichtet

---

[279] Der weitere Gesichtspunkt der Inländerdiskriminierung ist nicht Gegenstand dieser Arbeit; siehe hierzu allerdings: Kleier, RIW 1988, S. 623; Heermann, WRP 1993, S. 578 (591ff.); Sack, BB 1994, S. 225 (234); Lackhoff/Raczinski, EWS 1997, S. 109.
[280] EuGH vom 13.03.1984, Slg. 1984, S. 1299 (1327), Rdn. 25, Rs. 16/83 - „Prantl“.
[281] EuGH vom 13.03.1984, Slg. 1984, S. 1299 (1327), Rdn. 24, Rs. 16/83 - „Prantl“.
[282] EuGH vom 10.07.1984, Slg. 1984, S. 2727, Rs. 72/83.

seien, einen bestimmten Prozentsatz ihres Bedarfs zu vom zuständigen Minister festgesetzten Preis bei einer inländischen Firma zu decken, die eine Raffinerie im irischen Hoheitsgebiet betrieb. Der EuGH entschied:

„Die allen Importeuren auferlegte Verpflichtung, einen gewissen Prozentsatz ihres Bedarfs an einem bestimmten Erzeugnis bei einem inländischen Lieferanten zu decken, beschränkt insoweit die Möglichkeiten der Einfuhr dieses Erzeugnisses. Sie entfaltet somit Schutzwirkung zugunsten einer einheimischen Erzeugung und benachteiligt in demselben Maße die Erzeuger anderer Mitgliedstaaten, unabhängig von der Frage, ob der von der betreffenden einheimischen Erzeugung verwendete Rohstoff selbst eingeführt werden muß."[283]

Die Regelung schrieb vor, daß ein bestimmter Bedarf nur mit einheimischen Erzeugnissen zu decken sei. Aufgrund dessen konnten gleichwertige ausländische Erzeugnisse nicht eingeführt werden. Die inländischen wurden folglich geschützt und die ausländischen benachteiligt, so daß die Regelung eine formelle Diskriminierung der ausländischen Erzeugnisse darstellte. Der EuGH überprüfte diese Regelung allein anhand einer möglichen Rechtfertigung nach Art. 30 EG-Vertrag. Dies ist ein Indiz dafür, daß auch der EuGH hierin eine Diskriminierung sah.

In einem ähnlichen Fall hatte sich der Gerichtshof mit der Frage zu beschäftigen, ob das deutsche Stromeinspeisungsgesetz eine verbotene *Maßnahme gleicher Wirkung* darstellte.[284] Die Regelung bestimmte, daß die Abnahmepflicht der Elektrizitätsversorgungsunternehmen nur für Strom aus erneuerbaren Energiequellen gelte, der im Geltungsbereich dieses Gesetzes und im Versorgungsgebiet des betreffenden Unternehmens erzeugt wurde. Der EuGH entschied in Anlehnung an die soeben besprochene Entscheidung, daß eine solche Regelung eine Einfuhrbeschränkung darstellt.[285] Es handelt sich bei der deutschen Regelung um eine formell diskriminierende, da die Abnahmepflicht nur für inländischen Strom gilt, so daß der ausländische benachteiligt wird. Der Gerichtshof hätte daher zu dem Ergebnis kommen müssen, daß allein die in Art. 30 EG-Vertrag genannten Rechtfertigungsgründe zur Anwendung gelangen können. Er beschreitet jedoch einen anderen Weg: Er ist der Ansicht, daß bei der Beurteilung, ob eine solche Abnahmepflicht mit Artikel 28 EG-Vertrag vereinbar ist, das

---

[283] EuGH vom 10.07.1984, Slg. 1984, S. 2727 (2746f.), Rdn. 16, Rs. 72/83.
[284] EuGH vom 13.03.2001, Slg. 2001, S. 2099, Rs. C-379/98.
[285] EuGH vom 13.03.2001, Slg. 2001, S. 2099 (2184), Rdn. 70, Rs. 379/98.

Ziel der streitigen Regelung und die Besonderheiten des Strommarktes zu beachten sind[286] und stellt fest:

„Insoweit ist zu berücksichtigen, daß die Nutzung erneuerbarer Energiequellen zur Stromerzeugung, die durch eine Regelung wie das geänderte Stromeinspeisungsgesetz gefördert werden soll, dem Umweltschutz dient, da sie zur Verringerung der Emissionen von Treibhausgasen beiträgt, die zu den Hauptursachen der Klimaänderung zählen, zu deren Bekämpfung sich die Europäische Gemeinschaft und ihre Mitgliedstaaten verpflichtet haben.[287]

Diese Politik bezweckt zugleich den Schutz der Gesundheit und des Lebens von Menschen, Tieren und Pflanzen.“[288]

Bei dieser Begründung fällt auf, daß der Gerichtshof zwar Aspekte des Umweltschutzes anführt, aber in diesem Zusammenhang nicht die „zwingenden Erfordernisse“ im Sinne der „Cassis-Formel“ erwähnt. Es stellt sich daher die Frage, ob er in diesem Fall - ähnlich wie in dem Fall betreffend den wallonischen Abfall, der noch zu besprechen sein wird[289] - eine Aufweichung des Grundsatzes der Anwendbarkeit der „Cassis-Formel“ vornehmen oder ob er im Hinblick auf die Besonderheit der Materie tatsächlich einen Sonderweg gehen wollte. Bei der Beurteilung dieser Frage könnte eine Rolle spielen, daß er auch darauf abstellt, daß die Politik der Nutzung erneuerbarer Energiequellen zur Stromerzeugung zugleich den Schutz der Gesundheit und des Lebens von Menschen bezweckt. Insoweit könnte überlegt werden, ob der EuGH nicht den in Art. 30 EG-Vertrag festgelegten Rechtfertigungsgrund der öffentlichen Gesundheit prüft. Allerdings findet Art. 30 EG-Vertrag an keiner Stelle des Urteils Erwähnung. Auch die „Cassis-Formel“ wird nicht genannt. Allerdings wird der Umweltschutz als Ziel des Vertrages erwähnt, ohne diesen jedoch als „zwingendes Erfordernis“ im Sinne der „Cassis-Formel“ einzustufen. Insoweit könnte ein Blick auf das bereits erwähnte „Abfall-Urteil“, das zeitlich vor dem hier zu besprechenden liegt, Rückschlüsse für den vorliegenden Fall liefern. In dem „Abfall-Urteil“ wurde die Anwendbarkeit der „Cassis-Formel“ problematisiert.[290] Jedoch ging der EuGH davon aus, daß „die

---

[286] EuGH vom 13.03.2001, Slg. 2001, S. 2099 (2184), Rdn. 72, Rs. 379/98.
[287] EuGH vom 13.03.2001, Slg. 2001, S. 2099 (2185), Rdn. 73, Rs. 379/98.
[288] EuGH vom 13.03.2001, Slg. 2001, S. 2099 (2185), Rdn. 75, Rs. 379/98.
[289] EuGH vom 09.07.1992, Slg. 1992, S. 4431, Rs. 2/90.
[290] EuGH vom 09.07.1992, Slg. 1992, S. 4431, Rs. 2/90.

Besonderheit des Abfalles berücksichtigt" werden müsse und verneinte daher eine Diskriminierung.[291]

Da der Gerichtshof sich in dem vorliegenden Urteil nicht zu der Frage der Einordnung der von ihm vorgebrachten Rechtfertigungsgründe äußert, können nur Mutmaßungen darüber angestellt werden, ob die Rechtfertigungsprüfung des Gerichtshofes eine Prüfung des Art. 30 EG-Vertrag, der „Cassis-Formel" oder aber eine Prüfung „sui generis" darstellt. Im Hinblick auf seine sonstigen Urteile könnte aber vermutet werden, daß er insoweit einen eigenen Prüfungspunkt kreiert hat, da er die Prüfung selbst mit der Formulierung einleitet, daß die Besonderheiten des Strommarktes zu beachten seien. Auch scheint das Fehlen jeglicher Bezugnahme auf die anerkannten Rechtfertigungsgründe ein Indiz dafür zu sein, daß es sich um eine neue Art der Rechtfertigung handelt. Ohne auf die genaue Einordnung des Rechtfertigungsgrundes eingehen zu können, bleibt aber festzuhalten, daß der Gerichtshof insbesondere bei der Beurteilung von Regelungen, die den Umweltschutz betreffen, neue Wege sucht, um nationale diskriminierende Regelungen zu rechtfertigen.

Zusammenfassend ist festzuhalten: Soweit eine Regelung Schutzwirkungen für die einheimischen Erzeugnisse hervorruft und damit eine Benachteiligung der ausländischen zur Konsequenz hat, stellt diese Regelung eine materielle Diskriminierung der ausländischen Erzeugnisse dar. Fehlt diese Schutzwirkung und damit die Benachteiligung, handelt es sich nicht um eine Diskriminierung, sondern um eine Beschränkung. Dann wird die *Maßnahme gleicher Wirkung* allein aufgrund der Unterschiedlichkeit der Rechtsordnungen bejaht.

Trotz dieser Schutzwirkungen und der damit zu bejahenden materiellen Diskriminierung hat der Gerichtshof die „Cassis-Formel" in den besprochenen Fällen größtenteils angewandt und die Regelungen insoweit als „unterschiedslos" eingestuft. Das bedeutet, daß es für den Gerichtshof auf diese Schutzwirkungen für die Einordnung als „unterschiedslose" Regelungen nicht ankam. Dies könnte bedeuten, daß er zweierlei Maßstab zur Beurteilung einer Regelung anlegt: Für das Bejahen einer *Maßnahme gleicher Wirkung* stellen die von der Regelung ausgehenden Schutzwirkungen eine Möglichkeit dar, eine Handelsbehinderung zu bejahen. Um die Anwendbarkeit der „Cassis-Formel" zu bejahen, muß eine Regelung unter-

---

[291] Vgl. hierzu im selben Kapitel, Nr. 8.

schiedslos gelten. Möglicherweise kommt es dem EuGH für die Beurteilung der „unterschiedslosen" Regelung nicht auf die Schutzwirkungen an, sondern allein auf eine formelle Diskriminierung. Obwohl die einzuführenden Erzeugnisse aufgrund solcher Regelungen gegenüber den inländischen benachteiligt werden, ist der EuGH nicht so weit gegangen, diese als materielle Diskriminierung in dem Sinne anzusehen, daß sie trotz ihrer formell unterschiedslosen Geltung von ihrer Wirkung her die einzuführenden Erzeugnisse betreffen. Er hat die Anwendbarkeit der „Cassis-Formel" in diesen Fallkonstellationen nie in Frage gestellt. Daraus läßt sich schließen, daß nach Ansicht des EuGH eine Regelung, die protektionistisch ist, die die inländischen Produkte bevorzugt oder die Schutzwirkungen entfaltet, keine materielle Diskriminierung im Sinne der „Cassis-Formel" darstellt. Dieses Ergebnis des EuGH ist verwunderlich und paßt vor allem nicht zu den Fällen, in denen er ausdrücklich eine „Diskriminierung" festgestellt und deshalb die „Cassis-Formel" nicht angewandt hatte.[292] Insbesondere in dem zitierten Urteil hatte der EuGH eine Diskriminierung mit einer Benachteiligung gleichgesetzt. Andererseits ist im Hinblick auf die soeben besprochenen Urteile abschließend noch festzuhalten, daß der Gerichtshof in allen Fällen zwar die zwingenden Erfordernisse des Verbraucherschutzes bzw. der Lauterkeit des Handelsverkehrs im Sinne der „Cassis-Formel" geprüft hat. In den meisten Fällen (in zwei Fällen überließ er die Entscheidung dem nationalen Gericht) ist er aber zu dem Ergebnis gelangt, daß die Voraussetzungen dieser Rechtfertigungsgründe zu verneinen sind und damit verbotene Maßnahmen gleicher Wirkung vorliegen.

c) Besitzstandswahrung

In der Entscheidung über das „Reinheitsgebot für Bier"[293] mußte der Gerichtshof zwei unterschiedliche Regelungen überprüfen. Zum einen ging es um die deutsche Vorschrift, die es verbat, Bier unter der Bezeichnung „Bier" in den Verkehr zu bringen, sofern dieses nicht §§ 9, 10 BStG entsprach. Der Gerichtshof stellte fest, daß die in §§ 9, 10 BStG enthaltene Regelung nach der „Dassonville-Formel" geeignet sei, die Einfuhr von Bier aus anderen Mitgliedstaaten, welches aus einem anderen Grundstoff (Reis

[292] Siehe oben: EuGH vom 10.07.1980, Slg. 1980, S. 2299, Rs. 152/78.
[293] EuGH vom 12.2.1987, Slg. 1987, S. 1227, Rs. 178/84 – „Reinheitsgebot für Bier".

oder Mais) hergestellt worden sei, aus anderen Mitgliedstaaten zu behindern.[294] Er fuhr folgendermaßen fort:

„Wie der Gerichtshof bereits in anderem Zusammenhang (Urteil vom 27. Februar 1980 in der Rechtssache 170/78, Kommission/Vereinigtes Königreich, Slg. 1980, 417) ausgeführt hat, darf das Recht eines Mitgliedstaats „nicht dazu dienen, die gegebenen Verbrauchsgewohnheiten zu zementieren, um einer mit deren Befriedigung befaßten inländischen Industrie einen erworbenen Vorteil zu bewahren".[295]

Eine *Maßnahme gleicher Wirkung* wurde bejaht.[296] Eine solche Argumentation näherte sich zwar dem Gedanken der Schutzwirkung der einheimischen Industrie an, jedoch ist die Dynamik eine andere. In den Fällen, in denen Regelungen Schutzwirkungen entfalten, werden diese erlassen, um die einheimische Industrie zu schützen. Das deutsche Reinheitsgebot hingegen stammt aus dem Jahre 1516 und bedeutet nunmehr eine fast 500-jährige deutsche Tradition. Folglich wurde eine Regelung getroffen, auf die sich die deutsche Bierindustrie im Laufe der letzten Jahrhunderte eingestellt hatte. Das bedeutet aber nicht, daß die einheimische Industrie von vornherein so produziert hat. Im Gegenteil, das Gesetz ist entstanden, damit Weizen der Verwendung als Brotgetreide vorbehalten werden konnte. Die Regelung ist also nicht entstanden, um die nationale Produktion gegenüber der ausländischen zu bevorzugen. Sie ist erst recht nicht entstanden, um das deutsche Bier im Hinblick auf den Gemeinsamen Markt vor dem ausländischen Bier zu schützen. Dennoch führte aber die lange deutsche Tradition dazu, daß die inländischen Erzeuger sich auf die Regelung eingestellt hatten, und gegenüber den ausländischen Erzeugern im Vorteil waren. So sah es auch der EuGH, wenn er feststellte: „um der inländischen Industrie einen erworbenen Vorteil zu bewahren." Einen Vorteil bewahren bedeutete, daß die inländische Industrie besser gestellt war als die ausländische. Wie soeben festgestellt, handelte es sich insoweit um einen mit den Essig-Fällen vergleichbaren Fall, da die inländische Industrie von dieser Regelung den Nutzen zog. Den Nutzen konnte sie nur deshalb ziehen, weil sie auf dieses Verfahren des Bierbrauens eingestellt war. Es ging jedoch darüber hinaus darum, daß dieser erworbene Vorteil „bewahrt" wurde. Das

---

[294] EuGH vom 12.02.1987, Slg. 1987, S. 1227 (1270), Rdn. 29, Rs. 178/84 - „Reinheitsgebot für Bier".

[295] EuGH vom 12.03.1987, Slg. 1987, S.1227 (1270f.), Rdn. 32, Rs. 178/84 – „Reinheitsgebot für Bier".

[296] EuGH vom 12.02.1987, Slg. 1987, S. 1227 (1270), Rdn. 29, Rs. 178/84.

Wort „bewahren“ deutete darauf hin, daß der durch die jahrhundertelange Tradition erworbene Vorteil durch die Regelung erhalten werden und die einheimische Produktion schützen sollte. Damit entfaltete auch diese Regelung Schutzwirkungen und stellte somit eine materielle Diskriminierung dar.[297]

Festzuhalten bleibt, daß trotz der Unterschiede zwischen der Entstehung der Essig-Regelungen auf der einen Seite und der Bierregelung auf der anderen alle Regelungen *Maßnahmen gleicher Wirkung* darstellen, da sie sich derart auswirken, daß die einheimischen Erzeugnisse gegenüber den ausländischen bevorzugt wurden.

Der EuGH wandte die „Cassis-Formel“ auch auf die Bierregelung an. Es kam ihm, wie in den „Essigfällen“ auch, nur darauf an, daß eine formelle Unterscheidung aufgrund der Herkunft zu verneinen war. Die von der Regelung ausgehende Wirkung, einen Vorteil für die einheimische Industrie zu bewahren, fand keine Berücksichtigung bei der Anwendbarkeit der „Cassis-Formel“.

d) Anreize zugunsten inländischer Waren

In einem Fall, in dem es mittelbar um Druckereierzeugnisse ging, hatte sich der EuGH mit der Frage auseinanderzusetzen, ob es eine *Maßnahme gleicher Wirkung* darstelle, wenn aufgrund einer französischen Vorschrift Presseunternehmen für Veröffentlichungen, die sie in anderen Mitgliedstaaten drucken ließen, nicht in den Genuß bestimmter Steuervergünstigungen gelangten.[298] Der EuGH bejahte dies mit der folgenden Begründung:

„Die von der Kommission beanstandete Steuervorschrift ist also aufgrund der Tatsache, daß sie die Presseunternehmen anspornt, ihre Druckerzeugnisse in Frankreich anstatt in anderen Mitgliedstaaten herstellen zu lassen, geeignet, die Einfuhr von Druckerzeugnissen aus diesen Staaten zu hemmen; sie ist deshalb als eine gemäß Artikel 30 [Artikel 28] verbotene Maßnahme mit gleicher Wirkung wie eine mengenmäßige Einfuhrbeschränkung anzusehen.“[299]

---

[297] So auch Hakenberg, Grundzüge, S. 96.

[298] EuGH vom 07.05.1985, Slg. 1985, S. 1339, Rs. 18/84; vgl. auch EuGH vom 11.12.1985, Slg. 1985, S. 3967, Rs. 192/84 (günstigere Bedingungen für einen Kredit im Falle des Kaufs einer inländischen Maschine als einer ausländischen).

[299] EuGH vom 07.05.1985, Slg. 1985, S. 1339 (1348), Rdn. 16, Rs. 18/84.

Zunächst wurde vom Gerichtshof lediglich festgestellt, daß die Einfuhr von Druckerzeugnissen aus anderen Mitgliedstaaten aufgrund einer solchen Regelung gehemmt werde. Darüber hinaus bezog sich die Begründung auch auf einen Ansporn, die Druckerzeugnisse im Inland herstellen zu lassen. Dieser Ansporn bedeutete aber nichts anderes, als daß die im Inland hergestellten Erzeugnisse gegenüber den ausländischen bevorzugt wurden. Die Steuervergünstigung wurde nur für die Herstellung im Inland gewährt. Eine formelle Diskriminierung war zu bejahen, da zwischen der Herstellung im In- und Ausland unterschieden wurde.

In einem ähnlichen Fall entschied der EuGH genauso. Eine italienische Vorschrift, die die Gewährung von Beihilfen nur dann vorsah, wenn die städtischen Verkehrsbetriebe Fahrzeuge aus inländischer Produktion erwarben, war Gegenstand eines Verfahrens, das die Kommission eingeleitet hatte.[300] Sie war der Auffassung, daß die Fahrzeuge nicht italienischen Ursprungs diskriminiert würden.[301] Die von der italienischen Regierung vorgebrachte Verteidigung, daß die Regelung keine große wirtschaftliche Bedeutung habe, verwarf der Gerichtshof mit dem Argument, daß eine nationale Maßnahme nicht allein deshalb dem Verbot des Artikels 28 EG-Vertrages entgehe, weil die Behinderung der Einfuhr geringfügig sei und noch andere Möglichkeiten des Vertriebs der eingeführten Erzeugnisse bestünden.[302] Der EuGH verwarf an dieser Stelle explizit die Anwendung einer sog. „de-minimis-Regel“ zur Beurteilung des Vorliegens einer *Maßnahme gleicher Wirkung*. Er bejahte einen Verstoß gegen Artikel 28 EG-Vertrag hingegen folgendermaßen:

„Die in Rede stehende italienische Vorschrift ist als eine durch Artikel 30 EWG-Vertrag [28 EG-Vertrag] verbotene Maßnahme mit gleicher Wirkung wie eine mengenmäßige Beschränkung anzusehen, da sie zum Erwerb von Fahrzeugen inländischer Produktion anspornt.“[303]

[300] EuGH vom 05.06.1986, S. 1759, Rs. 103/84.
[301] EuGH vom 05.06.1986, S. 1759 (1772), Rdn. 11, Rs. 103/84.
[302] EuGH vom 05.06.1986, S. 1759 (1773), Rdn. 18, Rs. 103/84.
[303] EuGH vom 05.06.1986, S. 1759 (1775), Rdn. 24, Rs. 103/84.

Die Regelung wurde demnach aufgrund ihrer protektionistischen Zielsetzung als *Maßnahme gleicher Wirkung* angesehen: Sie stellte eine formelle Diskriminierung der ausländischen Erzeugnisse dar.[304]

In einem anderen Fall mußte sich der Gerichtshof mit der Frage beschäftigen, ob eine nationale Regelung, die vorschrieb, daß ein Importeur vor dem ersten Inverkehrbringen eines Erzeugnisses auf dem inländischen Markt dessen Vereinbarkeit mit den auf diesem Markt geltenden Vorschriften über die Sicherheit und die Gesundheit von Menschen etc. prüfen mußte, mit Art. 28 EG-Vertrag vereinbar war.[305] Der entscheidende Unterschied zu den sonst üblichen Gesundheitskontrollen war der, daß diese Kontrollen nicht von einer staatlichen Stelle vorgenommen werden sollten, sondern von dem für das erste Inverkehrbringen Verantwortlichen. Es wurde also dem Wirtschaftsteilnehmer die Auflage gemacht, die Sicherheit des Produktes zu überprüfen. Der Gerichtshof bejahte einen Verstoß gegen Art. 28 EG-Vertrag und begründete dies folgendermaßen:

„Es ist einzuräumen, daß eine Vorschrift, die den für das erste Inverkehrbringen eines Erzeugnisses auf dem inländischen Markt Verantwortlichen verpflichtet, zu prüfen, ob das Erzeugnis den auf diesem Markt geltenden Vorschriften entspricht, einen Wirtschaftsteilnehmer, der sowohl Erzeugnisse inländischer Herstellung vertreibt als auch gleichartige Erzeugnisse einführt, dazu veranlassen könnte, den inländischen Erzeugnissen den Vorzug zu geben, bei denen die Prüfung nicht ihm, sondern dem Hersteller obliegt.“[306]

Es war offensichtlich, daß es für den einzelnen Wirtschaftsteilnehmer einfacher ist, wenn er die erforderliche Prüfung nicht selbst durchführen mußte, sondern diese dem Hersteller der Ware überlassen konnte. Das ging aber nur mit inländischen Erzeugnissen, da nur diese bereits vom Hersteller als erstem Verantwortlichen überprüft worden waren. Die Regelung unterschied formell nicht zwischen den in- und ausländischen Erzeugnissen, da insoweit nur festgelegt wurde, daß derjenige, der das Erzeugnis als erster in den Verkehr brachte, dieses überprüfen mußte.[307] Es ist aber zu überlegen,

---

[304] Das Vorliegen einer formellen Diskriminierung wurde auch dadurch bestätigt, daß eine Anwendbarkeit der „Cassis-Formel“ nicht einmal erwähnt wurde.

[305] EuGH vom 11.05.1989, Slg. 1989, S. 1105, Rs. 25/88 – „Wurmser“.

[306] EuGH vom 11.05.1989, Slg. 1989, S. 1105 (1127), Rdn. 9, Rs. 25/88 – „Wurmser“.

[307] So auch Generalanwalt van Gerven in seinem Schlußantrag, Slg. 1989, S. 1112 (1118), Rs. 25/88.

ob die Regelung nicht eine materiell diskriminierende Wirkung enthielt.[308] Der Wirtschaftsteilnehmer, der nicht Hersteller war, also der Händler, wurde aufgrund dieser Vorschrift angespornt, inländische Erzeugnisse zu vertreiben, da er dann der Prüfungspflicht enthoben war. Aufgrund dieser Begründung bejahte der EuGH eine *Maßnahme gleicher Wirkung*. Eine formell diskriminierende Regelung war nicht gegeben, da nicht aufgrund der Herkunft unterschieden wurde.[309] Hieran erkennt man, daß diese Frage für ihn keine Relevanz besaß, da er ansonsten das Vorliegen einer materiellen Diskriminierung hätte prüfen müssen.

Der EuGH stufte die Regelung aber als unterschiedslos ein:

„Eine Vorschrift, die sowohl bei Erzeugnissen inländischer Herstellung als auch bei eingeführten Erzeugnissen dem für das erste Inverkehrbringen Verantwortlichen eine Prüfungspflicht auferlegt, ist grundsätzlich unterschiedslos auf diese beiden Gruppen von Erzeugnissen anwendbar.“[310]

Einerseits sagte der EuGH, daß die Wirtschaftsteilnehmer dazu übergehen würden, den inländischen Erzeugnissen den Vorzug zu geben, und andererseits beurteilte er die Regelung als unterschiedslos. Das bedeutete, daß der EuGH es für eine Diskriminierung nicht ausreichen ließ, daß die Regelung dazu führen könnte, den inländischen Erzeugnissen den Vorzug zu geben.

Zu fragen ist, ob die Regelung nicht doch eine Diskriminierung der ausländischen Erzeugnisse darstellte. Das ausländische Produkt war wahrscheinlich bereits einer ersten Kontrolle in seinem Heimatland unterzogen worden und wurde aus diesem Grund anders behandelt, da es im Einfuhrstaat gezwungener Maßen einer zweiten Kontrolle unterzogen wurde. Aber auch ohne eine vorhergehende Untersuchung im Ursprungsland wurde die ausländische Ware *de facto* anders behandelt als die inländische: die inländische Ware war bereits vom Hersteller untersucht worden und mußte damit vom Händler nicht mehr begutachtet werden. Die ausländische Ware hingegen mußte in jedem Fall untersucht werden, da für das erste Inverkehr-

---

[308] Der Beantwortung dieser Frage geht der Generalanwalt erstaunlicherweise nicht nach, obwohl er dies geradezu provoziert, indem er die formelle Diskriminierung verneint.

[309] So auch der Generalanwalt van Gerven in seinem Schlußantrag vom 15.12.1988, Slg. 1988, S. 1118.

[310] EuGH vom 11.05.1989, Slg. 1989, S. 1105 (1128), Rdn. 11, Rs. 25/88 – „Wurmser“.

bringen in diesem Land eine Prüfungspflicht bestand. Die Regelung stellte also in ihrer Wirkung eindeutig eine Schlechterbehandlung der eingeführten Erzeugnisse dar. Sie führte dazu, daß Wirtschaftsteilnehmer, die nicht Hersteller waren und folglich bei inländischer Ware keine Prüfung vornehmen mußten, diese bevorzugen würden. Der EuGH hatte insoweit Recht, daß dem ersten Verantwortlichen für das Inverkehrbringen die Prüfungspflicht oblag und zwar unabhängig von der Herkunft der Erzeugnisse. Dabei verkannte er jedoch, daß diese Prüfungspflicht für den Hersteller eine Selbstverständlichkeit war, da er für die Sicherheit seines Produktes die Verantwortung trug. Ihm war zuzumuten, ein von ihm hergestelltes Produkt zu überprüfen, bevor es in den Handel gelangte. Einem Händler diese Prüfungspflicht zu übertragen, war hingegen eine Belastung, da er eine solche Aufgabe normalerweise nicht zu übernehmen hatte. Er handelte lediglich mit der Ware und mußte sich auf die von dem Hersteller geleisteten Prüfungen verlassen können. Von ihrer Wirkung her führte die Regelung also dazu, daß die Händler die einheimischen Erzeugnisse bevorzugten, weil sie bei diesen einer Prüfungspflicht nicht nachkommen mußten. Dadurch wurden die ausländischen Erzeugnisse gegenüber den inländischen benachteiligt.

Der EuGH sah in dieser Bevorzugung der inländischen Erzeugnisse keine materielle Diskriminierung. Die inländischen Erzeugnisse würden zwar bevorzugt, aber dies genügte dem Gerichtshof nicht, um eine Diskriminierung festzustellen. Obwohl er in anderen Urteilen auch die Wirkung einer Regelung untersucht hatte, um festzustellen, ob die „Cassis-Formel" anwendbar war, untersuchte er hier lediglich, ob die Regelung die in- und ausländischen Erzeugnisse rechtlich vollkommen gleich behandelte. Er stellte fest, daß die Regelung sowohl bei Erzeugnissen inländischer Herstellung als auch bei eingeführten Erzeugnissen dem für das erste Inverkehrbringen Verantwortlichen eine Prüfungspflicht auferlege.[311] Damit unterschied die Regelung seines Erachtens nicht aufgrund der Herkunft der Erzeugnisse. Eine formelle Gleichbehandlung war zu bejahen. Unterschiedslos bedeutete hier also, daß die in- und ausländischen Erzeugnisse rechtlich vollkommen gleich behandelt wurden. Auf eine mögliche anderweitige Auswirkung ging der EuGH nicht ein.

---

[311] EuGH vom 11.05.1989, Slg. 1989, S. 1105 (1128), Rdn. 11, Rs. 25/88 – „Wurmser".

Im Fall „Decker“[312] hatte der EuGH eine für den freien Warenverkehr ungewöhnliche Konstellation zu prüfen. Der luxemburgische Staatsangehörige Decker hatte eine Brille mit Korrekturgläsern, die ihm von einem luxemburgischen Augenarzt verschrieben worden war, bei einem Augenoptiker in Belgien erworben. Seine Krankenkasse lehnte daraufhin die Kostenerstattung ab, da die Brille ohne vorherige Genehmigung im Ausland erworben worden sei und eine solche Genehmigung nach Art. 60 des luxemburgischen „Code des assurances sociales“ hätte eingeholt werden müssen. Zu prüfen war, ob diese Genehmigungspflicht für im Ausland erworbene Brillengestelle eine *Maßnahme gleicher Wirkung* sei.[313] Der Gerichtshof hatte bereits einen ähnlichen Fall entschieden, indem es um Steuervergünstigungen ging, wenn Presseunternehmen ihre Druckerzeugnisse im Inland drucken ließen.[314] Der Unterschied zwischen den beiden Fällen bestand jedoch darin, daß der Kauf einer Brille im Ausland mit demselben Pauschalbetrag abgegolten wurde wie der Kauf im Inland, so daß eine schlechtere finanzielle Situation nicht gegeben war. Allerdings mußte für den Erwerb im Ausland eine Genehmigung vorliegen. Ohne einen finanziellen Anreiz zu bieten, könnte die Regelung also dennoch ein Handelshindernis dargestellt haben, da ein solches Genehmigungserfordernis vielfach davon abhalten würde, eine Brille im Ausland zu kaufen. Die Fälle ähneln sich also insoweit, als sie beide die inländischen Waren bevorzugen. Der EuGH entschied:

„Eine derartige Regelung stellt ein Hindernis für den freien Warenverkehr dar, da sie die Sozialversicherten dazu veranlaßt, diese Erzeugnisse im Großherzogtum und nicht in anderen Mitgliedstaaten zu erwerben, und daher geeignet ist, die Einfuhr in diesen Staaten angepaßter Brillen zu hemmen.“[315]

Der EuGH unterschied nicht zwischen in- und ausländischen Waren, sondern zwischen solchen, die sich im Inland oder im Ausland befanden. Um es auf die Spitze zu treiben: die vom luxemburgischen Staatsangehörigen in Belgien erworbene Brille könnte eine in Luxemburg hergestellte sein. Von

---

[312] EuGH vom 28.04.1998, Slg. 1998, S. 1831, Rs. 120/95 – „Decker“.

[313] Wie bereits im Urteil „Duphar“ (Urteil vom 07.02.1984, Slg. 1984, S. 523, Rs. 238/82) vom Gerichtshof entschieden, unterliegen auch Maßnahmen der Mitgliedstaaten auf dem Gebiet der sozialen Sicherheit den Vorschriften des EG-Vertrages über den freien Warenverkehr: S. 1881, Rdn. 24.

[314] Siehe oben: EuGH vom 07.05.1985, Slg. 1985, S. 1339, Rs. 18/84.

[315] EuGH vom 28.04.1998, Slg. 1998, S. 1831 (1884), Rdn. 36, Rs. 120/95 – „Decker“.

diesem Erwerb würde die Regelung genauso abhalten, wie von dem Kauf einer anderen Brille. In diesem Fall ging der luxemburgische Staatsbürger nach Belgien, um eine Brille auszusuchen. Die in Luxemburg zum Verkauf angebotenen Brillen wurden unabhängig von ihrer Herkunft gleich behandelt. Im Ergebnis wurde auch in diesem Fall eine Brille, die sich im Ausland befand, schlechter behandelt als eine solche, die sich im Inland befand. Die Regelung führte also dazu, daß der in Luxemburg Versicherte seine Brille ausschließlich in Luxemburg kaufen würde, da das Einholen einer Genehmigung für den Kauf im Ausland eine zusätzliche Behinderung darstellte. Es ging nicht um die Brille als „Rohstoff", sondern um die beim Kunden bereits angepaßte Brille. Diese Regelung war in der Tat geeignet, die Einfuhr dieser Brillen zu unterbinden, da das vorherige Genehmigungserfordernis die Verbraucher vielfach abhalten würde, eine Brille im Ausland zu kaufen. Es fand damit eine Schlechterbehandlung der im Ausland angepaßten Brillen statt. Damit wurden die im Ausland angepaßten Brillen gegenüber denen, die im Inland angepaßt wurden, benachteiligt. Eine materielle Diskriminierung lag vor.

Der EuGH meinte, daß die Regelung dazu führe, daß Brillen im Großherzogtum und nicht im Ausland gekauft würden. Obwohl er diese Feststellung traf, hat er die Anwendbarkeit der „Cassis-Formel"[316] nicht problematisiert und die Ausnahme der sozialen Sicherheit geprüft.[317] Dies erstaunt sehr, da der EuGH das Vorliegen einer unterschiedlichen Regelung selbst festgestellt hatte.[318] Aus diesem Grunde hätte eine Erörterung der Anwendbarkeit der „Cassis-Formel" geradezu auf der Hand gelegen. Wie soeben festgestellt, handelte es sich um eine Vorschrift, die eine materielle Diskriminierung beinhaltete und deshalb nicht unterschiedslos galt.[319] Es ist davon auszugehen, daß auch der EuGH dies gesehen hat und dennoch auf diesem Gebiet der Sozialversicherung ein breites Spektrum an Rechtfertigungsgründen parat haben wollte.[320]

---

[316] Die soziale Sicherheit ist ein „zwingendes Erfordernis" im Sinne der „Cassis-Formel", so auch in EuGH vom 07.05.1985, Slg. 1985, S. 1339, Rs. 18/84. Vgl. hierzu Nicolaysen, Europarecht II, S. 57f.

[317] EuGH vom 28.04.1998, Slg. 1998, S. 1831 (1884), Rdn. 39, Rs. 120/95 – „Decker".

[318] So auch Streinz/Leible, EuZW 2000, S. 459 (462).

[319] So auch Becker, NZS 1998, S. 359 (361) und Oliver, CMLRev 36 (1999), S. 783 (805).

[320] Vgl. Becker, NZS 1998, S. 359 (361); Nowak/Schnitzler, EuZW 2000, S. 627 (629); Berg, EUZW 1999, S. 587 (588).

e) Zwischenergebnis

Obwohl die hier erörterten Begründungsansätze des EuGH für das Vorliegen einer *Maßnahme gleicher Wirkung* in dieselbe Richtung zu weisen scheinen wie die unter dem Aspekt der Diskriminierung und Ungleichbehandlung" untersuchten Entscheidungen, ist der grundlegende Unterschied darin zu sehen, daß der EuGH ausnahmslos trotz der von ihm von den jeweiligen Regelungen festgestellten ausgehenden Benachteiligungen ausländischer Waren oder Begünstigungen inländischer Waren bzw. Schutzwirkungen die Anwendbarkeit der „Cassis-Formel" im Hinblick auf das Kriterium der unterschiedslosen Geltung nicht problematisierte. Trotz des Bejahens von Schutzwirkungen und der daraus resultierenden Benachteiligungen für die ausländischen Erzeugnisse kam es dem EuGH für die Anwendbarkeit der „Cassis-Formel" allein darauf an, daß die jeweilige Regelung formell keine Benachteiligung der eingeführten Erzeugnisse enthielt. Dieses ist um so erstaunlicher als die Ungleichbehandlungen und Benachteiligungen, die als Diskriminierungen angesehen worden sind, dazu führten, daß der Gerichtshof die „Cassis-Formel" nicht angewandt hat. Erstaunlich ist in diesem Zusammenhang auch, daß der EuGH nicht zumindest deren Anwendbarkeit problematisiert hat, um dann zu erklären, weshalb er diese für anwendbar erachtete. Die von dem EuGH getroffene Unterscheidung ist nicht nachvollziehbar und wird von diesem auch nicht erklärt. Wie noch in der nachfolgenden Analyse zu zeigen sein wird, hat der EuGH in anderen Fällen jedoch eine Benachteiligung der eingeführten Erzeugnisse zum Anlaß genommen, die Anwendbarkeit der „Cassis Formel" zu verneinen.[321]

6. Preisregulierung

Auch in Fällen von Preisregulierung hat der EuGH eine Benachteiligung der ausländischen Waren angenommen. Es ging um Preisregelungen, bei denen die Mitgliedstaaten z.B. Mindest- oder Höchstverkaufspreise von Waren für die Händler und Endverkäufer festlegten. In ständiger Rechtsprechung hat der Gerichtshof die Anwendbarkeit des Art. 28 EG-Vertrag auf nationale Preisvorschriften bejaht, solange es sich nicht um Preisvorschriften innerhalb einer gemeinschaftlichen Marktorganisation handelte.[322]

---

[321] Dazu siehe z.B. die Analyse der Preisvorschriften unter 6.

[322] EuGH vom 23.01.1975, Slg. 1975, S. 47 (64), Rdn. 32/34, Rs. 31/74 – „Galli"; EuGH vom 26.02.1976, Slg. 1976, S. 291 (306), Rdn. 9/11, Rs. 65/75 – „Tasca"; EuGH

Um festzustellen, ob nationale Preisvorschriften eine *Maßnahme gleicher Wirkung* darstellen, hat der EuGH in ständiger Rechtsprechung die „Dassonville-Formel" zugrunde gelegt.[323]

a) Höchst- oder Mindestpreise

Für die Gruppe der Höchst- oder Mindestpreisvorschriften entwickelte der EuGH mit seinem Grundsatzurteil „van Tiggele"[324] ein eigenes Prüfungsschema. Im konkreten Fall ging es darum, daß ein Wein- und Spirituosenhändler in den Niederlanden alkoholische Getränke unter dem gemäß der Königlichen Verordnung vom 18.12.1978[325] festgesetzten Mindestpreisen verkauft hatte. Der EuGH hatte zu entscheiden, ob diese Verordnung gegen Art. 28 EG-Vertrag verstieß:

„Zwar kann sich eine innerstaatliche Preisregelung, die unterschiedslos für inländische wie für eingeführte Erzeugnisse gilt, im allgemeinen nicht so [im Sinne der „Dassonville-Formel"][326] auswirken, doch kann es in bestimmten Sonderfällen anders sein. So kann sich eine Behinderung der Einfuhr insbesondere daraus ergeben, daß eine innerstaatliche Stelle Preise oder Gewinnspannen so festsetzt, daß dadurch die eingeführten Erzeugnisse gegenüber gleichartigen inländischen Erzeugnissen benachteiligt werden, sei es, weil sie zu den festgesetzten Bedingungen nicht gewinnbringend abgesetzt werden können, sei es, weil der sich aus dem niedrigeren Gestehungspreis ergebende Wettbewerbsvorteil neutralisiert wird."[327]

Mit dieser Aussage stellte der EuGH den Grundsatz auf, daß eine unterschiedslos geltende Preisregelung, also eine sowohl auf die einheimischen als auch auf die eingeführten Erzeugnisse gleichermaßen anzuwendende

---

vom 26.02.1976, Slg. 1976, S. 323 (336), Rdn. 9/11, Rs. 88 – 90/75 – „SADAM"; EuGH vom 06.11.1979, Slg. 1979, S. 3327 (3339), Rdn. 8, Rs. 16-20/79; vgl. auch Matthies/ von Borries, in Grabitz/Hilf, KEU, Art. 30, Rdn. 39.

[323] EuGH vom 24.01.1978, Slg. 1978, S. 25 (39), Rdn. 11/12, Rs. 82/77 - „van Tiggele"; EuGH vom 18.10. 1979, Slg. 1979, S. 3203 (3229), Rdn. 26, Rs. 5/79; EuGH vom 26.02.1976, Slg. 1976, S. 291 (308), Rdn. 26/28, Rs. 65/75 – „Tasca"; EuGH vom 26.02.1976, Slg. 1976, S. 323 (340), Rdn. 33/36, Rs. 88 – 90/75 – „SADAM".

[324] EuGH vom 24.01.1978, Slg. 1978, S. 25, Rs. 82/77 - „van Tiggele".

[325] Staatsblad Nr. 746.

[326] Anmerkung der Verfasserin.

[327] EuGH vom 24.01.1978, Slg. 1978, S. 25 (39), Rdn. 13/15, Rs. 82/77 - „van Tiggele"; so auch schon in EuGH vom 26.02.1976, Slg. 1976, S. 323, Rs. 88-90/75 – „SADAM".

Regelung, keine *Maßnahme gleicher Wirkung* darstellen könne. Diese generelle Aussage schränkte er aber in dem Sinne ein, daß eine *Maßnahme gleicher Wirkung* dann vorliegen könne, wenn die Einfuhr behindert werde. Das sei insbesondere dann der Fall, wenn die ausländischen Erzeugnisse gegenüber den inländischen benachteiligt würden. Eine Benachteiligung sah der EuGH dann, wenn ein gewinnbringender Absatz nicht möglich war oder der sich aus dem niedrigeren Gestehungspreis ergebende Wettbewerbsvorteil neutralisiert wurde. Im Hinblick auf das Vorliegen einer *Maßnahme gleicher Wirkung* stellte sich in diesen Fallkonstellationen die Frage, ob die vom EuGH genannte Benachteiligung, die zu einer Behinderung der Einfuhr führte, mit einer materiellen Diskriminierung gleichzusetzen war. Auf die folgende Weise wendete der EuGH die abstrakte Formel auf den Fall an:

„Zunächst kann sich eine innerstaatliche Preisregelung, die den Einzelhandelsverkauf von inländischen und von eingeführten Erzeugnissen zu Preisen unter dem vom Einzelhändler entrichteten Einkaufspreis gleichermaßen verbietet, nicht nachteilig auf den Absatz allein der eingeführten Erzeugnisse auswirken; sie kann daher keine Maßnahme mit gleicher Wirkung wie eine mengenmäßige Einfuhrbeschränkung sein."[328]

Wird Nichtdiskriminierung mit dem Merkmal der unterschiedslosen Regelung gleichgesetzt, so folgt daraus, daß der EuGH für das Vorliegen einer *Maßnahme gleicher Wirkung* eine Diskriminierung voraussetzt. Es muß eine unterschiedliche Regelung für eingeführte und einheimische Erzeugnisse gegeben sein. Da eine unterschiedslos geltende Preisregelung sich nicht nachteilig allein auf die eingeführten Erzeugnisse auswirken kann, verneint der EuGH daher in diesem Fall konsequent das Vorliegen einer *Maßnahme gleicher Wirkung*. Von dieser grundsätzlichen Aussage machte der EuGH aber eine Ausnahme, wenn der Mindestpreis auf einen bestimmten Betrag festgesetzt war:

„Anders liegt es dagegen bei dem auf einen bestimmten Betrag festgesetzten Mindestpreis, der, obwohl er für inländische wie für eingeführte Erzeugnisse gleichermaßen gilt, den Absatz der letzteren insoweit zu benachteiligen geeignet ist, als er verhindert,

---

[328] EuGH vom 24.01.1978, Slg. 1978, S. 25 (39), Rdn. 16/20, Rs. 82/77 - „van Tiggele".

daß ihr niedrigerer Gestehungspreis sich im Preis für den Verkauf an den Verbraucher niederschlägt."[329]

Der EuGH relativierte seine Aussage insoweit, als er trotz der unterschiedslosen Geltung einer Preisregelung dennoch eine Benachteiligung der einzuführenden Erzeugnisse feststellte. Er begründete dies damit, daß der Mindestpreis verhindere, daß der niedrigere Gestehungspreis sich im Preis für den Verkauf an den Verbraucher niederschlage. Das bedeutete zunächst, daß das Erzeugnis im Ausland kostengünstiger hergestellt und damit auch zu einem niedrigeren Preis als die Erzeugnisse des Einfuhrstaates angeboten werden kann. Dieser Vorteil des niedrigeren Gestehungspreises wird durch das Festsetzen eines Mindestpreises zunichte gemacht; der gewonnene Vorteil wird obsolet, da die Verbraucher bei gleichem Preis keinen Anreiz mehr haben, das kostengünstigere Erzeugnis zu kaufen. Hiermit bekräftigte der EuGH, daß eine innerstaatliche Regelung, obwohl sie sowohl für die inländischen als auch für die eingeführten Erzeugnisse gilt, also formell betrachtet keine Unterscheidung für eingeführte und inländische Erzeugnisse trifft und damit keine formelle Diskriminierung darstellt, dennoch eine Benachteiligung der eingeführten Erzeugnisse hervorrufen kann. Er stellte mithin nicht allein auf die Form der betreffenden Regelung ab, sondern untersuchte die von einer bestimmten Regelung ausgehende Wirkung.

Ob es sich bei diesem Sachverhalt um eine materielle Diskriminierung der eingeführten Erzeugnisse handelt, ist zweifelhaft, es könnte sich auch um eine Handelsbeschränkung handeln. Die Regelung benachteiligt nicht aufgrund der Herkunft der Ware. Mutmaßungen darüber, daß der Mindestpreis eingeführt wurde, um den ausländischen Produkten ihren Wettbewerbsvorteil zu nehmen, finden weder in dem Urteil „van Tiggele"[330] noch in den darauf bezugnehmenden Urteilen eine Grundlage,[331] so daß die Gründe des Protektionismus nicht weiter erörtert werden konnten. Die einzuführenden Erzeugnisse wurden deshalb benachteiligt, weil ihnen ein

---

[329] EuGH vom 24.01.1978, Slg. 1978, S. 25 (39f.), Rdn. 16/20, Rs. 82/77 - „van Tiggele"; so auch EuGH vom 05.04.1984, Slg. 1984, S. 1797 (1814), Rdn. 19, Rs. 177 und 178/82.

[330] EuGH vom 24.01.1978, Slg. 1978, S. 25, Rs. 82/77 - „van Tiggele".

[331] EuGH vom 05.04.1984, Slg. 1984, S. 1797, Rs. 177 u. 178/82; EuGH vom 29.01.1985, Slg. 1985, S. 305, Rs. 231/83; EuGH vom 07.05.1991, Slg. 1991, S. 2233, Rs. 287/89.

Wettbewerbsvorteil genommen wurde, den sie aufgrund ihres niedrigeren Gestehungspreises innehatten. Fraglich ist, ob der EuGH hierin eine Diskriminierung sah. Dafür spricht, daß er das Wort „benachteiligen" benutzte, da er - wie bereits erörtert - die Begriffe Benachteiligung und Diskriminierung in vielen Fällen synonym verwendet hat. Aus diesem Grunde ist davon auszugehen, daß es sich um eine materielle Diskriminierung der einzuführenden Erzeugnisse handelte. Bevor jedoch ein Ergebnis gefunden ist, soll anhand der nachfolgenden Rechtsprechung analysiert werden, ob der EuGH hierzu nicht vielleicht bereits Stellung bezogen hat.

Die in „van Tiggele" abstrakt formulierte Formel zitierte der EuGH in zahlreichen Nachfolgeurteilen.[332] In diesen Fällen unterschied er stets zwischen der Form der Regelung und ihrer Wirkung für die eingeführten Erzeugnisse.

In einem anderen Fall ging es um Vorschriften über Mindestpreise für den Verkauf von Treibstoffen an den Verbraucher.[333] Der EuGH entschied:

„Somit benachteiligt ein nationales System der Festsetzung von Mindestpreisen für den Einzelhandelsverkauf von Treibstoffen, das diese Preise allein aufgrund der Übernahmepreise der inländischen Raffinerien bestimmt und diese Übernahmepreise an einen Höchstpreis bindet, der ausschließlich auf der Grundlage der Selbstkostenpreise der inländischen Raffinerien berechnet wird, sofern die europäischen Treibstoffkurse um mehr als 8% von diesen Selbstkostenpreisen abweichen, die eingeführten Erzeugnisse, indem es ihnen die Möglichkeit nimmt, aus einem günstigeren Selbstkostenpreis Wettbewerbsvorteile beim Verbraucher zu ziehen."[334]

Die eingeführten Erzeugnisse wurden gegenüber den inländischen benachteiligt. Zur Rechtfertigung der Regelung hatte sich die französische Regierung auf den Standpunkt gestellt, daß der Verbraucherschutz berücksichtigt werden müsse.[335] Der EuGH verneinte jedoch die Anwendbarkeit der „Cassis-Formel":

---

[332] EuGH vom 29.11.1983, Slg. 1983, S. 3849 (3869), Rdn. 17f., Rs. 181/82; EuGH vom 05.04.1984, Slg. 1984, S. 1797 (1814), Rdn. 19ff., Rs. 177 u. 178/82; EuGH vom 29.01.1985, Slg. 1985, S. 305 (321ff.), Rdn. 23, Rs. 231/83; EuGH vom 19.03.1991, Slg. 1991, S. 1275 (1312), Rdn. 15f., Rs. 249/88; EuGH vom 07.05.1991, Slg. 1991, S. 2233 (2253), Rdn. 17, Rs. 287/89.

[333] EuGH vom 29.01.1985, Slg. 1985, S. 305, Rs. 231/83.

[334] EuGH vom 29.01.1985, Slg. 1985, S. 305 (323f.), Rdn. 29, Rs. 231/83.

[335] EuGH vom 29.01.1985, Slg. 1985, S. 305 (324), Rdn. 30, Rs. 231/83.

„Eine nationale Regelung, die den Einzelhändler zur Einhaltung bestimmter Preise beim Verkauf im Einzelhandel verpflichtet und die den Absatz eingeführter Erzeugnisse auf dem Markt benachteiligt, kann jedoch nur aus den in Artikel 36 EG-Vertrag [Artikel 30 EG-Vertrag] genannten Gründen gerechtfertigt werden.“[336]

Damit verneinte der EuGH die Anwendbarkeit der „Cassis-Formel“, wenn der Absatz eingeführter Erzeugnisse benachteiligt wurde. Eine solche Benachteiligung stellte somit eine Diskriminierung der ausländischen Erzeugnisse dar und bedeutete, daß die nationale Regelung nicht unterschiedslos für in- und ausländische Erzeugnisse galt. Da eine formelle Diskriminierung ausschied,[337] konnte es sich folglich nur noch um eine materielle handeln. Dieses Urteil verdeutlicht, daß der EuGH eine Diskriminierung bejaht hat, wenn die eingeführten Erzeugnisse benachteiligt wurden. Hiernach ist die „Cassis-Formel“ nur dann anwendbar, wenn weder eine formelle noch eine materielle Diskriminierung der eingeführten Erzeugnisse gegeben ist.

Im Urteil „van Tiggele“ ging es um einen vergleichbaren Sachverhalt: der festgelegte Preis verhinderte, daß der niedrigere Gestehungspreis der eingeführten Erzeugnisse sich im Preis für den Verkauf an den Verbraucher niederschlagen konnte.[338] Auch im Urteil „van Tiggele“ sprach der Gerichtshof davon, daß der Absatz der ausländischen Erzeugnisse benachteiligt wurde. Ob es sich bei dieser Benachteiligung um eine materielle Diskriminierung handelte, konnte offengelassen werden, da es zu diesem Zeitpunkt die „Cassis-Formel“ noch nicht gab. Im Hinblick darauf, daß das soeben analysierte Urteil[339] von der Wortwahl fast identisch ist mit dem Urteil „van Tiggele“, kann also festgehalten werden, daß es sich auch im Falle „van Tiggele“ um eine materielle Diskriminierung handelte. Es steht daher zu vermuten, daß der Gerichtshof auch im Falle „van Tiggele“ die Anwendbarkeit der „Cassis-Formel“ verneint hätte.

Den in „van Tiggele“ benutzten Prüfungsansatz für die Beurteilung von Mindestpreisen hatte der Gerichtshof bereits für den umgekehrten Fall der Festlegung von Höchstpreisen in dem Urteil „Tasca“ angewandt:

---

[336] EuGH vom 29.01.1985, Slg. 1985, S. 305 (324), Rdn. 31, Rs. 231/83.

[337] Es ist offensichtlich, daß die Regelung eine Unterscheidung zwischen in- und ausländischen Erzeugnissen nicht traf.

[338] EuGH vom 24.01.1978, Slg. 1978, S. 25, Rs. 82/77 - „van Tiggele“.

[339] EuGH vom 29.01.1985, Slg. 1985, S. 305, Rs. 231/83.

„Ein unterschiedslos für einheimische wie eingeführte Erzeugnisse geltender Höchstpreis ist zwar als solcher noch keine Maßnahme gleicher Wirkung wie eine mengenmäßige Beschränkung, doch kann er eine solche Wirkung entfalten, wenn er derart festgesetzt wird, daß der Absatz von Einfuhrerzeugnissen unmöglich oder gegenüber dem einheimischer Produkte erschwert wird. Daher stellt ein Höchstpreis, jedenfalls soweit er für Einfuhrerzeugnisse gilt, insbesondere dann eine Maßnahme gleicher Wirkung wie eine mengenmäßige Beschränkung dar, wenn er so niedrig festgesetzt wird, daß Händler, die das fragliche Erzeugnis in den betreffenden Mitgliedstaat einführen wollen, dies – unter Berücksichtigung der allgemeinen Lage bei Importerzeugnissen verglichen mit der bei einheimischen Produkten – nur mit Verlust tun können.“[340]

Trotz formeller Gleichbehandlung der in- und ausländischen Erzeugnisse bejahte der Gerichtshof eine *Maßnahme gleicher Wirkung*. Diese machte er daran fest, daß der Absatz der eingeführten Erzeugnisse entweder unmöglich gemacht oder gegenüber dem einheimischer Produkte erschwert wurde. Es kam ihm also auch in diesem Fall entscheidend darauf an, wie sich eine solche Regelung auf den Absatz der eingeführten Erzeugnisse auswirkte. Diese Unterscheidung von formeller Gleichbehandlung und der dennoch unterschiedlichen Wirkung der Regelung auf eingeführte und inländische Erzeugnisse muß näher analysiert werden. Auch in diesem Fall stellt sich die Frage, ob die Begründung des Gerichtshofes eine materielle Diskriminierung der einzuführenden Erzeugnisse bedeutete. Obwohl der Gerichtshof in diesem Urteil nicht ausdrücklich von einer Benachteiligung der eingeführten Erzeugnisse ausging, war der Unterschied zwischen den Fällen nicht derart groß, daß in dem einen Fall eine Diskriminierung bejaht werden konnte und in dem anderen nicht. In beiden Fällen war damit eine materielle Diskriminierung der eingeführten Erzeugnisse anzunehmen.

Unterschiedslose nationale Preisfestsetzungen stellten somit eine materielle Diskriminierung der eingeführten Erzeugnisse dar, wenn deren Absatz auf dem inländischen Markt benachteiligt wird. Das gleiche gilt, wenn deren Absatz auf dem inländischen Markt unmöglich gemacht oder erschwert wird.

---

[340] EuGH vom 26.02.1976, Slg. 1976, S. 291 (308f.), Rdn. 26/28, Rs. 65/75 – „Tasca“; so auch in EuGH vom 26.02.1976, Slg. 1976, S. 323 (340), Rdn. 33/36, Rs. 88-90/75 – „SADAM“; EuGH vom 16.11.1977, Slg. 1977, S. 2115 (2148), Rdn. 50/54, Rs. 13/77; EuGH vom 18.10.1979, Slg. 1979, S. 3203 (3229f.), Rdn. 26, Rs. 5/79; EuGH vom 07.06.1983, Slg. 1983, S. 1955 (1969), Rdn. 16, Rs. 78/82.

b) Preissysteme

Neben der Beurteilung von Mindest- und Höchstpreisen hatte der EuGH auch andere nationale Preissysteme zu analysieren (z.B. Preisstoppregelungen, Preiskontrollregelungen, etc.), die er auf ähnliche Art und Weise beurteilte wie die Mindest- und Höchstpreise:

In einem Urteil zählte der EuGH die verschiedenen Möglichkeiten der Handelsbeschränkung im Hinblick auf eine Preisstoppregelung zunächst abstrakt[341] auf:

„Eine unterschiedslos für inländische wie für eingeführte Erzeugnisse geltende Preisstoppregelung ist zwar als solche noch keine Maßnahme mit gleicher Wirkung wie eine mengenmäßige Beschränkung; sie kann jedoch eine solche Wirkung entfalten, wenn der Absatz der eingeführten Erzeugnisse aufgrund des Preisniveaus entweder unmöglich oder gegenüber dem inländischer Erzeugnisse erschwert wird. Dies ist insbesondere der Fall bei einer staatlichen Regelung, die die Abwälzung der Preiserhöhung für eingeführte Erzeugnisse auf die Verkaufspreise ausschließt und dadurch die Preise auf einem derart niedrigen Niveau blockiert, daß die Händler, die die fraglichen Erzeugnisse in den betreffenden Mitgliedstaat einführen wollen, dies – unter Berücksichtigung der allgemeinen Lage bei Einfuhrerzeugnissen verglichen mit der bei inländischen Produkten – nur mit Verlust tun könnten oder durch das Niveau der blockierten Preise der inländischen Erzeugnisse veranlaßt werden, diesen Erzeugnissen den Vorzug zu geben."[342]

Konkret entschied er folgendes:

„[...] soweit der Absatz der aus anderen Mitgliedstaaten stammenden eingeführten Erzeugnisse entweder unmöglich oder gegenüber dem Absatz inländischer Erzeugnisse erschwert wird oder soweit die Regelung dazu führt daß der Absatz inländischer Erzeugnisse zum Nachteil eingeführter Erzeugnisse begünstigt wird."[343]

Diese Begründung enthält drei Erklärungen für die Annahme einer *Maßnahme gleicher Wirkung*: Unmöglichkeit des Absatzes eingeführter Erzeugnisse, Erschwerung des Absatzes eingeführter Erzeugnisse und Begünstigung der inländischen Erzeugnisse. Alle drei Erklärungen sind im Urteil durch das Wort „oder" verbunden, so daß anzunehmen ist, daß jede Erklä-

---

[341] Wie auch im Fall „van Tiggele".

[342] EuGH vom 06.11.1979, Slg. 1979, S. 3327 (3339), Rdn. 7, Rs. 16-20/79 – „Danis".

[343] EuGH vom 06.11.1979, Slg. 1979, S. 3327 (3340), Rdn. 10, Rs. 16-20/79 – „Danis".

rung für sich genommen ausreichend ist, um eine *Maßnahme gleicher Wirkung* zu bejahen. Es gilt deshalb festzustellen, welche Bedeutung die einzelnen Begründungen haben bzw. wie sie sich von einander unterschieden.

Wird die Einfuhr unmöglich gemacht, dann wirkt sich die Preisregelung wie ein relatives Einfuhrverbot[344] aus. Die ausländischen Erzeugnisse werden nicht eingeführt, die inländischen regieren den Markt. Dies stellt eine Benachteiligung der ausländischen Erzeugnisse dar, sie werden materiell diskriminiert.

Zudem hat der Gerichtshof das Vorliegen einer *Maßnahme gleicher Wirkung* bejaht, wenn der Absatz erschwert wird.[345] Zwar wird die Einfuhr nicht unmöglich gemacht, aber sie wird erschwert. Interessant ist, daß der Gerichtshof zwischen der Erschwerung des Absatzes von Erzeugnissen aus anderen Mitgliedstaaten und einer Begünstigung des Absatzes der inländischen Erzeugnisse zum Nachteil der ausländischen eine Unterscheidung getroffen hat. Das müßte konsequenterweise bedeuten, daß die Erschwerung nicht das gleiche bedeutet wie eine Begünstigung. Eine Begünstigung der inländischen Erzeugnisse stellt in der Regel - wie oben bereits festgestellt[346] - eine Diskriminierung der ausländischen Erzeugnisse dar. Andererseits werden diese drei Möglichkeiten zusammen genannt, so daß auch davon auszugehen sein könnte, daß sie alle das gleiche ausdrücken sollen.

Als Zwischenergebnis steht damit fest, daß eine materielle Diskriminierung dann vorliegt, wenn der EuGH ausdrücklich eine Begünstigung der inländischen gegenüber den ausländischen Erzeugnissen erkennt. Dieses Zwischenergebnis führt dazu, auf die eingangs genannte Formel aus dem Urteil „van Tiggele" betreffend Mindestpreise zurückzukommen, die auch von einer Benachteiligung der eingeführten gegenüber den inländischen Erzeugnissen ausging. Die „Benachteiligung" in dem Urteil „van Tiggele" ist mit der Begünstigung zum Nachteil eingeführter Erzeugnisse in dem soeben besprochenen Preisstoppregelungen betreffenden Fall „Danis" gleichzusetzen. Diese Preisregelungen sind somit beide materiell diskriminierend.

[344] Dazu siehe 3.

[345] In einem gesonderten Abschnitt unter 9. wird das Argument der Erschwerung oder Verteuerung der Einfuhr gesondert untersucht werden.

[346] Siehe hierzu die Ausführungen zu 5 a).

In einem anderen Urteil, in dem es um ein einzelstaatliches System des Preisstopps für Agrarerzeugnisse ging, bejahte der EuGH eine Behinderung der Einfuhr, weil ein Preissystem so ausgestaltet war, daß es offenkundig von der Einfuhr aus anderen Mitgliedstaaten abhielt und die Einzelhändler anregte, sich auf dem einheimischen Markt zu versorgen:

„Dies ist namentlich bei einer einzelstaatlichen Regelung der Fall, die die Abwälzung der Preiserhöhung der eingeführten Erzeugnisse auf die Verkaufspreise ausschließt und die Preise auf einem so niedrigen Niveau stoppt, daß – in Anbetracht der allgemeinen Lage der eingeführten Erzeugnisse im Vergleich zu derjenigen der einheimischen Erzeugnisse – die Wirtschaftsteilnehmer, die die fraglichen Erzeugnisse in den betreffenden Mitgliedstaat einführen wollen, dies nur mit Verlust tun können oder angesichts der Höhe der gestoppten Preise der einheimischen Erzeugnisse dazu veranlaßt werden, diesen Erzeugnissen den Vorzug zu geben."[347]

Die Regelung führte dazu, daß die Händler sich auf dem einheimischen Markt eindeckten, wenn die ausländischen Erzeugnisse nur mit Verlust angeboten werden konnten.

„[Es verstößt gegen Art. 28], wenn infolge des Preisstopps die Preise auf einem solchen Niveau liegen, daß der Absatz der eingeführten Erzeugnisse entweder unmöglich oder schwieriger wird als der der einheimischen Erzeugnisse."[348]

Die Regelung stellte eine materielle Diskriminierung der eingeführten Waren dar.

In dem folgenden Urteil bediente sich der Gerichtshof einer ähnlichen Argumentation wie in dem gerade besprochenen Urteil.[349] Er mußte sich dabei mit einem belgischen Preiskontrollsystem auseinandersetzen, das maximale Handelsspannen festsetzte.[350] Diese Handelsspannen wurden derart festgesetzt, daß sie die Einfuhrkosten einschlossen, die dem Einzelhändler gegebenenfalls entstanden waren. Der EuGH entschied:

---

[347] EuGH vom 18.10.1979, Slg. 1979, S. 3203 (3229f.), Rdn. 26, Rs. 5/79; EuGH vom 05.06.1985, Slg. 1985, S. 1705 (1718f.), Rdn. 21f., Rs. 116/84.

[348] EuGH vom 18.10.1979, Slg. 1979, S. 3203 (3230), Rdn. 28, Rs. 5/79.

[349] EuGH vom 05.06.1985, Slg. 1985, S. 1705, Rs. 116/84.

[350] Obwohl für Schweine- und Rindfleisch Marktorganisationen bestanden, war Artikel 28 EG-Vertrag gemäß Art. 19 der Verordnung Nr. 121/67 und Art. 22 der Verordnung Nr. 805/68 anwendbar.

„Unter diesem Umständen ergibt sich, daß der Reingewinn des Einzelhändlers, der seine Waren aus anderen Mitgliedstaaten eingeführt hat, um einen Betrag gemindert wird, der den Einfuhrkosten entspricht, und daher niedriger ist als der Gewinn, den ein Einzelhändler erzielen könnte, wenn er seine Waren auf dem einheimischen Markt einkauft. Ein derartiges System hält offenkundig von der Einfuhr aus anderen Mitgliedstaaten ab und regt die Einzelhändler dazu an, sich auf dem einheimischen Markt einzudecken."[351]

Mit dieser Art der Urteilsbegründung stützte sich der EuGH auf die protektionistische Wirkung der Regelung. Die Einzelhändler wurden angeregt, inländisches Fleisch zu kaufen, da sie ansonsten einen niedrigeren Gewinn erzielen würden. Die Regelung führte trotz ihrer unterschiedslosen Geltung dazu, daß die ausländischen Fleischerzeugnisse nicht eingeführt wurden. Die einheimischen Erzeugnisse wurden geschützt, so daß die Regelung die ausländischen Erzeugnisse diskriminierte.

Ferner mußte der Gerichtshof entscheiden, ob ein belgisches Preissystem für Arzneimittel, das die Preise der Erzeugnisse im einzelnen festsetzte, gegen Art. 28 EG-Vertrag verstieß.[352] Der EuGH bezog sich zur Begründung auf seine Rechtsprechung hinsichtlich der Höchst- und Niedrigpreise und entschied:

„Wenn ein solches [Preis-] System das Inverkehrbringen sowohl inländischer als auch eingeführter Erzeugnisse erschwert, stellt dieses System bereits dann eine Maßnahme gleicher Wirkung wie eine mengenmäßige Beschränkung dar, wenn der Verkehr eingeführter Erzeugnisse behindert wird. Eine solche Behinderung liegt vor, wenn die eingeführten Erzeugnisse auf dem Markt des Einfuhrstaats nicht mit einem angemessenen Gewinn abgesetzt werden können."[353]

Diese Begründung war deshalb im Hinblick auf die zu erörternde Fragestellung von besonderem Interesse, weil der EuGH feststellte, daß ein solches Preissystem sowohl das Inverkehrbringen der ausländischen als auch der inländischen Erzeugnisse erschweren konnte. Damit drückte er aus, daß das Preissystem geeignet war, das Inverkehrbringen beider Arten von Erzeugnissen zu erschweren. Daß er sich dann auf die Behinderung der

---

[351] EuGH vom 05.06.1985, Slg. 1985, S. 1705 (1718f.), Rdn. 21f., Rs. 116/84; vgl. auch EuGH vom 02.07.1987, Slg. 1987, S. 2963, Rs. 188/86.
[352] EuGH vom 19.03.1991, Slg. 1991, S. 1275, Rs. 249/88.
[353] EuGH vom 19.03.1991, Slg. 1991, S. 1275 (1312), Rdn. 16f., Rs. 249/88.

Einfuhr konzentrierte, ergibt sich daraus, daß Artikel 28 EG-Vertrag nur den zwischenstaatlichen freien Warenverkehr berührte und keine Anwendung auf innerstaatliche Behinderungen fand. Der Anwendungsbereich des Art. 28 EG-Vertrag beschränkte sich also auf die einzuführenden Erzeugnisse. Deren Absatz wurde aufgrund der Regelung behindert, da sie nicht mit einem angemessenen Gewinn abgesetzt werden konnten. Die eingeführten Erzeugnisse wurden aber gerade nicht schlechter behandelt als die einheimischen; das Preissystem traf beide und wirkte sich auch auf die einheimischen Erzeugnisse negativ aus. Der Gerichtshof bejahte somit eine *Maßnahme gleicher Wirkung*, ohne daß diese eine Diskriminierung der ausländischen gegenüber den inländischen Erzeugnissen bedeutete. In diesem Fall benutzte der EuGH auch nicht das Wort „benachteiligen", sondern „behindern". Die eingeführten Erzeugnisse wurden behindert, aber nicht benachteiligt; dies ist auch ein Hinweis darauf, daß eine Diskriminierung zu verneinen war.

In einem anderen Fall ging es um ein Verfahren der Kommission gegen Frankreich. Nach dem französischen Recht hatte die französische Regierung die Befugnis, den durch den Hersteller oder den Importeur bestimmten Verkaufspreis für Tabakwaren zu ändern.[354] In diesem konkreten Fall bezog sich die Befugnis der französischen Regierung ausschließlich auf eingeführte Tabakwaren. Der EuGH entschied:

„Die Ausübung dieser Befugnis verstößt ferner gegen Artikel 30 EWG-Vertrag [Artikel 28 EG-Vertrag], da sie es den staatlichen Stellen ermöglicht, die Freiheit der Einfuhr von aus den anderen Mitgliedstaaten stammenden Tabakwaren durch einen selektiven Eingriff in die Preise für Tabakwaren einzuschränken."[355]

Da sich die Befugnis der französischen Regierung nur auf eingeführte Tabakwaren bezog, handelte es sich um eine Regelung, die zwischen in- und ausländischen Tabakwaren eine Unterscheidung traf. Der EuGH bejahte die *Maßnahme gleicher Wirkung* jedoch nicht aufgrund dieser formellen Diskriminierung, sondern deshalb, weil die Regelung durch einen selektiven Eingriff in die Preise für Tabakwaren die Freiheit der Einfuhr einschränke.

---

[354] EuGH vom 21.06.1983, Slg. 1983, S. 2011, Rs. 90/82.

[355] EuGH vom 21.06.1983, Slg. 1983, S. 2011 (2031), Rdn. 27, Rs. 90/82.

Eine niederländische Preisregelung für eingeführte Arzneimittel war Gegenstand eines Vorlageverfahrens.[356] Die Regelung schrieb für eingeführte Arzneimittel die Preise auf dem von den Herstellern für den Verkauf im Herstellungsland praktizierten Niveau fest. Der EuGH stellte zunächst einmal fest:

„Eine derartige Regelung, die zwischen den beiden Erzeugnisgruppen differenziert, muß als eine Maßnahme mit gleicher Wirkung wie eine mengenmäßige Beschränkung angesehen werden, wenn sie geeignet ist, den Absatz eingeführter Erzeugnisse in irgendeiner Weise zu erschweren.“[357]

Der Gerichtshof bejahte also eine *Maßnahme gleicher Wirkung* nicht allein aufgrund der unterschiedlichen Regelungen für eingeführte und inländische Erzeugnisse. Darüber hinaus mußte eine Erschwerung des Absatzes der eingeführten Erzeugnisse vorliegen.

„Während vor dem Inkrafttreten einer solchen differenzierenden Regelung sowohl die Hersteller inländischer Erzeugnisse als auch die Hersteller eingeführter Erzeugnisse die Gewinne erzielen können, die der Einfuhrmarkt hergibt, können dies danach nur noch die Hersteller inländischer Erzeugnisse; die Hersteller eingeführter Erzeugnisse sind dagegen an die im Mitgliedstaat der Herstellung festgesetzten Preise gebunden. Eine solche Situation kann den Absatz eingeführter Erzeugnisse benachteiligen, indem sie ihn erschwert, wenn nicht gar unmöglich oder jedenfalls weniger rentabel macht als den Absatz inländischer Erzeugnisse. [...] In diesem Fall kann sie deshalb den Handel zwischen den Mitgliedstaaten behindern.“[358]

Mit dieser Urteilsbegründung konkretisierte der Gerichtshof, was er unter einer Benachteiligung der eingeführten Erzeugnisse verstand. Die einzuführende Ware wurde benachteiligt, wenn ihre Einfuhr erschwert, unmöglich gemacht oder unrentabel gemacht wurde. Damit wird die bereits aufgestellte These untermauert, daß im Rahmen der Preisregelungen eine Erschwerung oder das Unmöglichmachen der Einfuhr eine Benachteiligung der ausländischen Erzeugnisse darstellte.

In Frankreich existierte eine Regelung, wonach jeder Einzelhändler für den Verkauf von importierten Büchern einen vom Verleger oder Importeur

---

[356] EuGH vom 29.11.1983, Slg. 1983, S. 3849, Rs. 181/82.
[357] EuGH vom 29.11.1983, Slg. 1983, S. 3849 (3869), Rdn. 19, Rs. 181/82
[358] EuGH vom 29.11.1983, Slg. 1983, S. 3849 (3870), Rdn. 22f., Rs. 181/82.

festgesetzten Preis einhalten mußte. Im Hinblick auf die „Dassonville-Formel“ entschied der Gerichtshof zunächst abstrakt:

„Dies ist insbesondere bei einer nationalen Regelung der Fall, die zwischen einheimischen und eingeführten Erzeugnissen differenziert oder den Absatz eingeführter Erzeugnisse gegenüber dem einheimischer Erzeugnisse in irgendeiner Weise erschwert.“[359]

Mit dieser Konkretisierung der „Dassonville-Formel“ hob der EuGH zwei Alternativen hervor, die eine Handelsbehinderung im Rahmen der Preisregelungen bedeuteten.[360] Zum einen sollte eine Differenzierung zwischen einheimischen und eingeführten Erzeugnissen genügen, um eine Handelsbehinderung darzustellen; zum anderen wurde eine Handelsbehinderung bejaht, wenn der Absatz der eingeführten Erzeugnisse erschwert wurde. Auf den Fall übertragen wurde zunächst zwischen zwei verschiedenen Situationen unterschieden: In der ersten Alternative geht es darum, daß Bücher in den betreffenden Mitgliedstaat eingeführt, aber in einem anderen Mitgliedstaat verlegt worden sind; in der zweiten Variante geht es darum, daß Bücher in dem betreffenden Mitgliedstaat verlegt worden sind, nach ihrer Ausfuhr in einen anderen Mitgliedstaat aber dorthin reimportiert werden. Bezüglich der ersten Alternative entschied der EuGH:

„Entgegen der Ansicht der französischen Regierung beschränkt sich eine derartige Bestimmung somit nicht darauf, importierte Bücher einheimischen Büchern gleichzustellen, sondern sie bedeutet für importierte Bücher eine Sonderregelung, die geeignet ist, den Handelsverkehr zwischen den Mitgliedstaaten zu behindern.“[361]

Der Gerichtshof verneinte für diese erste Alternative eine Gleichstellung der einheimischen und der importierten Bücher. Daß es sich hierbei um eine Differenzierung handelte, untermauerte der Gerichtshof bei der Prüfung der zweiten Regelung: Er nahm bei der Prüfung der zweiten Regelung auf die erste Bezug und beschrieb sie damit, daß sie zwischen einhei-

---

[359] EuGH vom 10.01.1985, Slg. 1985, S. 1 (34), Rdn. 23, Rs. 229/83.

[360] Anzumerken ist, daß diese zwei Möglichkeiten lediglich Beispiele darstellen; neben den genannten Alternativen kommen noch weitere Möglichkeiten für das Bejahen einer *Maßnahme gleicher Wirkung* in Betracht. Dies ergibt sich aus der Wendung „insbesondere“.

[361] EuGH vom 10.01.1985, Slg. 1985, S. 1 (35), Rdn. 25, Rs. 229/83.

mischen und importierten Büchern differenziere.[362] Er bejahte eine *Maßnahme gleicher Wirkung* allein wegen der Differenzierung zwischen einheimischen und eingeführten Erzeugnissen.

Im Hinblick auf die zweite Sachverhaltsvariante entschied er:

„Eine derartige Bestimmung erschwert den Absatz reimportierter Bücher, da sie dem Importeur eines solchen Buches die Möglichkeit nimmt, den im Ausfuhrmitgliedstaat erzielten Vorteil eines günstigeren Preises im Endverkaufspreis weiterzugeben. Sie stellt mithin eine nach Artikel 30 [Artikel 28] verbotene Maßnahme mit gleicher Wirkung wie eine mengenmäßige Einfuhrbeschränkung dar.“[363]

Um eine *Maßnahme gleicher Wirkung* zu bejahen, bezog sich der EuGH allein auf die Erschwerung des Absatzes für die reimportierten Bücher. Es bleibt die Frage offen, ob eine Regelung, die, wie diese, nicht zwischen einheimischen und importierten Büchern differenzierte, dennoch eine Diskriminierung der importierten Bücher bedeuten konnte. Die Antwort gab der EuGH, indem er prüfte, ob die „Cassis-Formel“ auf die beiden Regelungen Anwendung finden konnte, da sich die französische Regierung auf zwingende Erfordernisse des Verbraucherschutzes bezog:[364]

„Dazu ist zu sagen, daß eine die Händler für den Endverkauf zur Einhaltung bestimmter Preise verpflichtende Regelung, die den Absatz eingeführter Erzeugnisse benachteiligt, nur aus den in Art. 36 EWG-Vertrag [Art. 30 EG-Vertrag] aufgeführten Gründen gerechtfertigt werden kann.“[365]

Das bedeutet, daß der EuGH in beiden Regelungen[366] eine Benachteiligung, also eine materielle Diskriminierung der eingeführten Erzeugnisse sah. Wichtig erscheint in diesem Zusammenhang zudem, daß es ihm nicht auf die Unterscheidung zwischen einheimischen und ausländischen Produkten ankam, sondern auf die Unterscheidung zwischen eingeführten, die im Falle von Reimporten auch im Inland hergestellt sein konnten, und im Inland

---

[362] EuGH vom 10.01.1985, Slg. 1985, S. 1 (35), Rdn. 26, Rs. 229/83.
[363] EuGH vom 10.01.1985, Slg. 1985, S. 1 (35), Rdn. 26, Rs. 229/83.
[364] EuGH vom 10.01.1985, Slg. 1985, S. 1 (35), Rdn. 28, Rs. 229/83.
[365] EuGH vom 10.01.1985, Slg. 1985, S. 1 (35), Rdn. 29, Rs. 229/83.
[366] Es ist deutlich, daß er beide Regelungen meinte, weil er in Rdn. 28 auf beide Bezug nahm: „Zur Rechtfertigung der **beiden** fraglichen Bestimmungen ...“

befindlichen.[367] Die Erschwerung des Absatzes stellte für ihn in diesem Zusammenhang eine Diskriminierung dar. Mit dieser Argumentationsweise bezog er sich auf die durch die Entscheidung „van Tiggele" geschaffene.

In einer weiteren „Bücherpreisentscheidung" mußte sich der Gerichtshof mit einer französischen Regelung befassen, die für Bücher, die in Frankreich verlegt und verkauft wurden, ein Preissystem vorsah, während ein solches auf in Frankreich verlegte, aber aus einem anderen Mitgliedstaat reimportierte Bücher keine Anwendung fand.[368] Hierzu führte er aus:

„Auch Artikel 30 EWG-Vertrag [Artikel 28 EG-Vertrag] steht einer solchen Ungleichbehandlung nicht entgegen. Dieser Artikel betrifft nämlich die Beseitigung von Hemmnissen für die Einfuhr von Waren und soll nicht gewährleisten, daß Waren aus nationaler Produktion in jedem Fall genauso behandelt werden wie eingeführte oder reimportierte Waren. Daß für reimportierte Bücher kein Verkaufspreis vorgeschrieben ist, erschwert den Absatz dieser Bücher auf dem Markt nicht. Eine Ungleichbehandlung von Waren, die nicht geeignet ist, die Einfuhr zu behindern oder den Absatz der eingeführten oder reimportierten Waren zu erschweren, fällt nicht unter das Verbot des Artikels 30 [Artikels 28]."[369]

Interessanterweise stellte der EuGH hier heraus, unter welchen Umständen eine Ungleichbehandlung allein nicht ausreichen würde, um eine *Maßnahme gleicher Wirkung* zu bejahen. Zu einer Ungleichbehandlung müßten vielmehr eine Einfuhrbehinderung oder eine Erschwerung des Absatzes der eingeführten oder reimportierten Waren hinzukommen. Die Schlußfolgerung aus diesem Urteil ist die, daß die Ungleichbehandlung allein nicht ausreicht, sondern, daß ein Erschwernis für die einzuführende Ware hinzukommen muß. Eine Schlechterstellung der eingeführten gegenüber den inländischen Büchern lag damit nicht vor, so daß eine *Maßnahme gleicher Wirkung* zu verneinen war.

Auch über den italienischen Fall, der einen Beschluß des Interministeriellen Preiskomitees betraf, urteilte der Gerichtshof folgendermaßen:

---

[367] Vgl. in diesem Zusammenhang den bereits erörterten Fall „Decker", bei dem es auch um die Diskriminierung von eingeführten, aber möglicherweise im Inland hergestellten Waren ging: EuGH vom 28.04.1998, Slg. 1998, S. 1831, Rs. 120/95 – „Decker".
[368] EuGH vom 23.10.1986, Slg. 1986, S. 3231, Rs. 355/85.
[369] EuGH vom 23.10.1986, S. 3231 (3242), Rdn. 10, Rs. 355/85; so auch in EuGH vom 18.02.1987, Slg. 1987, S. 809 (821), Rdn. 7, Rs. 98/86.

„Vorliegend sehen die beiden beanstandeten Beschlüsse ausdrücklich vor, daß mit der Festsetzung der Preise für die pharmazeutischen Erzeugnisse die Entwicklung der einheimischen Industrie und der inländischen Forschungstätigkeiten zu fördern sind. Sie besagen, daß die hierauf entfallenden Kostenfaktoren in höherem Maße berücksichtigt werden können als die entsprechenden Kostenfaktoren der eingeführten Erzeugnisse. Ferner erwähnen diese Beschlüsse die mit der Einfuhr verbundenen Kosten und Belastungen nicht unter den Faktoren, die bei der Preisfestsetzung zu berücksichtigen sind. Deshalb ist festzustellen, daß das durch diese Beschlüsse eingeführte neue Verfahren dazu angetan ist, die einheimischen Erzeugnisse zum Nachteil der eingeführten Erzeugnisse zu begünstigen, und daß es folglich eine Maßnahme gleicher Wirkung wie mengenmäßige Einfuhrbeschränkungen im Sinne des Artikels 30 EWG-Vertrag [Artikels 28 EG-Vertrag] ist."[370]

Der EuGH stellte den Schutz der einheimischen Wirtschaft heraus, der sich aus den genannten Beschlüssen ergab. Die einheimische Industrie sollte zum Nachteil der ausländischen gefördert werden. Die ausländischen Erzeugnisse wurden gegenüber den inländischen diskriminiert.

c) Zusammenfassung

In dieser eigenen Prüfungssystematik des EuGH ist festzuhalten, daß eine *Maßnahme gleicher Wirkung* gemäß Art. 28 EG-Vertrag dann von dem Gerichtshof bejaht worden ist, wenn eine Unterscheidung zwischen in- und ausländischen Erzeugnissen gemacht wurde oder die importierte Ware durch eine innerstaatliche unterschiedslos geltende Preisregelung derart betroffen wurde, daß der Absatz unmöglich gemacht oder erschwert wurde. Die Einfuhr wurde dann unmöglich gemacht, wenn sie nur mit Verlust möglich war; sie wurde erschwert, wenn kein angemessener Gewinn dabei herauskam. In beiden Fällen war die Folge, daß die Einzelhändler den einheimischen Erzeugnissen den Vorzug gaben und dadurch die importierte Ware benachteiligt wurde. Nach Ansicht des EuGH stellte diese Benachteiligung aufgrund einer unterschiedslosen Preisregelung eine materielle Diskriminierung der einzuführenden Erzeugnisse dar.[371] Dies galt auch dann, wenn der Absatz eingeführter Erzeugnisse erschwert wurde. Die „Cassis-Formel“ fand keine Anwendung. Der EuGH machte in diesem Zusammenhang sehr deutlich, daß eine auf den ersten Blick als unterschieds-

---

[370] EuGH vom 09.06.1988, Slg. 1988, S. 2919 (2929), Rdn. 8, Rs. 56/87.

[371] So auch Oliver, 36 CMLRev. 1999, S. 783 (794, Fn. 49).

los einzustufende Regelung stets auch im Hinblick auf ihre Auswirkungen untersucht werden muß. Im Rahmen der erörterten Fälle hat der EuGH die betreffenden Auswirkungen anschaulich aufgezeigt.

Als Ergebnis bleibt festzuhalten, daß der EuGH eine materielle Diskriminierung der eingeführten gegenüber den einheimischen Erzeugnissen bejahte, wenn der Absatz der einzuführenden Erzeugnisse benachteiligt wurde. In diesen Fällen verneinte er konsequenterweise die Anwendbarkeit der „Cassis-Formel".

Allerdings wird sich im Rahmen der weiteren Prüfung zeigen, daß die Rechtsprechung des EuGH in diesem Zusammenhang nicht immer einheitlich war. Hierauf wird im Rahmen der Erörterung der „Erschwernis" und „Verteuerung" der Einfuhr noch einzugehen sein.[372] Insbesondere wird auch noch im Rahmen der sog. „Keck-Rechtsprechung" zu untersuchen sein, ob diese hier aufgezeigte Rechtsprechung nicht mittlerweile als „overruled" gelten muß.

7. *Beeinträchtigung der Absatzmöglichkeiten für eingeführte Erzeugnisse*

In vielen Fällen wurden von dem Gerichtshof die Kriterien der Beeinträchtigung der Absatzmöglichkeiten herangezogen, um das Vorliegen einer *Maßnahme gleicher Wirkung* zu bejahen. Im Hinblick auf diese Kriterien sollen zunächst die Entscheidungen untersucht werden, die das Vorliegen einer *Maßnahme gleicher Wirkung* bejahten. In einem zweiten Schritt folgen dann die Urteile, die dies verneinten.

a) Fälle, in denen eine Maßnahme gleicher Wirkung angenommen wurde

In mehreren, meistens die Werbung betreffenden Entscheidungen, stellte der EuGH fest, daß die Einfuhren dadurch verringert werden könnten, daß die Absatzmöglichkeiten für die eingeführten Erzeugnisse beeinträchtigt würden.[373] Ausschlaggebend für diese Rechtsprechung war der Fall

---

[372] Dazu unter 9.

[373] EuGH vom 15.12.1982, Slg. 1982, S. 4575, Rs. 286/81 – „Oosthoek"; EuGH vom 16.05.1989, Slg. 1989, S. 1235, Rs. 382/87- „Buet"; EuGH vom 07.03.1990, Slg. 1990,

„Oosthoek“[374], auf den der Gerichtshof in den nachfolgenden Fällen stets Bezug genommen hat.[375] Die Entscheidung „Oosthoek“ befaßte sich mit der Frage, ob ein holländisches Zugabeverbot gegen den Grundsatz des freien Warenverkehrs verstieß.[376] Die Firma Oosthoek hatte sich über dieses Verbot hinweggesetzt, indem sie den Verkauf von Nachschlagewerken für das gesamte niederländische Sprachgebiet durch das Anbieten von Zugaben in Form von Büchern zu fördern versuchte. Diese in Holland verbotene Methode der Absatzförderung war in Belgien erlaubt. Der Gerichtshof entschied dazu:

„Eine Regelung, die bestimmte Formen der Werbung und bestimmte Formen der Absatzförderung beschränkt oder verbietet, kann - obwohl sie die Einfuhren nicht unmittelbar regelt - geeignet sein, das Einfuhrvolumen zu beschränken, weil sie die Absatzmöglichkeiten für die eingeführten Erzeugnisse beeinträchtigt. Es ist nicht auszuschließen, daß der für den betroffenen Unternehmer bestehende Zwang, sich entweder für die einzelnen Mitgliedstaaten unterschiedlicher Systeme der Werbung und Absatzförderung zu bedienen oder ein System, das er für besonders wirkungsvoll hält, aufzugeben, selbst dann ein Einfuhrhindernis darstellen kann, wenn eine solche Regelung unterschiedslos gilt.“[377]

Er verdeutlichte damit zunächst, daß auch eine unterschiedslos geltende Werberegelung geeignet sein kann, den freien Warenverkehr zu beeinträchtigen.[378] Der Wortwahl des Gerichts ist zu entnehmen, daß dieser Ansatz nicht immer Gültigkeit besaß. Die Worte „selbst dann“ weisen daraufhin, daß ein Richtungswechsel stattgefunden hat: wie bereits erörtert, konnte der freie Warenverkehr in der frühen Rechtsprechung nur durch eine dis-

---

S. 667, Rs. 362/88 – „GB-INNO-BM“; EuGH vom 12.12.1990, Slg. 1990, S. 4695, Rs. 241/89 - „SARPP“; EuGH vom 30.04.1991, Slg. 1991, S. 2023, Rs. 239/90.

[374] EuGH vom 15.12.1982, Slg. 1982, S. 4575, Rs. 286/81 – „Oosthoek“

[375] Vgl. EuGH vom 16.05.1989, Slg. 1989, S. 1235 (1251), Rdn.7, Rs. 382/87- „Buet“; EuGH vom 07.03.1990, Slg. 1990, S. 667 (686), Rdn. 7, Rs. 362/88 – „GB-INNO-BM“; EuGH vom 12.12.1990, Slg. 1990, S. 4695 (4723), Rdn. 29, Rs. 241/89 - „SARPP“; EuGH vom 30.04.1991, Slg. 1991, S. 2023, Rs. 239/90.

[376] EuGH vom 15.12.1982, Slg. 1982, S. 4575, Rs. 286/81 – „Oosthoek“.

[377] EuGH vom 15.12.1982, Slg. 1982, S. 4575 (4587), Rdn. 15, Rs. 286/81 – „Oosthoek“.

[378] Diese Rechtsprechung vollzieht sich in Anlehnung an das Urteil vom 20.02.1979, Slg. 1979, S. 649, Rs. 120/78 – „Cassis de Dijon“, das sich mit den unterschiedlichen Regelungen der verschiedenen Rechtsordnungen befaßte, die es in Ermangelung einer gemeinschaftlichen Regelung gab.

kriminierende Regelung beeinträchtigt werden, nunmehr genügte eine unterschiedslos geltende. Der EuGH ging von einer unterschiedslos geltenden Regelung aus. Es stellt sich in diesem Zusammenhang die Frage, was der Gerichtshof hierunter verstand. Es könnte sein, daß diese nach Ansicht des EuGH unterschiedslos geltende Regelung dennoch eine materielle Diskriminierung beinhaltete. In dem bereits erörterten Fall über die Werbung für alkoholische Getränke erkannte der EuGH die diskriminierende Wirkung der Regelung, obwohl die Regelung auch auf die inländischen Erzeugnisse Anwendung fand.[379] Es stellt sich also die Frage, ob der EuGH auch in dieser Entscheidung eine materielle Diskriminierung der eingeführten Erzeugnisse sah.

Der Gerichtshof stellte fest, daß das Einfuhrvolumen aufgrund einer solchen Regelung beschränkt werden könnte. Unabhängig von einer unterschiedlichen Behandlung war es also ausreichend, daß eine Beeinträchtigung der Einfuhr möglich war. In dieser Beeinträchtigung sah der Gerichtshof auch keine materielle Diskriminierung, da er die „Cassis-Formel" anwendete.[380]

Dieser Beurteilung der nationalen Regelung ist zuzustimmen. Die nationale Regelung führte in keiner Weise dazu, daß die ausländischen Waren gegenüber den inländischen benachteiligt wurden. Es lagen also keine Anhaltspunkte für eine materielle Diskriminierung vor. Im Gegensatz zu den „Pasta-„ und „Essigfällen" wurde auch keine einheimische Produktion geschützt.

Diese Entscheidung war der Beginn einer Serie von Urteilen, die sich mit der Frage beschäftigten, ob eine in dem einen Land erlaubte Werberegelung bzw. Vertriebsregelung, die in einem anderen Land verboten war, eine *Maßnahme gleicher Wirkung* darstellte.[381] So kam der Gerichtshof im Urteil „Buet" zu dem Ergebnis, daß die Anwendung eines Verbots der Haustürwerbung für den Verkauf von pädagogischem Material als ein Einfuhr-

---

[379] Siehe oben unter 1.: EuGH vom 10.07.1980, Slg. 1980, S. 2299, Rs. 152/78.

[380] EuGH vom 15.12.1982, Slg. 1982, S. 4575 (4588), Rdn. 16, Rs. 286/81 – „Oosthoek"; so auch Schricker, GRUR Int. 1992, S. 347 (355).

[381] EuGH vom 07.03.1990, Slg. 1990, S. 667, Rs. 362/88 – „GB-INNO-BM"; EuGH vom 12.12.1990, Slg. 1990, S. 4695, Rs. 241/89 - „SARPP"; EuGH vom 21.03.1991, Slg. 1991, S. 1547, Rs. 60/89.

hindernis anzusehen sei.[382] Begründet hatte er dies in Anlehnung an seine Oosthoek-Rechtsprechung.[383]

Die Regelung stellte weder eine formelle noch eine materielle Diskriminierung der ausländischen Erzeugnisse dar.[384] Auch auf diese Regelung wandte der Gerichtshof die „Cassis-Formel" an.[385]

Das Urteil „GB-INNO"[386] hatte sich mit der Vereinbarkeit einer luxemburgischen Regelung mit Art. 28 EG-Vertrag zu befassen. Die Regelung verbot bei der Werbung für Angebote, die mit einem Preisnachlaß verbunden waren, die Dauer des Angebots anzugeben oder auf die früheren Preise hinzuweisen. In Anlehnung an die „Oosthoek"-Rechtsprechung entschied der Gerichtshof, daß ein solches Verbot in den Geltungsbereich des Artikels 28 EG-Vertrag falle:

„Dieses Recht der Verbraucher wird beeinträchtigt, wenn ihnen der Zugang zu dem im Einkaufsland erhältlichen Werbematerial verwehrt wird. Ein Verbot, derartiges Werbematerial zu verbreiten, muß folglich in den Geltungsbereich der Artikel 30, 31 und 36 EWG-Vertrag [28, entfallen und 30 EG-Vertrag] fallen."[387]

Nachdem der EuGH einen Verstoß gegen Art. 28 EG-Vertrag bejaht hatte, stellte er folgendes fest:

„Die Vorlagefrage geht somit dahin, ob eine Behinderung des freien Warenverkehrs, die auf Unterschieden zwischen den einschlägigen nationalen Regelungen beruht, mit Artikel 30 EG-Vertrag [Artikel 28 EG-Vertrag] vereinbar ist. Aus den Akten geht nämlich hervor, daß Werbung mit Verkaufsangeboten zu herabgesetzten Preisen und unter Hinweis auf die Dauer des Angebots sowie auf die früheren Preise nach luxemburgischem, nicht aber nach belgischem Recht verboten ist."[388]

---

[382] EuGH vom 15.05.1989, Slg. 1989, S. 1235 (1251), Rdn. 9, Rs. 382/87.
[383] EuGH vom 15.05.1989, Slg. 1989, S. 1235 (1251), Rdn. 7, Rs. 382/87.
[384] So auch Generalanwalt Tesauro, Slg. 1989, S. 1240 (1241), Ziffer 6, Rs. 382/87.
[385] EuGH vom 15.05.1989, Slg. 1989, S. 1235 (1251), Rdn. 10ff., Rs. 382/87.
[386] EuGH vom 7.03.1990, Slg. 1990, S. 667, Rs. 362/88 – „GB-INNO-BM". Das Urteil hat aufgrund seiner weiten Auslegung große Resonanz im Schrifttum hervorgerufen, vergleiche nur: Schödermeier, DB 1990, S. 2511, Piper, WRP 1992, S. 685 (689f.).
[387] EuGH vom 07.03.1990, Slg. 1990, S. 667 (686), Rdn. 8, Rs. 362/88 – „GB-INNO-BM".
[388] EuGH vom 07.03.1990, Slg. 1990, S. 667 (686), Rdn. 9, Rs. 362/88 – „GB-INNO-BM".

Mit dieser Formulierung ging der EuGH einen Schritt weiter. Er machte deutlich, daß er eine *Maßnahme gleicher Wirkung* aus dem Grunde bejahte, weil unterschiedliche Regelungen in den verschiedenen Ländern bestanden. Diese nationale Unterschiedlichkeit führte dazu, daß der freie Warenverkehr behindert wurde. Es handelte sich um eine Beschränkung der Einfuhr. Auch in diesem Fall wurde die „Cassis-Formel" angewandt.[389]

In Anlehnung an die „GB-INNO-Entscheidung" beurteilte der EuGH auch den Fall „Aragonesa" und entschied, daß das katalanische Verbot der Werbung für Getränke mit einem Alkoholgehalt von mehr als 23% an bestimmten Orten eine *Maßnahme gleicher Wirkung* darstelle:

„Eine nationale gesetzliche Regelung, die wie die im Ausgangsverfahren streitige die Werbung für Getränke mit einem Alkoholgehalt von mehr als 23 % an bestimmtem Orten verbietet, kann somit ein Hemmnis für die Einfuhren aus anderen Mitgliedstaaten darstellen und ist daher grundsätzlich als eine Maßnahme gleicher Wirkung im Sinne von Artikel 30 [Artikel 28] anzusehen."[390]

Die Frage der Anwendbarkeit der „Cassis-Formel" ließ der Gerichtshof offen, da er die Rechtfertigung des Schutzes der öffentlichen Gesundheit gemäß Art. 30 EG-Vertrag prüfte:

„Im Hinblick darauf, daß Artikel 36 [Artikel 30] auch dann eingreift, wenn die beanstandete Maßnahme ***nur die Einfuhren beschränkt,***[391] *während nach der Rechtsprechung des Gerichtshofes von einem zwingenden Erfordernis im Rahmen der Auslegung des Artikels 30 [Artikels 28] nur gesprochen werden kann, wenn diese Maßnahme unterschiedslos auf inländische und eingeführte Waren anwendbar ist, [...]"*[392]

Hiermit machte der EuGH nochmals deutlich, daß die „Cassis-Formel" dann nicht anwendbar war, wenn die Regelung nur die eingeführten Erzeugnisse, nicht aber die inländischen Erzeugnisse betraf. Somit war für die Anwendung der „Cassis-Formel" das Vorhandensein einer Diskriminie-

---

[389] EuGH vom 07.03.1990, Slg. 1990, S. 667 (687), Rdn. 13, Rs. 362/88 – „GB-INNO-BM".

[390] EuGH vom 25.07.1991, Slg. 1991, S. 4151 (4183), Rdn. 11, Rs. 1/90 und 176/90 – „Aragonesa".

[391] Hervorhebung durch Verfasserin.

[392] EuGH vom 25.07.1991, Slg. 1991, S. 4151 (4184), Rdn. 13, Rs. 1/90 und 176/90 – „Aragonesa".

rung von Bedeutung, da bei ihrem Vorliegen, die Anwendbarkeit der „Cassis-Formel" verneint wurde. Wichtig erscheint, daß die Anwendbarkeit der „Cassis-Formel" überhaupt problematisiert wurde. Ihre Erwähnung erscheint in diesem Zusammenhang fast als Indiz dafür, daß der Gerichtshof im Falle der Entscheidungserheblichkeit deren Anwendbarkeit verneint hätte.

In der Entscheidung „SARPP"[393] war die französische Vorschrift[394], die bei der Werbung für synthetische Süßstoffe alle Angaben verbot, die auf die physikalischen, chemischen oder nutritiven Eigenschaften des Zuckers hinwiesen oder das Wort „Zucker" enthielten, zu untersuchen. Wie in den bereits zitierten Urteilen, ließ der Gerichtshof genügen, daß die Absatzmöglichkeiten für die eingeführten Erzeugnisse beeinträchtigt werden konnten.[395] Diese Beeinträchtigung lag in dem Zwang, entweder Form oder Inhalt einer Werbekampagne je nach dem betreffenden Mitgliedstaat zu ändern oder sogar ein vollkommen neues Werbesystem konzipieren zu müssen. Der EuGH stellte in diesem Urteil darauf ab, daß eine Begrenzung des Einfuhrvolumens vorliege.[396] Zusätzlich argumentierte er, die Handelsbehinderung auf der Unterschiedlichkeit der Rechtsordnungen beruhe.[397]

In einem anderen Fall wurde das Vorliegen einer *Maßnahme gleicher Wirkung* bejaht, wenn die Verkäufe in eine bestimmte Richtung gelenkt wurden. Dies war nach Ansicht des EuGH insbesondere dann der Fall, wenn einer bestimmten Berufsgruppe der Verkauf eines Erzeugnisses vorbehalten blieb.[398] So mußte der EuGH im Fall „Monteil"[399] entscheiden, ob eine französische Regelung, die den Verkauf von Arzneimitteln den Apothekern und im Fall „LPO"[400] den Verkauf von Kontaktlinsen fachkundigen Zwischenhändlern vorbehielt, *Maßnahmen gleicher Wirkung* seien. Im Fall

[393] EuGH vom 12.12.1990, Slg. 1990, S. 4695, Rs. 241/89 - „SARPP"
[394] Artikel 10 Absatz 1 des Gesetzes Nr. 88-14 vom 5. Januar 1988 i.V.m. der Verordnung vom 11. März 1988 zur Änderung der Verordnung vom 20. Juli 1987.
[395] EuGH vom 12.12.1990, Slg. 1990, S. 4695 (4723), Rdn. 29, Rs. 241/89 - „SARPP".
[396] EuGH vom 12.12.1990, Slg. 1990, S. 4695 (4723), Rdn. 29, Rs. 241/89 - „SARPP".
[397] EuGH vom 12.12.1990, Slg. 1990, S. 4695 (4723), Rdn. 30, Rs. 241/89 - „SARPP".
[398] EuGH vom 21.03.1991, Slg. 1991, S. 1547, Rs. 60/89; EuGH vom 25.05.1993, Slg. 1993, S. 2899, Rs. 271/92.
[399] EuGH vom 21.03.1991, Slg. 1991, S. 1547, Rs. 60/89.
[400] EuGH vom 25.05.1993, Slg. 1993, S. 2899, Rs. 271/92.

„Monteil" bezog sich der EuGH auf die im Urteil „Oosthoek"[401] entwickelte Rechtsprechung und entschied:

„Daraus folgt, daß ein den Apothekern für den Vertrieb von Arzneimitteln oder anderen Erzeugnissen eingeräumtes Monopol dadurch, daß es die Verkäufe in eine bestimmte Richtung lenkt, geeignet ist, die Absatzmöglichkeiten für eingeführte Erzeugnisse zu beeinträchtigen, und unter diesen Umständen eine Maßnahme mit gleicher Wirkung wie eine mengenmäßige Einfuhrbeschränkung im Sinne des Artikels 30 EWG-Vertrag [28 EG-Vertrag] darstellen kann."[402]

Hierbei handelte es sich um eine Regelung, die die in- und ausländischen Erzeugnisse in gleicher Weise betraf; eine Unterscheidung aufgrund der Herkunft lag nicht vor. Zu diesem Ergebnis gelangte auch der EuGH, der die Regelung als „unterschiedslos" charakterisierte.[403] Der Gerichtshof bejahte im Sinne der „Oosthoek-Rechtsprechung" eine *Maßnahme gleicher Wirkung* aufgrund der möglichen Beeinträchtigung der Absatzmöglichkeiten für eingeführte Erzeugnisse. Folgerichtig bejahte er die Anwendbarkeit der „Cassis-Formel":

„Da dies Monopol zudem grundsätzlich unterschiedslos für inländische und eingeführte Erzeugnisse gilt, kann es auch aus Gründen des Verbraucherschutzes gerechtfertigt sein, [...]."[404]

In dem zweiten Fall traf der EuGH zunächst Feststellungen darüber, ob die Regelung eine Diskriminierung darstellen könnte:

„[...] die französischen Rechtsvorschriften, die Gegenstand des Ausgangsverfahrens sind, sind ohne Unterschied auf inländische und auf eingeführte Erzeugnisse anwendbar und haben keine unmittelbaren Auswirkungen auf die Einfuhr."[405]

Dennoch bejahte er das Vorliegen einer *Maßnahme gleicher Wirkung* mit derselben Begründung wie in „Monteil".[406] Für einen Verstoß gegen Artikel 28 EG-Vertrag genügte eine Beschränkung des Handels, bei der es sich

---

[401] EuGH vom 15.12.1982, Slg. 1982, S. 4575, Rs. 286/81 – „Oosthoek".
[402] EuGH vom 21.03.1991, Slg. 1991, S. 1547 (1570), Rdn. 38, Rs. 60/89.
[403] EuGH vom 21.03.1991, Slg. 1991, S. 1547 (1570), Rdn. 39, Rs. 60/89.
[404] EuGH vom 21.03.1991, Slg. 1991, S. 1547 (1570), Rdn. 39, Rs. 60/89.
[405] EuGH vom 25.05.1993, Slg. 1993, S. 2899 (2922), Rdn. 6, Rs. 271/92.
[406] EuGH vom 25.05.1993, Slg. 1993, S. 2899 (2922), Rdn. 7, Rs. 271/92.

nicht um eine Diskriminierung handeln mußte. Zu fragen ist deshalb, warum der Gerichtshof den Gesichtspunkt der Diskriminierung in diesen Urteilen überhaupt erwähnte. Eine mögliche Erklärung wäre, daß er an dieser Stelle bereits eine vorweggenommene Prüfung der „Cassis-Formel" vornahm. Diese Erklärung ist allerdings nicht haltbar, da die „Cassis-Formel" nicht geprüft wurde. Andererseits könnte er deutlich machen wollen, daß im Falle der Diskriminierung der ausländischen Erzeugnisse eine *Maßnahme gleicher Wirkung* vorlag und jegliche weitere Prüfung überflüssig war. Da er aber dann zu dem Ergebnis gelangte, daß eine Diskriminierung nicht vorlag, mußte er seine Prüfung fortsetzen.

In einigen Fällen hatte der EuGH darüber zu entscheiden, ob nationale Regelungen, die den lauteren Wettbewerb fördern sollten,[407] eine *Maßnahme gleicher Wirkung* sein konnten. Es waren Regelungen, die keine direkten Werbeverbote enthielten, sondern die Werbung mittelbar beeinflussen konnten. Im Fall „Yves Rocher"[408] mußte der EuGH entscheiden, ob das in Deutschland geltende Verbot der Preisgegenüberstellungen gem. § 6 e UWG gegen Art. 28 EG-Vertrag verstieß. Festzuhalten ist, daß eine solche Regelung keine unmittelbare Wirkung auf die Erzeugnisse ausübte, da die Erzeugnisse aufgrund dieser Regelung nicht verändert werden mußten. Hierzu zitierte der EuGH die im Urteil „Oosthoek" entworfene Formel.[409] Demnach stellte für den EuGH diese nationale Regelung, die geeignet war, den Warenverkehr auch nur mittelbar zu beeinflussen, eine *Maßnahme gleicher Wirkung* dar:

„Somit ist ein Verbot der im Ausgangsverfahren streitigen Art als geeignet anzusehen, die Einfuhren von Erzeugnissen eines Mitgliedstaats in einen anderen Mitgliedstaat zu beschränken, und stellt daher insoweit eine Maßnahme gleicher Wirkung im Sinne des Artikels 30 EWG-Vertrag [Artikels 28 EG-Vertrag] dar."[410]

Damit wandte der EuGH die „Dassonville-Formel" in konsequenter Weise an. Jede auch noch so mittelbare Handelsbeeinträchtigung wurde von ihr

[407] Hierbei handelte es sich auch um Vertriebsregelungen, die sich aber zumeist auf die Werbung bezogen.
[408] EuGH vom 18.05.1993, Slg. 1993, S. 2361, Rs. 126/91 - „Yves Rocher".
[409] EuGH vom 18.05.1993, Slg. 1993, S. 2361 (2388), Rdn. 10, Rs. 126/91 - „Yves Rocher".
[410] EuGH vom 18.05.1993, Slg. 1993, S. 2361 (2388), Rdn. 11, Rs. 126/91 - „Yves Rocher".

erfaßt; eine Beschränkung des Handels genügte.[411] Damit enthielt die Regelung offensichtlich keine Diskriminierung der eingeführten Erzeugnisse, weil die Werbung mit Preisgegenüberstellungen unabhängig vom Ursprung der Erzeugnisse, für die geworben wurde, verboten war.[412] Das Verbot der *Maßnahme gleicher Wirkung* stellte ein Beschränkungsverbot dar.

Kennzeichnend für die Annahme einer *Maßnahme gleicher Wirkung* bei den analysierten Regelungen ist, daß sich der EuGH streng an seine im Urteil „Oosthoek" entwickelte Rechtsprechung gehalten hat und eine *Maßnahme gleicher Wirkung* dann bejahte, wenn ein Einfuhrhindernis bestand. Ein Einfuhrhindernis bejahte er bereits dann, wenn die jeweilige Werberegelung geeignet war, das Einfuhrvolumen zu beschränken. Bis auf den ersten untersuchten Fall wurde der Gesichtspunkt der Diskriminierung der eingeführten Erzeugnisse nicht erörtert. Es kam dem EuGH vielmehr darauf an, daß das Einfuhrvolumen beschränkt oder die Einfuhr behindert werden konnte. Die „Cassis-Formel" wurde in diesen Fällen vom EuGH geprüft, da die Regelungen keine unterschiedliche Wirkung auf die in- und ausländischen Erzeugnisse hatten und damit unterschiedslos galten.[413] Es handelte sich um nicht-diskriminierende Regelungen, die weder eine formelle noch eine materielle Diskriminierung der ausländischen Waren bedeuteten.

b) Fälle, in denen eine Maßnahme gleicher Wirkung abgelehnt wurde

In den nun zu analysierenden Fällen hatte der EuGH das Vorliegen einer *Maßnahme gleicher Wirkung* verneint.

In den Fällen „Oebel"[414] und „Blesgen"[415] ging es um die Vereinbarkeit nationaler Verkaufsbeschränkungen mit Art. 28 EG-Vertrag. In dem Verfahren „Oebel" entschied der EuGH, daß eine deutsche Regelung, die be-

---

[411] Vgl. Schricker, WRP 1993, S. 617.

[412] Schlußantrag des Generalanwalts Marco Darmon, Slg. 1993, S. 2373 (2375), Rdn. 16, Rs. 126/91 - „Yves Rocher".

[413] EuGH vom 15.12.1982, Slg. 1982, S. 4574, Rs. 286/81 – „Oosthoek"; EuGH vom 16.05.1989, Slg. 1989, S. 1235 (1251), Rdn. 10, Rs. 382/87 – „Buet"; EuGH vom 07.03.1990, Slg. 1990, S. 667, Rs. 362/88 – „GB-INNO"; EuGH vom 12.12.1990, Slg. 1990, S. 4695, Rs. 241/89 – „SARPP"; EuGH vom 21.03.1991, Slg. 1991, S. 1547, Rs. 60/89 – „Monteil", EuGH vom 21.03.1991, Slg. 1991, S. 1487, Rs. 369/88 – „Delattre"; EuGH vom 18.05.1993, Slg. 1993, S. 2361, Rs. 126/91 – „Yves Rocher".

[414] EuGH vom 14.07.1981, Slg. 1981, S. 1993, Rs. 155/80 - „Oebel".

[415] EuGH vom 31.03.1982, Slg. 1982, S. 1211, Rs. 75/81 - „Blesgen".

stimmte, daß die Abgabe, das Austragen und Ausfahren von Bäcker- oder Konditorwaren vor 5.45 Uhr verboten sei, keine Beschränkung der Einfuhr oder Ausfuhr zwischen den Mitgliedstaaten bewirke.[416] Diese Entscheidung begründete er folgendermaßen:

„Gilt eine solche Regelung nur für die Abgabe, das Austragen und Ausfahren an einzelne Verbraucher und Einzelhandelsstellen, ohne auch die Abgabe, das Austragen und Ausfahren an Lager oder Zwischenhändler zu erfassen, so kann sie keine Beschränkung der Einfuhr oder Ausfuhr zwischen Mitgliedstaaten bewirken. In diesem Fall bleibt der innergemeinschaftliche Handelsverkehr nämlich jederzeit möglich, unter dem einzigen Vorbehalt, daß die Lieferung an die Verbraucher und den Einzelhandel für sämtliche Hersteller unabhängig von ihrem Niederlassungsort in der gleichen Weise beschränkt ist."[417]

Der EuGH stellte also fest, daß durch diese innerstaatliche Regelung der Handel für alle Hersteller von Backwaren in der gleichen Weise beschränkt werde. Er stellte nicht auf die Herkunft der Waren ab, sondern auf den Niederlassungsort der Hersteller. Er meinte, daß die Lieferung der Waren für alle Hersteller in der gleichen Weise eingeschränkt, also behindert werde. Hieraus folgerte er, daß eine Benachteiligung der ausländischen Waren nicht stattfand. Die Regelung stellte weder eine formelle noch eine materielle Diskriminierung von ausländischen Produkten oder Lieferanten dar. Eine Beschränkung der Ein- und Ausfuhr verneinte der EuGH, weil die Regelung nur die Verbraucher und Einzelhandelsstellen betraf. Das reiche aber gerade nicht aus, um die Ein- und Ausfuhr zwischen den Mitgliedstaaten zu beschränken. Daß die Lieferung an die Verbraucher beschränkt wurde, ließ er nicht genügen, um eine *Maßnahme gleicher Wirkung* zu bejahen. Auffälligerweise stützte sich der EuGH auf das Argument, daß der innergemeinschaftliche Handelsverkehr jederzeit möglich bleibe, um so einen Verstoß gegen Artikel 28 EG-Vertrag zu verneinen. Gerade dieses Argument - was noch zu zeigen sein wird - hatte er jedoch in anderen Urteilen dahingehend verwendet, daß eine *Maßnahme gleicher Wirkung* selbst dann zu bejahen sei, wenn der innergemeinschaftliche Handelsverkehr möglich bliebe, zum Beispiel im Falle einer Handelserschwernis.[418] In diesem Urteil brach der EuGH also mit diesem Begründungsansatz und wen-

---

[416] EuGH vom 14.07.1981, Slg. 1981, S. 1993, Rs. 155/80.
[417] EuGH vom 14.07.1981, Slg. 1981, S. 1993 (2010), Rdn. 20, Rs. 155/80.
[418] So zum Beispiel im Urteil des EuGH vom 16.12.1980, Slg. 1980, S. 3839 (3853), Rdn. 10 – „Fietje".

dete die „Dassonville-Formel“ nicht an.[419] Eine Beschränkung des freien Warenverkehrs aufgrund dieser Regelung wurde verneint. Da also weder eine Diskriminierung noch eine Beschränkung des freien Warenverkehrs gegeben war, verneinte der EuGH einen Verstoß gegen Artikel 28 EG-Vertrag.

Im Fall „Blesgen“ hatte der EuGH zu entscheiden, ob eine *Maßnahme gleicher Wirkung* dann vorlag, wenn der entgeltliche oder unentgeltliche Genuß sowie die Aufbewahrung alkoholischer Getränke mit einem Alkoholgehalt von mehr als 22% in bestimmten, der Öffentlichkeit zugänglichen Räumen verboten wurde, selbst wenn dieses Verbot unterschiedslos auf inländische und eingeführte Erzeugnisse angewendet wurde.

„Zudem ist festzuhalten, daß die für den Verkauf der fraglichen alkoholischen Getränke erlassenen Beschränkungen keinerlei Unterscheidung nach ihrer Art oder Herkunft bewirken. Eine derartige gesetzgeberische Maßnahme steht daher in Wirklichkeit in keinem Zusammenhang mit der Einfuhr der Waren und ist aus diesem Grund nicht geeignet, den Handel zwischen den Mitgliedstaaten zu beeinträchtigen.“[420]

Der EuGH ging hier folgendermaßen vor: Zunächst stellte er fest, daß eine Unterscheidung zwischen inländischen und ausländischen Waren nicht stattfand. Allerdings bezog er sich in diesem Fall nicht auf den Niederlassungsort,[421] sondern auf die Art und die Herkunft der Getränke. Sowohl die inländischen als auch die ausländischen Getränke wurden also durch diese Regelung auf die gleiche Art und Weise beschränkt. Weder die ausländischen noch eine bestimmte Sorte oder Aufmachung wurden bevorzugt oder benachteiligt: alle Getränke mit einem Alkoholgehalt von mehr als 22% wurden erfaßt. Die ausländischen Erzeugnisse wurden somit nicht anders behandelt als die inländischen. Diese Feststellung ist trotz einer an sich unterschiedslosen Regelung nicht obsolet, da auch eine unterschiedslose Regelung dennoch eine zumindest materielle Diskriminierung der eingeführten Erzeugnisse bedeuten kann.[422] Der Generalanwalt ging so weit zu folgern, daß der Gerichtshof die unterschiedslosen Regelungen nur dann als

---

[419] So auch Chalmers, ICLQ 42 (1993), S.269 (275).

[420] EuGH vom 31.03.1982, Slg. 1982, S. 1211 (1229), Rdn. 9, Rs. 75/81, so auch EuGH vom 25.11.1986, Slg. 1986, S. 3449 (3475), Rdn. 19, Rs. 148/85 – „Forest“.

[421] Vergleiche das Urteil „Blesgen“ a.a.O.

[422] Siehe EuGH vom 10.07.1980, Slg. 1980, S. 2299, Rs. 152/78; so auch Generalanwalt Reischl in seinem Schlußantrag, Slg. 1982, S. 1231 (1236ff.).

Maßnahme gleicher Wirkung ansah, wenn die ausländischen gegenüber den inländischen Erzeugnissen diskriminiert wurden.[423] Schlußfolgernd stellte der Gerichtshof fest, daß eine Regelung, die keine Unterscheidung aufgrund der Herkunft trifft, auch in keinem Zusammenhang mit der Einfuhr der Waren steht. Das bedeutet, daß der EuGH mangels Unterscheidung nach der Herkunft der Ware eine Einfuhrbehinderung verneinte. Im Umkehrschluß ist ein Zusammenhang mit der Einfuhr nur dann zu bejahen, wenn eine Unterscheidung aufgrund der Herkunft der Ware vorhanden ist. In dieser Entscheidung machte der EuGH das Vorliegen einer *Maßnahme gleicher Wirkung* von einer Diskriminierung der ausländischen Waren abhängig.

In beiden Fällen wurde also mangels Unterscheidung zwischen der inländischen und der ausländischen Ware eine *Maßnahme gleicher Wirkung* verneint. Eine aufgrund der Regelungen möglicherweise bestehende Beschränkung des Handels war somit unbeachtlich.

Die Entscheidung „Cinéthèque" beschäftigte sich mit der Frage, ob ein nationales Verbot der Verwertung von Videokassetten eine *Maßnahme gleicher Wirkung* darstellen könnte.[424] Problematisch war, ob die nationalen Vorschriften die Einfuhr von Videokassetten verhinderten und deren Vertrieb betrafen. Der Generalanwalt stellte hierzu in seinem Schlußantrag fest, daß eine Diskriminierung für das Vorliegen einer *Maßnahme gleicher Wirkung* gegeben sein müsse, selbst wenn die Regelung tatsächlich zu einer Beschränkung oder Verringerung der Einfuhren führe.[425]

Im Urteil entschied der EuGH, daß die Regelung unterschiedslos gelte und die inländische Produktion nicht gegenüber der Produktion anderer Mitgliedstaaten begünstige, sondern die Filmproduktion als solche fördere.[426] Der EuGH entschied, daß eine Diskriminierung der Produktion der anderen Mitgliedstaaten aufgrund dieser Regelung nicht vorlag. Er prüfte weiter, ob diese Regelung dennoch zu einer Behinderung des innergemeinschaftlichen Handels mit Videokassetten führen könnte. Eine möglicherweise auf-

---

423 Generalanwalt Reischl in seinem Schlußantrag, Slg. 1982, S. 1231 (1237).
424 EuGH vom 11.07.1985, Slg. 1985, S. 2605, Rs. 60 u 61/84 - „Cinéthèque".
425 Schlußantrag Sir Gordon Slynn, EuGH Slg. 1985, S. 2605 (2611), Rs. 60 u. 61/84 - Cinéthèque.
426 EuGH vom 11.07.1985, Slg. 1985, S. 2605 (2626), Rdn. 21, Rs. 60 u 61/84 - „Cinéthèque".

tretende Handelsbehinderung war für den EuGH also von einem Diskriminierungsaspekt unabhängig, da er eine mögliche Diskriminierung ausgeschlossen hatte. Damit war für den Gerichtshof, im Gegensatz zum Generalanwalt, eine Diskriminierung keine notwendige Voraussetzung für eine *Maßnahme gleicher Wirkung*.

Er verneinte das Vorliegen einer *Maßnahme gleicher Wirkung*, wobei er sich von seiner durch die „Dassonville-Formel" geschaffenen Rechtsprechungsdogmatik abwandte, die jede Handelsregelung, die geeignet ist, den innergemeinschaftlichen Handel zu behindern, als *Maßnahme gleicher Wirkung* einstufte.[427] Er betonte ausdrücklich, daß etwaige Behinderungen des Handels, soweit sie erforderlich seien, hinzunehmen seien und folglich keine *Maßnahme gleicher Wirkung* darstellten:

„Artikel 30 EWG-Vertrag [28 EG-Vertrag] ist in dem Sinne auszulegen, daß er nicht für nationale Rechtsvorschriften gilt, die die Verbreitung von Filmwerken in der Weise regeln, daß sie eine zeitliche Staffelung für den Übergang von einer Vertriebsform zur anderen durch das Verbot einführen, diese Werke während eines begrenzten Zeitraums durch die Vorführung in Filmtheatern und durch die Verbreitung von Videokassetten gleichzeitig zu verwerten, wenn ein derartiges Verbot ohne Unterschied für die im Inland hergestellten und für die eingeführten Videokassetten gilt und wenn die etwaigen Behinderungen des innergemeinschaftlichen Handels, die sich aus seiner Anwendung ergeben können, nicht über das hinausgehen, was erforderlich ist."[428]

Eine mögliche Handelsbehinderung wurde an einer Erforderlichkeitsprüfung gemessen. Diese Erforderlichkeitsprüfung orientierte sich an dem Ziel der Regelung.[429] Das Ziel war die Förderung von Filmwerken unabhängig von ihrem Ursprung, so daß keine Benachteiligung der ausländischen Videokassetten gegenüber den inländischen vorgelegen hatte.

Der EuGH vermischte seine sonst vorherrschende Prüfungsfolge. Er hat den ersten Prüfungspunkt des Vorliegens einer *Maßnahme gleicher Wirkung* und den zweiten, ob eine Rechtfertigung nach der „Cassis-Formel" oder Art. 30 EG-Vertrag gegeben sei, in einem Punkt erörtert. Er verneinte

---

[427] EuGH vom 11.07.1974, Slg. 1974, S. 837 (852), Rs. 8/74.
[428] EuGH vom 11.07.1985, Slg. 1985, S. 2605 (2627), Rdn. 24, Rs. 60 u. 61/84 - „Cinéthèque".
[429] EuGH vom 11.07.1985, Slg. 1985, S. 2605 (2626), Rdn. 22, Rs. 60 u. 61/84 - „Cinéthèque".

das Vorliegen einer *Maßnahme gleicher Wirkung*, obwohl er feststellte, daß „etwaige Behinderungen des Handels" nach der „Dassonville-Formel" bestünden. Das bedeutet, daß er eine *Maßnahme gleicher Wirkung* eigentlich bejahte, diese aber für gerechtfertigt hielt.[430] Folglich würde sich dieser Fall in die bereits erörterte „Oosthoek-Rechtsprechung" einordnen lassen.

Das Urteil „Quietlynn"[431] beschäftigte sich mit einer den Vertrieb betreffenden Frage in Bezug auf Verkaufsbeschränkungen. Der EuGH mußte entscheiden, ob das Verbot nicht verbotene Sexartikel in nicht konzessionierten Sexshops zu verkaufen, eine *Maßnahme gleicher Wirkung* war. Vorab stellte der EuGH fest:

„[...], daß eine nationale Regelung, die den Verkauf von Sexartikeln in nicht konzessionierten Ladengeschäften verbietet, unterschiedslos für eingeführte und inländische Erzeugnisse gilt. Sie stellt deshalb kein vollständiges Verbot des Verkaufs der fraglichen Erzeugnisse dar, sondern lediglich eine Vorschrift für den Vertrieb, die regelt, in welchen Verkaufsstätten die Erzeugnisse verkauft werden dürfen. Grundsätzlich ist somit der Absatz von aus anderen Mitgliedstaaten eingeführten Erzeugnissen nicht schwieriger geworden als der inländischer Erzeugnisse."[432]

Dem Gerichtshof kam es für das Bejahen einer *Maßnahme gleicher Wirkung* darauf an, daß der Absatz ausländischer Waren gegenüber dem Absatz inländischer Waren nicht schwieriger war.[433] Solange eine solche Absatzerschwernis für ausländische Waren nicht vorlag, verneinte er das Vorliegen einer *Maßnahme gleicher Wirkung.* Es kam ihm also auf eine Diskriminierung an, um in diesem Zusammenhang eine *Maßnahme gleicher Wirkung* zu bejahen. Allerdings ließ der soeben zitierte abschließende Satz, der mit „grundsätzlich" begann, vermuten, daß der EuGH im Sinne der zu den Preisvorschriften entwickelten Rechtsprechung[434] dennoch eine Ausnahme darstellen wollte. Er kam jedoch zu dem Ergebnis, daß eine solche Regelung keine *Maßnahme gleicher Wirkung* sei:

---

[430] So auch Heermann, WRP 1993, S. 578 (582); a.A. Sack EWS 1994, S. 37 (40).
[431] EuGH vom 11.7.1990, Slg. 1990, S. 3059, Rs. 23/89 – „Quietlynn".
[432] EuGH vom 11.07.1990, Slg. 1990, S. 3059 (3080), Rdn. 9, Rs. 23/89 – „Quietlynn".
[433] Ähnlich hatte der EuGH die Urteile „Oebel" und „Blesgen" begründet. Allerdings hatte er in diesen Urteilen das Vorliegen einer *Maßnahme gleicher Wirkung* deshalb verneint, weil eine Benachteiligung der ausländischen gegenüber den inländischen Waren jeweils nicht vorgegelegen hatte: EuGH vom 14.07.1981, Slg. 1981, S. 1993, Rs. 155/80 - „Oebel". EuGH vom 31.03.1982, Slg. 1982, S. 1211, Rs. 75/81 - „Blesgen".
[434] Siehe 6.

„Diese Vorschriften stehen in Wirklichkeit in keinem Zusammenhang mit dem innergemeinschaftlichen Handelsverkehr, da die Erzeugnisse, für die dieses Gesetz gilt, in Ladengeschäften, die über eine entsprechende Konzession verfügen, und über andere Vertriebswege abgesetzt werden können, [...]. Zudem haben diese Vorschriften nicht die Regelung des innergemeinschaftlichen Warenverkehrs zum Gegenstand und können somit den Handel zwischen den Mitgliedstaaten nicht behindern.“[435]

In diesem Zusammenhang wurde die „Dassonville-Formel“ nicht genannt und folglich das sonst vom Gerichtshof gebräuchliche Argument der potentiell möglichen Handelsbehinderung auch nicht erwähnt. Der Gerichtshof ging vielmehr davon aus, daß die Erzeugnisse trotz des Verbots abgesetzt werden konnten. Ferner ging er - wie auch im bereits zitierten Urteil „Oebel“ - davon aus, daß eine solche Regelung nicht beabsichtige, den freien Warenverkehr zu regeln. Er ließ sich damit auf den Regelungsgehalt der Vorschrift ein und mögliche Auswirkungen außer Betracht.

c) Zwischenergebnis

Diese Fälle haben sehr anschaulich gezeigt, daß der Gerichtshof bei ähnlichen Sachverhalten unter Zugrundelegung derselben Argumentation zu unterschiedlichen Ergebnissen gelangt ist. Einerseits hat er eine *Maßnahme gleicher Wirkung* im Sinne der „Oosthoek-Rechtsprechung“ bejaht, sobald die Absatzmöglichkeiten für eingeführte Erzeugnisse beeinträchtigt werden konnten, andererseits hat er in den „Oebel-Fällen“ eine solche verneint. Wegen der zeitlichen Abfolge der Urteile könnte daran gedacht werden, daß die „Oosthoek-Rechtsprechung“ die „Oebel-Rechtsprechung“ abgelöst habe. Dies ist aber nicht der Fall, da das Urteil „Quietlynn“ aus dem Jahre 1990 stammt, und sich auf die in dem Urteil „Oebel“ entwickelte Rechtsprechung stützt und nicht auf die „Oosthoek-Rechtsprechung“.

In den Fällen, in denen der EuGH das Vorliegen einer *Maßnahme gleicher Wirkung* bejahte, hielt er auch die „Cassis-Formel“ für anwendbar. Dieses war insoweit auch folgerichtig, da es sich um unterschiedslose nationale Regelungen handelte, die weder eine formelle noch eine materielle Diskriminierung darstellten.

---

[435] EuGH vom 11.07.1990, Slg. 1990, S. 3059 (3081), Rdn. 11, Rs. 23/89 – „Quietlynn“.

Als Ergebnis kann also festgehalten werden, daß der EuGH in einigen Urteilen einen Verstoß gegen Artikel 28 EG-Vertrag davon abhängig gemacht hat, daß eine Diskriminierung vorliegt, in anderen kommt es ihm auf die Möglichkeit der Handelsbehinderung an.

8. Unterschiedlichkeit der Rechtsordnungen

Die berühmteste Entscheidung, die das Vorliegen einer *Maßnahme gleicher Wirkung* mit der Unterschiedlichkeit der Rechtsordnungen begründete, ist die sog. „Cassis-de-Dijon-Entscheidung" des Gerichtshofes.[436] Die dem Sachverhalt zugrundeliegende Regelung unterschied nicht explizit zwischen in- und ausländischen Likören. Eine formelle Diskriminierung lag also nicht vor. Daß es sich bei der Regelung möglicherweise um eine die deutsche Produktion schützende Vorschrift handelte, erörterte der EuGH nicht. Allerdings ist zu beachten, daß die deutschen Liköre zum größten Teil einen höheren Alkoholgehalt als die ausländischen aufwiesen. Deswegen konnte diese Regelung dazu führen, daß ausländische Liköre gegenüber den deutschen benachteiligt wurden. Dann hätte eine materielle Diskriminierung vorgelegen. Für diese Annahme lieferte das Urteil jedoch keine weiteren Hinweise. Da der Gerichtshof aber gerade die „Cassis-Formel" für unterschiedslos geltende Regelungen schaffen wollte, ist davon auszugehen, daß er die umstrittene Regelung weder als formell noch als materiell diskriminierend einstufte. Der Gerichtshof ging davon aus, daß es sich im Fall „Cassis-de-Dijon" um eine Behinderung des Handels handelte, die sich aus den unterschiedlichen Regelungen in den einzelnen Mitgliedstaaten ergab.

In dem Urteil „Keldermann" entschied der EuGH, daß eine Handelsbehinderung zu bejahen sei, wenn eine Regelung, nach der ein bestimmter Gehalt an Trockenmasse im Brot vorhanden sein mußte, das Inverkehrbringen von Brot, das aus anderen Mitgliedstaaten stammte, ausschließen könne.[437] Der EuGH fügte noch hinzu:

---

[436] EuGH vom 20.02.1979, Slg. 1979, S. 649, Rs. 120/78 - „Cassis de Dijon".

[437] EuGH vom 19.02.1981, Slg. 1981, S. 527 (535), Rdn. 7, Rs. 130/80 – „Keldermann".

„Sie [die Regelung] kann es erforderlich machen, Brot je nach seinem Bestimmungsland unterschiedlich herzustellen, und so den Verkehr von Brot, das im Ursprungsmitgliedstaat rechtmäßig hergestellt wurde, behindern, wenn in diesem Staat nicht die gleichen Vorschriften für die Herstellung gelten.“[438]

Das Verbot bedeutete für die ausländischen Erzeugnisse eine Hürde, um auf den niederländischen Markt zu gelangen, wenn die Herstellung im Ursprungsland nicht auch diesem Verbot unterlag. Für die niederländischen Hersteller hingegen stellte die Regelung keine Belastung dar, weil sie ihre Produktion auf dieses Verbot abgestimmt hatten. Problematisch war jedoch, ob diese Belastung der ausländischen Einfuhr auch als eine Diskriminierung anzusehen war oder lediglich eine Behinderung des Handels im nicht-harmonisierten Bereich darstellte. Es käme in Betracht, jede Handelsbehinderung als materielle Diskriminierung einzustufen, da das ausländische Erzeugnis aufgrund der unterschiedlichen Regelung nicht in den Verkehr gebracht werden durfte. Dies würde eine weite Ausdehnung des Begriffes der materiellen Diskriminierung bedeuten. Der EuGH äußerte sich in diesem Urteil nicht über einen Diskriminierungsgesichtspunkt. Man könnte jedoch seine Formulierung in dem Sinne auffassen, daß er, indem er das Bestimmungsland erwähnte, auch auf das Bestimmungslandprinzip[439] verweisen wollte. In diesem Zusammenhang sagte aber der EuGH, daß der Handel aufgrund der unterschiedlichen nationalen Regelungen behindert werde. Folglich benutzte er in diesem Urteil zwar das Wort „Bestimmungsland“, meinte damit aber nicht das Bestimmungslandprinzip. Im Gegenteil, eine *Maßnahme gleicher Wirkung* zu bejahen, weil sich die einzelnen Rechtsordnungen unterscheiden, deutete auf ein umfassendes Verbot der Handelsbehinderung hin. Dieses Urteil ist ein Beispiel dafür, daß die unterschiedlichen Rechtsordnungen dazu führen, daß die Erzeugnisse bei der Überquerung von Grenzen behindert werden.

Der EuGH prüfte die Regelung anhand der „Cassis-Formel“.[440] Das bedeutet, daß es sich seines Erachtens bei dieser Regelung um eine unterschiedslos geltende Regelung gehandelt haben muß. Die Regelung stellte eine Handelsbehinderung dar, die nicht zwischen in- und ausländischem Brot

---

[438] EuGH vom 19.02.1981, Slg. 1981, S. 527 (535), Rdn. 7, Rs. 130/80 – „Keldermann“.

[439] Siehe 2. Kapitel, II.

[440] EuGH vom 19.02.1981, Slg. 1981, S. 527 (536), Rdn. 11, Rs. 130/80 – „Keldermann“.

unterschied und sich auch nicht als materielle Diskriminierung des ausländischen Brotes darstellte.

In einem ähnlichen Fall hatte der Gerichtshof zu entscheiden, ob eine Regelung, die den Verkauf von Brot mit einem höchsten Salzgehalt in der Trockenmasse von mehr als 2% verbot, eine *Maßnahme gleicher Wirkung* darstellte.[441] Hierzu stellte er fest:

„Nach ständiger Rechtsprechung ist es [...] Sache der Mitgliedstaaten, alle Vorschriften über die Merkmale der Zusammensetzung, die Herstellung und das Inverkehrbringen dieser Nahrungsmittel für ihr Hoheitsgebiet zu erlassen, soweit diese Vorschriften nicht geeignet sind, zu Diskriminierungen importierter Erzeugnisse zu führen oder die Einfuhr von Erzeugnissen aus anderen Mitgliedstaaten zu behindern."[442]

Aufgrund dieser Definition unterschied der Gerichtshof deutlich zwischen einer Diskriminierung der ausländischen Erzeugnisse und einer Behinderung der Einfuhr. Hierbei ist jedoch zu beachten, daß das letztere Urteil nach dem sog. „Keck-Urteil" ergangen ist und daher die Dogmatik der „Keck-Rechtsprechung" erkennen ließ.[443] Der Gerichtshof begründete das Vorliegen einer *Maßnahme gleicher Wirkung* auf die gleiche Art und Weise wie in dem Fall „Keldermann":[444] Das importierte Brot wurde nicht diskriminiert, sondern eine Behinderung des Handels war aufgrund der Regelung zu bejahen. Diese Behinderung des Handels lag an den unterschiedlichen Rechtsordnungen. Sie war daran festzustellen, daß ausländisches Brot im extremsten Fall nicht eingeführt werden durfte, weil es den belgischen Vorschriften nicht entsprach. Dies stellte für den EuGH keine Diskriminierung, sondern eine Behinderung des Handels dar.

Im Rahmen der möglichen Definition einer Diskriminierung war bereits erläutert worden, daß der Begriff der „Diskriminierung" in der Literatur zum Teil sehr weit ausgelegt wird. Danach soll jede am Produkt vorzunehmende Veränderung eine materielle Diskriminierung der einzuführen-

---

[441] EuGH vom 14.07.1994, Slg. 1994, S. 3537, Rs. 17/93.
[442] EuGH vom 14.07.1994, Slg. 1994, S. 3537 (3558), Rdn. 10, Rs. 17/93.
[443] Dazu mehr im 4. Kapitel.
[444] EuGH vom 14.07.1994, Slg. 1994, S. 3537 (3558), Rdn. 11, Rs. 17/93; so auch EuGH vom 13.03.1997, Slg. 1997, S. 1431, Rs. 358/95; EuGH vom 09.02.1999, Slg. 1999, S. 731 (760), Rdn. 19 ff., Rs. 383/97; EuGH vom 22.10.1998, Slg. 1998, S. 6197, Rs. 184/96.

den Erzeugnisse darstellen.[445] Der EuGH macht mit diesem Urteil deutlich, daß eine Diskriminierung - auch eine materielle - nicht vorlag. Die nationalen unterschiedlichen Regelungen bedeuten stets eine Handelsbehinderung, für eine Diskriminierung der ausländischen Produkte müßten aber weitere Anhaltspunkte bestehen.

Um eine belgische Regelung über den Säuregehalt von Bier ging es in dem Verfahren „de Kikvorsch".[446] Diese Regelung bestimmte, daß das Inverkehrbringen jedes Bieres, dessen Säuregehalt einen bestimmten Grad überschritt, verboten war. Eine Ausnahme sollte nur dann gelten, wenn das Bier nach den traditionell in diesem Teil der Gemeinschaft gebräuchlichen Brauverfahren für Sauerbier hergestellt worden war. Ein solches Verbot könne dazu führen, daß in anderen Mitgliedstaaten rechtmäßig hergestelltes und in den Verkehr gebrachtes Bier in dem betreffenden Mitgliedstaat nicht in den Verkehr gebracht werden konnte. Dann würde die Regelung eine *Maßnahme gleicher Wirkung* darstellen.[447] Diese Erklärung des Gerichtshofes ähnelte dem gerade besprochenen Fall. Eine *Maßnahme gleicher Wirkung* wurde bejaht, da in einem anderen Mitgliedstaat rechtmäßig hergestelltes Bier nicht in den Verkehr gebracht werden durfte. Der EuGH fügte jedoch hinzu:

„Untersagt die von einem Mitgliedstaat erlassene Handelsregelung für Bier, die die verschiedenen traditionell in einem bestimmten Gebiet der Gemeinschaft gebrauten Biersorten abgrenzen und ihren charakteristischen Geschmack gewährleisten soll, das Inverkehrbringen jeden Bieres, dessen Säuregehalt einen bestimmten Grad überschreitet, es sei denn, dieses Bier ist nach den traditionell in diesem Gebiet der Gemeinschaft gebräuchlichen Brauverfahren für Sauerbier hergestellt, so ist die Ausdehnung dieses Verbots auf in den anderen Mitgliedstaaten rechtmäßig hergestelltes und in Verkehr gebrachtes Bier als eine nach Artikel 30 EG-Vertrag [Artikel 28 EG-Vertrag] verbotene Maßnahme mit gleicher Wirkung wie eine mengenmäßige Einfuhrbeschränkung anzusehen."[448]

Der EuGH stellte also nicht allein auf die Unterschiedlichkeit der einzelnen Rechtsordnungen ab, um eine *Maßnahme gleicher Wirkung* zu bejahen, sondern darauf, daß dann Ausnahmen von dem Verbot gemacht wurden,

---

[445] Marenco, CDE 20 (1984), S. 291 ff.
[446] EuGH vom 17.03.1983, Slg. 1983, S. 947, Rs. 94/82.
[447] EuGH vom 17.03.1983, Slg. 1983, S. 947 (958), Rdn. 8, Rs. 94/82.
[448] EuGH vom 17.03.1983, Slg. 1983, S. 947 (958), Rdn. 9, Rs. 94/82.

wenn das Bier nach der traditionellen Brauweise gebraut worden war. Dabei argumentierte er nicht, daß das ausländische Bier gegenüber dem inländischen benachteiligt wurde. Jedoch war offensichtlich, daß die Regelung die einheimische Produktion schützen sollte, die nach dem traditionellen Brauverfahren hergestellt worden war. Es ging folglich nicht ausschließlich um eine zufällige Unterschiedlichkeit der Rechtsordnungen, die zu einer Handelsbehinderung führte, sondern um eine Schutzmaßnahme für das traditionell hergestellte Bier. Damit wurde das in dieser Region gebraute Bier, auch wenn es nicht den Anforderungen der Regelung entsprach, gegenüber dem ausländischen Bier bevorzugt.[449] Es handelte sich daher um eine Schutzvorschrift, die geeignet war, ausländisches Bier zu benachteiligen, also zu diskriminieren.

Dennoch bejahte der EuGH die Anwendbarkeit der „Cassis-Formel".[450] Ein Fall, der also eine traditionelle Herstellung schützte, war nach Ansicht des EuGH eine unterschiedslose Regelung. Das Bejahen der Anwendbarkeit der „Cassis-Formel" ist eine Fehlentscheidung des Gerichtshofes, da die Regelung das ausländische Bier formell diskriminierte, weil dieses den Ausnahmetatbestand nicht erfüllen konnte. Es handelte sich folglich nicht um eine unterschiedslose Regelung im Sinne der „Cassis-Formel".

In dem Verfahren „Motte"[451] hatte der EuGH zu entscheiden, ob das belgische Verbot, die Farbstoffe Indigotin bzw. Cochenillerot A bei der Zubereitung von ungeräuchertem Fischrogen zu verwenden, gegen Art. 28 EG-Vertrag verstieß. In dem zu entscheidenden Fall hatte der Angeklagte ungeräucherten Fischrogen aus der Bundesrepublik Deutschland eingeführt, wo die beiden in Rede stehenden Farbstoffe für die Zubereitung von Fischrogen in Konserven zugelassen waren.[452] Der Gerichtshof entschied:

„Wie die meisten Verfahrensbeteiligten anerkannt haben, ist die Anwendung einer Regelung wie der hier in Rede stehenden auf aus einem anderen Mitgliedstaat eingeführte

---

[449] Daß die Regelung möglicherweise auch belgisches Bier, das in anderen belgischen Regionen gebraut worden ist, benachteiligt, ist für die hiesige Analyse unbeachtlich. Um die Inländerdiskriminierung geht es vorliegend nicht.

[450] EuGH vom 17.03.1983, Slg. 1983, S. 947 (958), Rdn. 8, Rs. 94/82.

[451] EuGH vom 10.12.1985, Slg. 1985, S. 3887, Rs. 247/84.

[452] EuGH vom 10.12.1985, Slg. 1985, S. 3887 (3899), Rdn. 3, Rs. 247/84.

Erzeugnisse, die dort rechtmäßig in den Verkehr gebracht werden, geeignet, den innergemeinschaftlichen Handel zu behindern.“[453]

Auch der bereits erörterte „Bierfall“[454] hatte zudem die Frage aufgeworfen, ob ein absolutes Verkehrsverbot für Bier, das Zusatzstoffe enthielt, mit Art. 28 EG-Vertrag vereinbar war. Der EuGH entschied, daß ein solches Verbot die Einfuhr von Bier aus anderen Mitgliedstaaten behindere und damit von Art. 28 EG-Vertrag erfaßt würde.[455] Diese Regelung wurde nicht - wie die bereits erörterte - anhand der „Cassis-Formel“ überprüft, sondern allein an Art. 30 EG-Vertrag. Daß das Verbot von Zusatzstoffen allerdings anhand der Rechtfertigungsgmöglichkeit des Artikels 30 EG-Vertrag gemessen wurde, ist jedoch nicht weiter erstaunlich, da der EuGH in solchen Fällen stets den Rechtsfertigungsgrund des Schutzes der Gesundheit von Menschen prüfte.[456] Aus dieser Prüfungsfolge ließ sich folglich kein Schluß über die Art der zu überprüfenden Regelung ziehen, da der Gesichtspunkt der Gesundheit auf der Hand lag und folglich vom EuGH als erstes überprüft wurde.

In der Folgezeit entschied der Gerichtshof immer wieder, daß ein nationales Verbot des Inverkehrbringens eines Erzeugnisses, das einen in einem anderen Staat zugelassenen Konservierungsstoff enthielt, den innergemeinschaftlichen Handel behindere und daher im Grundsatz eine *Maßnahme gleicher Wirkung* sei.[457]

Hier liegt die Problematik darin, daß der Zusatz bestimmter Konservierungsstoffe in Lebensmitteln in einigen Mitgliedstaaten entweder vollkommen verboten, bis zu einer bestimmten Höchstgrenze erlaubt oder aber unbeschränkt zulässig ist. Soll also ein Erzeugnis, das in einem Staat

---

[453] EuGH vom 10.12.1985, Slg. 1985, S. 3887 (3904), Rdn. 17, Rs. 247/84; so auch in EuGH vom 06.05.1986, S. 1511 (1526), Rdn. 16, Rs. 304/84.

[454] EuGH vom 12.02.1987, Slg. 1987, S. 1227, Rs. 178/84.

[455] EuGH vom 12.02.1987, Slg. 1987, S. 1227 (1273), Rdn. 40, Rs. 178/84 - „Reinheitsgebot für Bier“.

[456] So auch in den Urteilen: EuGH vom 10.12.1985, Slg. 1985, S. 3887 (3904), Rdn. 17, Rs. 247/84 – „Motte“; EuGH vom 06.05.1986, Slg. 1986, S. 1511 (1526), Rdn. 16, Rs. 304/84.

[457] EuGH vom 13.03.1986, Slg. 1986, S. 1067, Rs. 54/85; EuGH vom 13.12.1990, Slg. 1990, S.4863, Rs. 42/90; EuGH vom 16.07.1992, Slg. 1992, S. 4577, Rs. 293/89; so auch für einen Fall, in dem es um Erzeugnisse ging, denen Vitamine zugesetzt worden waren: EuGH vom 14.07.1983, Slg. 1983, S. 2445, Rs. 174/82 – „Sandoz“.

rechtmäßig in den Verkehr gebracht worden ist, in einem anderen Staat aufgrund der dort herrschenden strengeren Regelung nicht in den Verkehr gebracht werden dürfen, handelt es sich um eine *Maßnahme gleicher Wirkung.*[458] Es ist offensichtlich, daß solche Verbote keine formelle Diskriminierung darstellen: die betreffende Regelung unterscheidet nicht aufgrund der Herkunft. Möglich wäre, daß die Regelung die einheimischen Erzeugnisse schützt. Der Gerichtshof ging auf diese Möglichkeit entweder nicht ein oder er stellte fest, daß das Verbot nicht nur in einem Land galt, sondern auch in anderen,[459] so daß von einer protektionistischen Regelung nicht ausgegangen werden konnte. Es handelte sich jeweils um eine Handelsbehinderung aufgrund der Unterschiedlichkeit der Rechtsordnungen. Bei diesen Handelsbehinderungen kam es dem EuGH auf den Gesichtspunkt der Diskriminierung nicht an. Er stellte vielmehr fest, daß der Handel aufgrund der unterschiedlichen Rechtsordnungen behindert wurde.

In einem anderen Fall mußte sich der EuGH mit dem Ablagern von Abfällen befassen.[460] Es ging darum, daß durch eine wallonische Verordnung verboten wurde, Abfälle aus anderen Mitgliedstaaten oder aus einer anderen Region als der Region Wallonien in der Region Wallonien zwischen zu lagern, abzulagern oder abzuleiten oder zwischenlagern, ablagern oder ableiten zu lassen. Für die nicht unter die bestehenden Abfallrichtlinien fallenden Abfälle mußte der EuGH einen Verstoß gegen Art. 28 EG-Vertrag prüfen. Ohne eine weitere Erklärung wurde ein solcher bejaht:

„Folglich sind Abfälle, seien sie rückführbar oder nicht, als Erzeugnisse anzusehen, deren Verkehr gemäß Art. 30 EWG-Vertrag [Art. 28 EG-Vertrag] grundsätzlich nicht verhindert werden darf."[461]

Das Problem der Diskriminierung wurde im Rahmen der Anwendbarkeitsprüfung der „Cassis-Formel" erörtert. Diese Prüfung der „Cassis-Formel" war dann auch außergewöhnlich, da der EuGH, nachdem er eine *Maßnahme gleicher Wirkung* bejaht hatte, das zwingende Erfordernis des Umweltschutzes prüfte. Erst nachdem er ein solches Erfordernis für begründet erachtet hatte, stellte er die Frage nach der Anwendbarkeit der „Cassis-Formel". Die Regelung besagte, daß Abfälle, die nicht aus Wallonien

---

[458] EuGH vom 05.02.1981, Slg. 1981, S. 409 (421), Rdn. 11, Rs. 53/80.
[459] EuGH vom 05.02.1981, Slg. 1981, S. 409 (421), Rdn. 11, Rs. 53/80.
[460] EuGH vom 09.07.1992, Slg. 1992, S. 4431, Rs. 2/90.
[461] EuGH vom 09.07.1992, Slg. 1992, S. 4431 (4479), Rdn. 8, Rs. 2/90.

stammten,[462] nicht gelagert werden durften. Damit enthielt die Regelung eine formelle Diskriminierung der ausländischen Abfälle. Strenggenommen dürfte auf eine Regelung, die die ausländischen Abfälle formell diskriminiert, die „Cassis-Formel“ nicht anwendbar sein.[463] Dies bestätigte auch der Gerichtshof.[464] Dennoch beurteilte er die Frage, ob die Regelung diskriminierend sei oder nicht, nicht auf dem herkömmlichen Wege, sondern bezog sich auf die Besonderheiten des Abfalles und den damit zusammenhängenden Artikel 174 Absatz 2 EG-Vertrag.[465] Er kam zu dem folgenden Ergebnis:

„Daraus ergibt sich, daß die beanstandeten Maßnahmen unter Berücksichtigung der zwischen den Abfällen je nach dem Ort ihrer Erzeugung bestehenden Unterschiede und ihres Zusammenhangs mit dem Ort ihrer Erzeugung nicht als diskriminierend angesehen werden können.“[466]

Diese Begründung des Gerichtshofes überzeugte nicht.[467] Die Regelung unterschied formell zwischen den wallonischen und anderen Abfällen, so daß es sich um eine rechtliche Ungleichbehandlung handelte.[468] Dies wußte vermutlich auch der EuGH, da er sich sonst nicht dieses Kunstgriffs hätte bedienen müssen. Der EuGH wußte aber, daß er ohne diesen Kunstgriff keine Rechtfertigung aus Gründen des Umweltschutzes hätte prüfen können. Rein aus dogmatischer Sicht ist dies jedoch keine saubere Prüfung. Nachdem der Gerichtshof zunächst ausführlich begründet hatte, weshalb auch Abfälle unter den Begriff der Ware fielen,[469] erkannte er in seinen abstrakten Ausführungen an, daß die „Cassis-Formel“ nur anwendbar sei,

---

[462] Daß auch aus anderen Teilen Belgiens stammende Abfälle nicht in Wallonien gelagert werden dürfen, ist an dieser Stelle irrelevant, da die Diskriminierung von ausländischen Produkten untersucht wird und nicht etwa die von inländischen.

[463] So argumentierte auch die Kommission, vergleiche EuGH vom 08.07.1992, Slg. 1992, S. 4431 (4479), Rdn. 33, Rs. 2/90.

[464] EuGH vom 08.07.1992, Slg. 1992, S. 4431 (4480), Rdn. 34, Rs. 2/90.

[465] EuGH vom 08.07.1992, Slg. 1992, S. 4431 (4480), Rdn. 34f., Rs. 2/90.

[466] EuGH vom 08.07.1992, Slg. 1992, S. 4431 (4480), Rdn. 36, Rs. 2/90.

[467] So auch Streinz/Leible, EuZW 2000, S. 459 (462); Sedemund/Montag, NJW 1994, S. 625 (628).

[468] So auch Generalanwalt Fennelly in seinem Schlußantrag vom 16.06.1998, Slg. 1998, S. 8035 (8047), Rdn. 24, Rs. 67/97 – „Læsø-Biene“; Weatherill, CMLRev. 36 (1999), S. 51 (83); v. Wilmowsky, EuR 1992, S. 414 (415); Sedemund/Montag, NJW 1994, S. 625 (628).

[469] EuGH vom 08.07.1992, Slg. 1992, S. 4431 (4478), Rdn. 23ff., Rs. 2/90.

wenn die Regelung nicht diskriminierend sei. Im konkreten Fall wollte er die „Cassis-Formel“ anwenden und erfand deshalb eine Ausnahme aus Gründen des Umweltschutzes. Statt dessen hätte er auch noch die Möglichkeit gehabt, die Rechtfertigungsmöglichkeiten des Art. 30 EG-Vertrag heranzuziehen.

Festzuhalten bleibt, daß der EuGH erkannte, daß es sich um eine formell diskriminierende Regelung handelte, und er dennoch einen Sonderweg ging, um ein zwingendes Erfordernis im Sinne der „Cassis-Formel“ bejahen zu können.

Das österreichische Recht sah bei Transporten von Schlachttieren zum einen eine kurze Höchsttransportdauer und zum anderen eine kurze Höchstwegestrecke vor. Ferner legte es fest, daß alle Transporte dieser Art nur bis zum nächstgelegenen geeigneten inländischen Schlachtbetrieb durchgeführt werden durften, damit die Tiere dort geschlachtet wurden. Diese Regelung verstieß nach Meinung des EuGH gegen Art. 28 EG-Vertrag, da sie sowohl ein Hindernis für internationale Transporte von und nach Österreich als auch auf der Durchfahrt durch Österreich darstelle.[470] Der Gerichtshof fuhr fort festzustellen, daß die österreichische Regelung dazu führe, daß die Durchfuhr internationaler Straßentransporte von Schlachttieren durch Österreich beinahe unmöglich gemacht werde.[471]

Ein weiterer Bereich, in dem der Gerichtshof das Vorliegen einer *Maßnahme gleicher Wirkung* in der Regel wegen einer Handelsbehinderung bejahte, sind die Regelungen des geistigen Eigentums:

Die Rechte des geistigen Eigentums haften dem Produkt nicht weniger an als eine Produktzusammensetzungsvorschrift; sie betreffen das geistige Eigentum des Erzeugnisses. Das Erteilen bzw. Bestehen eines solchen Rechts kann auch zu einer Behinderung des freien Warenverkehrs führen, wenn ein solches verletzt wird und der Inhaber des Rechts zu verhindern versucht, daß sein Recht beeinträchtigt wird.[472] Aufgrunddessen kann der Handel mit einer bestimmten Ware vollkommen ausgeschlossen werden.

---

[470] EuGH vom 11.05.1999, Slg. 1999, S. 2921 (2943), Rdn. 23, Rs. 350/97.
[471] EuGH vom 11.05.1999, Slg. 1999, S. 2921 (2945), Rdn. 29, Rs. 350/97.
[472] EuGH vom 31.10.1974, Slg. 1974, S. 1147, Rs. 15/74; EuGH vom 14.07.1981, Slg. 1981, S. 2063, Rs. 187/80; EuGH vom 09.07.1985, Slg. 1985, S. 2281, Rs. 19/84; EuGH vom 03.03.1988, Slg. 1988, S. 1245, Rs. 434/85.

Dieser Ausschluß beruht jedoch in der Regel nicht darauf, daß die Ware ausländischer Herkunft ist, sondern daß die Rechte des geistigen Eigentums über die Ländergrenzen hinaus Wirkung entfalten können (sog. Territorialitätsprinzip[473]).[474] In den meisten Fällen wurde das Vorliegen einer *Maßnahme gleicher Wirkung* wegen einer Handelsbehinderung bejaht.[475]

Die „Cassis-Formel" wurde in diesem Zusammenhang kaum angewandt, weil für diese Fallgruppe der Rechtfertigungsgrund des „kommerziellen Eigentums" aus Art. 30 EG-Vertrag zur Anwendung kam.[476]

Einen etwas anders gelagerten Fall, der aber eng mit dem Markenrecht in Zusammenhang stand, mußte der EuGH im Jahre 1989 entscheiden. In Großbritannien gab es eine Standesregel für Apotheker, nach der diese ausschließlich das im Rezept genannte Arzneimittel mit dem respektiven Warenzeichen an ihre Kunden ausgeben durften. Das hatte zur Folge, daß Paralleleinfuhren von solchen Arzneien mit einem anderen Warenzeichen versiegten, obwohl es sich hierbei um Arzneien desselben Unternehmens oder eines Lizenznehmers handelte.[477] Eine solche Regelung kann nach Meinung des EuGH den innergemeinschaftlichen Handel behindern und stellt somit eine *Maßnahme gleicher Wirkung* dar.[478] Die Regelung unterschied zwar nicht aufgrund der Herkunft, jedoch wirkte sie sich so aus, daß die im Ausland mit einem anderen Warenzeichen hergestellten gleichwer-

---

[473] Vgl. nur Fezer, Markenrecht, Einl., Rdn. 158 ff.; Schricker-Katzenberger, Vor §§ 120 ff., Rdn.120f.

[474] EuGH vom 30.11.1993, Slg. 1993, S. 6227, Rs. 317/91 – „Audi"; EuGH vom 22.06.1994, Slg. 1994, S. 2789, Rs. 9/93; EuGH vom 11.07.1996, Slg. 1996, S. 3603, Rs. 71 - 73/94; EuGH vom 20.03.1997, Slg. 1997, S. 1729, Rs. 352/95; EuGH vom 22.09.1998, Slg. 1998, S. 5171, Rs. 61/97.

[475] EuGH vom 20.01.1981, Slg. 1981, S. 147, Rs. 55 und 57/80; so auch EuGH vom 09.04.1987, Slg. 1994, S. 1747, Rs. 402/85; EuGH vom 17.05.1988, Slg. 1988, S. 2605, Rs. 158/86. In einem Ausnahmefall entschied der EuGH, daß eine *Maßnahme gleicher Wirkung* nicht gegeben sei: im Falle des Erteilens einer Zwangslizenz durch eine Behörde eines Mitgliedstaates kann sich der Patentinhaber der Einfuhr und des Inverkehrbringens widersetzen, wenn dies ohne seine Zustimmung erfolgte (EuGH vom 09.07.1985, Slg. 1985, S. 2281 (2298), Rdn. 26, Rs. 19/84).

[476] Oftmals wurde das Vorliegen einer *Maßnahme gleicher Wirkung* nicht problematisiert, sondern sogleich die Ausnahmevorschrift des Art. 30 EG-Vertrag geprüft, vgl. in diesem Zusammenhang Marenco/Banks, ELRev. 15 (1990), S. 224 (227f.).

[477] EuGH vom 18.05.1989, Slg. 1989, S. 1295, Rs. 266 und 267/87.

[478] EuGH vom 18.05.1989, Slg. 1989, S. 1295 (1328), Rdn. 19, Rs. 266 und 267/87.

tigen Arzneimittel anders behandelt wurden als die mit einem britischen Warenzeichen.

Im Fall Pall Corp. hatte der Gerichtshof zu entscheiden, ob das mit § 3 UWG begründete Verbot, Waren in der Bundesrepublik Deutschland mit einem der Bezeichnung der Ware hinzugefügten ® in Verkehr zu bringen, wenn in der Bundesrepublik Deutschland kein zeichenrechtlicher Schutz bestand, mit Art. 28 EG-Vertrag vereinbar sei.[479] Das Verbot führte dazu, daß der Inhaber eines nur in einem Mitgliedstaat eingetragenen Warenzeichens für seine Produkte verschiedene Aufmachungen entwerfen mußte – einmal mit ®, einmal ohne ® - und zudem dafür Sorge tragen mußte, daß das richtige Produkt im richtigen Land vertrieben wurde. Der EuGH bejahte eine Behinderung des innergemeinschaftlichen Handelsverkehrs und bejahte die Anwendbarkeit der „Cassis-Formel":

„Ein derartiges Verbot gilt auch unterschiedslos für inländische und eingeführte Waren. Es soll nämlich die Gefahr von Irrtümern darüber verhindern, wo das Warenzeichen des Erzeugnisses eingetragen und geschützt ist, ohne daß es in diesem Zusammenhang darauf ankommt, ob die Ware inländischer oder ausländischer Herkunft ist."[480]

Hier gab der Gerichtshof eine klare Definition für das Merkmal „unterschiedslos": eine Regelung gilt dann als unterschiedslos, wenn nicht aufgrund der Herkunft unterschieden wird. Nach dieser Definition bedeutete unterschiedslos, daß eine Unterscheidung aufgrund der Herkunft nicht gegeben war.

In einem anderen Fall begründete der EuGH das Vorliegen einer *Maßnahme gleicher Wirkung* auf die folgende Art und Weise. Es ging um das Urteil in der Sache „Cotonelle":[481] In Italien wurde der Vertrieb von Toilettenpapier des Scott-Konzerns unter dem Namen „Cotonelle" verboten, weil der Verbraucher darüber getäuscht werden könnte, daß dies tatsächlich Baumwolle enthielt. Der Gerichtshof sah diese Regelung als *Maßnahme gleicher Wirkung* an und bejahte gleichzeitig die Anwendbarkeit der „Cassis-Formel":[482]

---

[479] EuGH vom 13.12.1990, Slg. 1990, S. 4827, Rs. 238/89.
[480] EuGH vom 13.12.1990, Slg. 1990, S. 4827 (4848), Rdn. 14, Rs. 238/89.
[481] EuGH vom 26.11.1996, Slg. 1996, S. 6039, Rs. 313/94.
[482] EuGH vom 26.11.1996, Slg. 1996, S. 6039 (6057), Rdn. 1, Rs. 313/94.

„In einer Situation, in der es dem Inhaber einer Marke untersagt ist, Erzeugnisse unter dieser Marke zu vertreiben, können sich Händler, die die Erzeugnisse unter der fraglichen Marke vertreiben wollen, diese Erzeugnisse jedoch nur im Wege der Einfuhr beschaffen. Unter diesen Umständen läuft eine Anordnung, den Vertrieb dieser Produkte einzustellen, praktisch darauf hinaus, ihre Einfuhr zu verhindern, und stellt somit ein Hindernis für den innergemeinschaftlichen Handel dar."[483]

Die Widersprüchlichkeit der Rechtsprechung wird hier wieder offenbar. In den Fällen „de Kikvorsch" und der Müllablagerung wurden ausländische Waren aufgrund ihrer Herkunft anders behandelt als - zumindest gewisse - inländische Produkte. Es lagen formelle Diskriminierungen der ausländischen Erzeugnisse vor. Dennoch bejahte der EuGH die Anwendbarkeit der „Cassis-Formel".

9. *Erschwerung oder Verteuerung der Einfuhr, des Marktzugangs, des Vertriebs oder der Vermarktung*

a) Fälle, in denen eine Maßnahme gleicher Wirkung angenommen wurde

In einer Vielzahl von Fällen hat der Gerichtshof das Vorliegen einer *Maßnahme gleicher Wirkung* damit begründet, daß aufgrund einer bestimmten nationalen Regelung die Einfuhr erschwert oder verteuert wurde:

Der EuGH hatte in dem Fall „Simmenthal"[484] zu entscheiden, ob eine an der Grenze vorgenommene obligatorische und systematische gesundheitsbehördliche Untersuchung von Rind- und Schweinefleisch eine *Maßnahme gleicher Wirkung* darstelle. Zunächst wies der Gerichtshof auf die „Dassonville-Formel" hin. Sodann bejahte er das Vorliegen einer Behinderung im Sinne dieser Formel:

„Dies ist bei Vieh und zur menschlichen Ernährung bestimmtem Fleisch der Fall, wenn in einem Mitgliedstaat obligatorische gesundheitsbehördliche Untersuchungen an der Grenze vorgenommen werden. Die Untersuchungen können - namentlich wegen des mit ihnen verbundenen Zeitaufwands und der zusätzlichen Beförderungskosten, die den Importeur möglicherweise treffen - die Einfuhren erschweren oder verteuern."[485]

---

[483] EuGH vom 26.11.1996, Slg. 1996, S. 6039 (6057), Rdn. 16, Rs. 313/94.
[484] EuGH vom 15.12.1976, Slg. 1976, S. 1871, Rs. 35/76.
[485] EuGH vom 15.12.1976, Slg.1976, S. 1871 (1884), Rdn. 12/14, Rs. 35/76.

Die Kriterien der zusätzlichen Zeit- und Kostenerfordernisse wurden hier vom EuGH herangezogen, um das Vorliegen einer *Maßnahme gleicher Wirkung* zu bejahen. In diesem Fall griff der EuGH nicht auf seine bereits erörterte Rechtsprechung zurück, die eine *Maßnahme gleicher Wirkung* bei dem Vorliegen von Doppelkontrollen immer bejahte.[486] Der Gerichtshof stellte nicht auf eine Ungleichbehandlung ab, sondern ließ für das Bejahen einer *Maßnahme gleicher Wirkung* genügen, daß die Einfuhren erschwert oder verteuert würden.

In einem weiteren Fall hatte der EuGH zu entscheiden, ob eine gesundheitsbehördliche Kontrolle von Fisch, die sowohl für inländischen als auch für ausländischen Fisch galt, mit dem freien Warenverkehr vereinbar sei.[487] Hier entschied der Gerichtshof:

„Der Gerichtshof hat hierzu in ständiger Rechtsprechung ausgeführt, daß Artikel 30 [Artikel 28 EG-Vertrag] die Beseitigung aller Hindernisse für den freien Warenverkehr zwischen den Mitgliedstaaten bezweckt, insbesondere derjenigen, die sich spezifisch auf eingeführte Erzeugnisse beziehen oder die unter verschiedenen Voraussetzungen für eingeführte und für inländische Erzeugnisse bestehen, so daß die Vermarktung eingeführter Erzeugnisse erschwert oder verteuert wird.“[488]

Der Gerichtshof unterschied mit dieser Begründung zwischen zwei Arten von Hindernissen für den freien Warenverkehr: es ging ihm zum einen um solche Hindernisse, die sich „spezifisch auf eingeführte Erzeugnisse beziehen“, und zum anderen um solche, „die die Vermarktung eingeführter Erzeugnisse erschweren oder verteuern“. In der ersten Alternative waren solche Hindernisse gemeint, die nur die eingeführten Erzeugnisse betrafen und nicht auch die inländischen. Eine Regelung, die deshalb ein Hindernis für den freien Warenverkehr darstellte, weil sie ausschließlich auf eingeführte Erzeugnisse Anwendung fand, stellte eine Diskriminierung der ausländischen Erzeugnisse dar.

Die zweite Variante kann auf zweierlei Weise ausgelegt werden: zum einen könnte der Gerichtshof auch hier eine Unterscheidung zwischen eingeführten und inländischen Erzeugnissen gemeint haben. Allerdings würde diese Auslegung keinen Unterschied im Hinblick auf die erste Alternative lie-

---

486 Vgl. nur EuGH vom 08.07.1975, Slg. 1975, S. 843, Rs. 4/75.
487 EuGH vom 07.04.1981, Slg. 1981, S. 995, Rs. 132/80.
488 EuGH vom 07.04.1981, Slg. 1981, S. 995 (1023), Rdn. 21, Rs. 132/80.

fern, so daß davon auszugehen ist, daß mit dieser zweiten Alternative etwas anderes gemeint war. Sie könnte bedeuten, daß Hindernisse schon dann bestehen, wenn die Vermarktung eingeführter Erzeugnisse erschwert oder verteuert wird. Zu fragen ist dann aber, ob diese Erschwerung oder Verteuerung eine Diskriminierung bedeutete. Die Erschwerung oder Verteuerung bezog sich nur auf die eingeführten Erzeugnisse. Sie ist eine Folge der unterschiedlichen gesetzlichen Regelungen in den einzelnen Mitgliedstaaten. Daß der Gerichtshof sich mit dieser Begründung auf die bereits erörterten Urteile Simmenthal[489] und Denkavit[490] bezog, zeigt, daß er auch in diesen Urteilen die Erschwerung und Verteuerung als Hindernisse für den freien Warenverkehr gesehen hatte. Die Erschwerung oder Verteuerung stellte also eine Möglichkeit des Bejahens einer *Maßnahme gleicher Wirkung* dar. In diesem Fall lag die zweite Alternative vor, weil die Regelung sowohl die in- als auch die ausländischen Erzeugnisse betraf.

Im folgenden Fall ging es um eine Regelung, die vorschrieb, daß der Verkäufer einer Ware im betreffenden Mitgliedstaat ansässig bzw. im Handelsregister eingetragen sein mußte.[491] Eine belgische Regelung sah vor, daß es in Belgien ansässigen Personen vorbehalten war, die Zulassung oder Genehmigung von nicht zum landwirtschaftlichen Gebrauch bestimmten Pestiziden und von Pflanzenschutzmitteln zu beantragen. Hierzu entschied der Gerichtshof:

„Es ist unstreitig, daß das in den belgischen Rechtsvorschriften aufgestellte Erfordernis die Einfuhr der betreffenden Erzeugnisse nach Belgien beeinträchtigt, indem es den in anderen Mitgliedstaaten ansässigen Unternehmen die Kosten für die Niederlassung eines Vertreters in Belgien auferlegt und deshalb bestimmten Unternehmen, vor allem den mittleren und kleinen, den Zugang zum belgischen Markt erschweren, ja sogar unmöglich machen kann."[492]

---

489 EuGH vom 15.12.1976, Slg. 1976, S. 1871, Rs. 35/76.

490 EuGH vom 08.11.1979, Slg. 1979, S. 3369, Rs. 251/78 - „Denkavit".

491 EuGH vom 02.03.1983, Slg. 1983, S. 531, Rs. 155/82; ähnliche Regelungen betrafen die folgenden Fälle: EuGH vom 28.02.1984, Slg. 1984, S. 1111, Rs. 247/81; EuGH vom 30.04.1991, Slg. 1991, S. 2023, Rs. 239/90; vgl. auch EuGH vom 26.02.1980, S. 327, Rs. 94/79.

492 EuGH vom 02.03.1983, Slg. 1983, S. 531 (542), Rdn. 7, Rs. 155/82; ähnlich - jedoch ohne auf die Voraussetzung des Marktzugangs einzugehen - wurde argumentiert in EuGH vom 28.02.1984, Slg. 1984, S. 1111 (1119), Rdn. 4, Rs. 247/81; EuGH vom 30.04.1991, Slg. 1991, S. 2023 (2038), Rdn. 12 ff., Rs. 239/90.

Für das Vorliegen einer *Maßnahme gleicher Wirkung* zog der EuGH das Argument heran, daß aufgrund der Regelung ausländischen Unternehmen zusätzliche Kosten entstünden, die sogar dazu führen könnten, den Zugang zum Markt unmöglich zu machen. Wird der Zugang zum Markt unmöglich gemacht, handelt es sich um eine materielle Diskriminierung. Auf diese Frage mußte der Gerichtshof allerdings nicht eingehen, da eine Rechtfertigung aufgrund der Volksgesundheit nach Art. 30 EG-Vertrag geprüft wurde.

Der EuGH hatte in dem Verfahren „Fietje" darüber zu entscheiden, ob es mit Art. 28 EG-Vertrag vereinbar sei, daß Getränke, die in anderen Mitgliedstaaten keiner Verpflichtung unterlagen, eine bestimmte Bezeichnung wie z.B. „likeur" zu tragen, für die Einfuhr in die Niederlande anders etikettiert werden mußten, da dort eine solche Pflicht bestand.[493] Der EuGH entschied:

„Zwar schließt die Ausdehnung der Verpflichtung zur Verwendung einer bestimmten Bezeichnung auf dem Etikett auf die eingeführten Erzeugnisse die Einfuhr aus anderen Mitgliedstaaten stammender oder sich in diesen Staaten im freien Verkehr befindlicher Erzeugnisse in den betreffenden Mitgliedstaat nicht absolut aus; sie kann aber deren Vermarktung, vor allem im Falle der Paralleleinfuhr, erschweren. Wie die niederländische Regierung in ihren Erklärungen eingeräumt hat, kann eine solche Ausdehnung daher - zumindest mittelbar - den Handel zwischen den Mitgliedstaten behindern."[494]

Fraglich ist, ob eine solche Erschwerung der Einfuhr auch unter einem Diskriminierungsgesichtspunkt zu sehen ist. Festzuhalten bleibt, daß unter formeller Betrachtung eine Diskriminierung auszuschließen ist, da die nationale Regelung sowohl für die inländischen als auch für die eingeführten Erzeugnisse galt, so daß die eingeführten Waren und die inländischen gleich behandelt wurden. Allerdings stellte die Regelung für die Erzeugnisse, die in einem anderen Mitgliedstaat der Gemeinschaft rechtmäßig hergestellt und in den Verkehr gebracht worden waren, eine Erschwerung dar, wenn sie, um in einem anderen Land vermarktet werden zu können, die Etikettierung verändern mußten. Wie jedoch bereits festgestellt wurde,

---

[493] EuGH vom 16.12.1980, Slg. 1980, S.3839, Rs. 27/80.

[494] EuGH vom 16.12.1980, Slg. 1980, S. 3839 (3853), Rdn. 10 – „Fietje"; auf dies Urteil bezieht sich der EuGH in dem sog. Jogurt-Urteil vom 14:7.1988, Slg. 1988, S. 4489 (4510), Rdn. 12, Rs. 298/87; so auch EuGH vom 16.12.1980, Slg. 1980, S. 3839, Rs. 27/80 – „Kikvorsch" (hinsichtlich der Etikettierung des Bieres).

stellt eine Erschwerung der Einfuhr allein noch keine materielle Diskriminierung dar. Der EuGH überprüfte diese Regelung anhand der „Cassis-Formel".[495] Es handelte sich also für ihn um eine unterschiedslose Regelung.[496]

Um eine nicht ganz typische Etikettierungsvorschrift ging es in dem Verfahren „Robertson": eine belgische Regelung sah vor, daß auf Arbeiten aus versilbertem Metall, die ihrer Natur nach mit Arbeiten aus massivem Silber verwechselt werden konnten, besondere, nicht entfernbare und von dem Gegenstand untrennbare Prägestempel anzubringen waren, die das Gewicht des aufgebrachten Feinsilbers und den Hersteller der Arbeit angaben.[497] Der EuGH entschied, daß eine solche Regelung ein Hemmnis für den freien Warenverkehr zwischen den Mitgliedstaaten darstelle:

„Sie hat nämlich zur Folge, daß entweder das Anbringen von Prägestempeln während der Herstellung erforderlich wird, wenn es sich um für den belgischen Markt bestimmte Arbeiten handelt, oder das Anbringen von Prägestempeln durch den Importeur nach den Vorschriften des belgischen Rechts, und macht so die Vermarktung von Erzeugnissen aus anderen Mitgliedstaaten und insbesondere Paralleleinfuhren schwieriger und kostspieliger."[498]

Die Vermarktung wurde erschwert und verteuert. Es lag weder eine formelle noch eine materielle Diskriminierung vor. Aus diesem Grunde wurde die Anwendbarkeit der Cassis-Formel konsequenterweise bejaht.[499]

In dem Fall „Houtwipper" hatte sich der Gerichtshof mit der Frage zu beschäftigen, ob eine niederländische Regelung, die das Punzieren von Edelmetallarbeiten betraf, mit Artikel 30 EG-Vertrag vereinbar war.[500] Danach

---

[495] EuGH vom 16.12.1980, Slg. 1980, S. 3839 (3853), Rdn. 11ff. – „Fietje".
[496] So auch in den folgenden Urteilen: EuGH vom 14.07.1988, Slg. 1988, S. 4489 (4510 ff.), Rdn. 12 ff., Rs. 298/87; EuGH vom 05.12.2000, S. 10663 (10689f.), Rdn. 27, Rs. 448/98.
[497] EuGH vom 22.06.1982, Slg. 1982, S. 2349, Rs. 220/81 – „Robertson".
[498] EuGH vom 22.06.1982, Slg. 1982, S. 2349 (2361), Rdn. 10, Rs. 220/81 – „Robertson".
[499] EuGH vom 22.06.1982, Slg. 1982, S. 2349 (2361), Rdn. 11, Rs. 220/81 – „Robertson".
[500] EuGH vom 15.09.1994, Slg. 1994, S. 4249, Rs. 293/93 – „Houtwipper"; vgl. EuGH vom 14.06.2001, Slg. 2001, S. 4553 (4568), Rdn. 25, Rs. 84/00; EuGH vom 21.06.2001, Slg. 2001, S. 4619 (4659f.), Rdn. 27, Rs. 30/99.

mußten solche Edelmetallarbeiten aus anderen Mitgliedstaaten, die dort bereits entsprechend den Rechtsvorschriften dieser Staaten gepunzt waren, in den Niederlanden erneut gepunzt werden. Der EuGH stellte fest, daß solche Regelungen die Einfuhr erschweren und verteuern würden.[501] Eine solche Regelung erfordere nämlich die Einschaltung eines Importeurs und die Entrichtung eines Entgelts an die Überwachungsstelle und verursache Verzögerungen bei der Vermarktung der Erzeugnisse, die sich auf deren Kosten auswirken würden.[502]

Dem Gerichtshof kam es folglich auf eine mögliche Erschwerung bzw. Verteuerung der Einfuhr an. Ein weiteres Kriterium ist für ihn nicht relevant. Dennoch könnte sich dieser Fall von solchen unterscheiden, in denen ein ausländisches Erzeugnis an die inländischen Vorschriften angepaßt werden mußte, ohne ausländische Erzeugnisse zu diskriminieren. Insbesondere der Unterschied zu dem Verfahren „Robertson"[503], könnte hier darin liegen, daß eine erneute niederländische Punzierung auf jeden Fall stattfinden mußte.[504] Dies ging daraus hervor, daß die in Art. 48 der Waarborgwet 1986 (Punzierungsgesetz 1986; Stb. 38/1987) enthaltene Ausnahme besagte, daß eine Ausnahme von der Punzierungspflicht für aus Belgien und Luxemburg eingeführte Edelmetallarbeiten, die in diesen Ländern amtlich gepunzt worden seien, bestehe. Im Umkehrschluß folgt daraus, daß alle anderen Edelmetallarbeiten, auch wenn sie bereits gepunzt worden waren, und womöglich sogar den niederländischen Vorschriften exakt entsprachen, dennoch bei ihrer Einfuhr in die Niederlande erneut gepunzt werden mußten. Das bedeutete jedoch, daß selbst bei identischen Punzierungsvorschriften in anderen Mitgliedsstaaten, die ausländischen Edelmetallarbeiten keine Möglichkeit hatten, sich den niederländischen Vorschriften anzupassen, um nicht noch einmal punziert zu werden. Folglich bedeutete die Regelung eine Diskriminierung der ausländischen Erzeugnisse mit Ausnahme der belgischen und luxemburgischen. Zu fragen bleibt, ob es sich um eine formelle oder materielle Diskriminierung handelte. In diesem Fall könnte sogar eine formelle Diskriminierung bejaht werden, da aus Ar-

---

[501] EuGH vom 15.09.1994, Slg. 1994, S. 4249 (4267), Rdn. 13, Rs. 293/93 – „Houtwipper".

[502] EuGH vom 15.09.1994, Slg. 1994, S. 4249 (4267), Rdn. 13, Rs. 293/93 – „Houtwipper"; so bereits in EuGH vom 22.06.1982, Slg. 1982, S. 2349, Rs. 220/81, „Robertson".

[503] EuGH vom 22.06.1982, Slg. 1982, S. 2349, Rs. 220/81, „Robertson".

[504] Einzige Ausnahme stellen dabei in Belgien und Luxemburg gepunzte Edelmetalle dar.

tikel 48 der Waarborgwet eine Diskriminierung aller anderen Erzeugnisse hervorging. Andererseits galt die Regelung gleichermaßen für in- und ausländische Erzeugnisse, da auch die niederländischen Edelmetallarbeiten gepunzt werden mußten. Der Unterschied bestand jedoch darin, daß die ausländischen Edelmetallarbeiten ein zweites Mal gepunzt werden mußten, um den niederländischen Anforderungen zu entsprechen. Es lag somit eine materielle Diskriminierung der ausländischen Edelmetallarbeiten vor.

Dennoch prüfte der EuGH die „Cassis-Formel"[505]. Dies verwundert deshalb um so mehr, als er innerhalb dieser Prüfung mehrmals eine Diskriminierung feststellte. Er verglich diesen Fall nämlich mit dem Fall „Robertson" und sagte, daß eine erneute Punzierung dann nicht vorgeschrieben werden dürfte, wenn die bereits erfolgte mit den Erfordernissen der nationalen Punzierung übereinstimme.[506] Im Fall „Robertson" hingegen mußte ein der belgischen Regelung entsprechender Prägestempel nur dann angebracht werden, wenn der bereits angebrachte Prägestempel nicht den Anforderungen entsprach. Ansonsten konnte auch der ausländische Stempel die Voraussetzungen erfüllen, so daß eine erneute Prägung nicht zwingend geboten war.[507] Es handelte sich in diesem Fall somit um eine Diskriminierung, da die Regelung festlegte, daß jedes eingeführte Edelmetall neu gepunzt werden mußte. Der Gerichtshof wollte dies nicht feststellen, damit er die Regelung anhand des Verbraucherschutzes, also der „Cassis-Formel" überprüfen konnte.

Es ist bereits das Urteil in Sachen „Prantl"[508] betreffend die Verwendung von Bocksbeutelflaschen erörtert worden. Zu einem auf den ersten Blick ähnlichen Ergebnis gelangte der EuGH bei der Beurteilung einer deutschen Regelung, die den Verkauf von „pétillant de raisin" in Schaumweinflaschen herkömmlicher Art auf dem deutschen Markt verbot.[509] Der EuGH entschied:

„Dazu ist zu bemerken, daß die Regelung, wie auch die Bundesregierung nicht bestreitet, geeignet ist, den innergemeinschaftlichen Handel zu beeinträchtigen. Die Erzeuger

---

[505] EuGH vom 15.9.1994, S. 4249 (4267), Rdn.14, Rs. 293/93 – „Houtwipper".
[506] EuGH vom 15.09.1994, S. 4249 (4268), Rdn. 15, Rs. 293/93 – „Houtwipper".
[507] EuGH vom 22.06.1982, Slg. 1982, S. 2349, Rs. 220/81, „Robertson".
[508] Siehe oben unter 5.: EuGH vom 13.03.1984, Slg. 1984, S. 1299 (1327), Rdn. 24, Rs. 16/83 - „Prantl".
[509] EuGH vom 04.12.1986, Slg. 1986, S. 3879 (3896), Rdn. 8, Rs. 179/85.

des ausführenden Mitgliedstaats müßten nämlich, wenn sie „pétillant de raisin" in der Bundesrepublik Deutschland absetzen wollten, dieses Erzeugnis für diesen bestimmten Markt in andere Flaschen abfüllen, als sie von ihnen sowohl im Ursprungsland als auch auf dem Markt der übrigen Mitgliedstaaten verwendet werden. Die Vermarktung würde so erschwert oder verteuert."[510]

Auffällig ist jedoch, daß der EuGH nicht wie im Fall „Prantl" die von der Regelung möglicherweise ausgehende Schutzwirkung der einheimischen Industrie herausstellte. Zu diesem Aspekt schwieg der Gerichtshof. Er stellte lediglich fest, daß die Vermarktung aufgrund der Regelung erschwert würde. Es stellt sich deshalb die Frage, ob dieses Schweigen trotz der offensichtlichen Ähnlichkeit der beiden Fälle von Bedeutung ist. Die deutsche Regelung, die festlegte, welcher deutsche Wein überhaupt nur in Bocksbeutelflaschen abgefüllt werden konnte, nannte die verschiedenen deutschen Regionen explizit. Die diesem Fall zugrunde liegende Vorschrift besagte hingegen, daß in Schaumweinflaschen herkömmlicher Art nur Schaumwein in den Verkehr gebracht werden dürfe.[511] Letztere Regelung unterschied sich in ihrer Qualität also insofern von der ersten, als sie generell festlegte, daß nur Schaumwein auch in Schaumweinflaschen abgefüllt werden durfte. Dabei wurde jedoch nicht ein bestimmter deutscher Schaumwein bevorzugt; die Regelung galt auch für alle ausländischen Schaumweine. Es wurde also keine inländische Produktion bevorzugt. Der Unterschied der beiden Regelungen bestand demnach darin, daß die eine festlegte, daß nur deutsche Weine in Bocksbeutelflaschen abgefüllt werden konnten, während die andere nicht auf die Herkunft der Weine, sondern den Alkoholgehalt der Weine abstellte. Hieraus zog der EuGH die Schlußfolgerung, daß die eine Regelung Schutzwirkungen entfaltete, während die andere dies nicht tat. Somit stellte der EuGH für das Bejahen einer *Maßnahme gleicher Wirkung* in diesem Fall nicht auf Schutzwirkungen zugunsten der inländischen Erzeugnisse ab, sondern darauf, daß aufgrund der Unterschiedlichkeit der Regelungen der einzelnen nationalen Staaten die Vermarktung erschwert oder verteuert wurde.

Der EuGH wandte die „Cassis-Formel" an. Hier paßte die Anwendbarkeit derselben im Gegensatz zum Fall „Prantl", da die Regelung weder eine formelle noch eine materielle Diskriminierung der ausländischen Produkte bedeutete.

---

[510] EuGH vom 04.12.1986, Slg. 1986, S. 3879 (3896), Rdn. 8, Rs. 179/85.
[511] § 10 Absatz 2 der Schaumwein-Branntwein-Verordnung vom 15. Juli 1971.

Eine dänische Verordnung sah vor, daß die Hersteller von Bier und Erfrischungsgetränken diese nur in Mehrwegverpackungen auf den Markt bringen durften, die wiederum vom nationalen Umweltamt genehmigt werden mußten.[512] Diese Verordnung wurde durch die Verordnung Nr. 95 vom 16.3.1984 dahingehend abgeändert, daß nicht genehmigte Verpackungen, ausgenommen jede Art von Metallverpackung, für höchstens 3 000 hl je Hersteller und Jahr oder im Rahmen von Geschäften ausländischer Hersteller zur Erprobung auf dem Markt verwendet werden durften, sofern ein Pfand- und Rücknahmesystem errichtet wurde. An dem Vorliegen einer *Maßnahme gleicher Wirkung* bestanden keine Zweifel.[513] Die Regelung, nach der die Hersteller von Bier und Erfrischungsgetränken diese nur in genehmigten Mehrwegverpackungen auf den Markt bringen durften, hatte folgende Wirkungen:

„Wenn der ausländische Hersteller in einem solchen Fall trotzdem in Dänemark verkaufen wollte, müßte er Verpackungen eines bereits genehmigten Typs herstellen oder kaufen, was bedeutende Mehrkosten mit sich bringen und die Einfuhr seiner Erzeugnisse nach Dänemark daher sehr erschweren würde.“[514]

Der EuGH erkannte also eine Erschwerung der Einfuhr für die ausländischen Erzeugnisse an. Die Anwendbarkeit der „Cassis-Formel“ wurde bejaht.[515]

Aufgrund der RL 79/373 erließ die Bundesrepublik Deutschland eine Vorschrift, die die Erzeuger von Mischfuttermitteln verpflichtete, auf ihren Erzeugnissen alle enthaltenen Einzelfuttermittel in der absteigenden Reihenfolge ihrer Gewichtsanteile anzugeben.[516] Der EuGH entschied, daß eine solche Regelung im Hinblick auf das „Dassonville-“ und das „Cassis-Urteil“ die Einfuhr von Mischfuttermitteln aus solchen Mitgliedstaaten, die eine solche Deklaration nicht vorschrieben, erschwere und damit unter das Verbot des Art. 28 EG-Vertrag falle.[517] Eine formelle Diskriminierung schloß der Gerichtshof aus und für eine materielle lagen keine Anhalts-

---

[512] Verordnung Nr. 397 vom 2.7.1981.
[513] EuGH vom 20.09.1988, Slg. 1988, S. 4607 (4629), Rdn. 6, Rs. 302/86.
[514] EuGH vom 20.09.1988, Slg. 1988, S. 4607 (4631), Rdn. 17, Rs. 302/86.
[515] EuGH vom 20.09.1988, Slg. 1988, S. 4607 (4629ff.), Rdn. 6ff., Rs. 302/86.
[516] EuGH vom 20.06.1991, Slg. 1991, S. 3069, Rs. 39/90.
[517] EuGH vom 20.06.1991, Slg. 1991, S. 3069 (3106), Rdn. 17, Rs. 39/90.

punkte vor. Der EuGH prüfte die „zwingenden Erfordernisse“ der „Cassis-Formel“.[518]

In einem weiteren Fall begründete der EuGH das Vorliegen einer *Maßnahme gleicher Wirkung* folgendermaßen:

„Zwar schließt das Erfordernis, daß Fernsprechgeräte zugelassen sein müssen, damit sie an das Netz angeschlossen werden können, die Einfuhr von Erzeugnissen aus anderen Mitgliedstaaten in den betroffenen Mitgliedstaat nicht vollständig aus. Dennoch kann es deren Vertrieb erschweren oder verteuern. Eine solche Verpflichtung zwingt nämlich den im Ausfuhrmitgliedstaat niedergelassenen Hersteller, bei der Herstellung der betreffenden Erzeugnisse die im Einfuhrmitgliedstaat vorgeschriebenen Zulassungskriterien zu berücksichtigen.“[519]

Anhand dieser Begründung wird nochmals deutlich, daß der Gesichtspunkt der Erschwerung und der Verteuerung der Einfuhr keine Diskriminierung der ausländischen Erzeugnisse bedeutete. Der EuGH sagte, daß unterschiedliche rechtliche Vorschriften den Hersteller dazu zwängen, diese bei der Einfuhr zu berücksichtigen; er sagte aber nicht, daß dieses Berücksichtigen in irgendeiner Weise eine Benachteiligung bzw. Diskriminierung darstelle. Eine Zulassung war nicht nur für ausländische Erzeugnisse erforderlich, sondern gleichsam für die inländischen Erzeugnisse. Die Unterschiedlichkeit der Rechtsordnungen in den einzelnen Mitgliedstaaten führte dazu, daß Hindernisse im Warenverkehr entstanden, die *Maßnahmen gleicher Wirkung* darstellten, aber keine Diskriminierungen waren.

In einem anderen die Etikettierung von Kristallglaserzeugnissen der Arten 3 und 4 des Anhangs I der Richtlinie 69/493[520] betreffenden Fall,[521] beließ

---

[518] EuGH vom 20.06.1991, Slg. 1991, S. 3069 (3107), Rdn. 18, Rs. 39/90.

[519] EuGH vom 13.12.1991, Slg. 1991, S. 5941 (5983), Rdn. 32, Rs. 18/88; siehe auch EuGH vom 24.03.1994, Slg. 1994, S. 1019 (1034), Rdn. 21, Rs. 80/92. Allerdings wird in dem letzteren nicht auf das Kriterium der Erschwerung und Verteuerung der Einfuhr eingegangen.

[520] Richtlinie 69/493/EWG des Rates vom 15.12.1969 zur Angleichung der Rechtsvorschriften der Mitgliedstaaten für Kristallglas (ABl. L 326, S. 36).

[521] Die Richtlinie verbietet, die Artbezeichnung in einer anderen Sprache als der Sprache oder der Sprachen des Landes anzubringen, in dem sie in den Verkehr gebracht werden.

der EuGH es nicht bei der Feststellung, daß die Etikettierung betroffen sei, um eine *Maßnahme gleicher Wirkung* zu bejahen,[522] sondern fügte hinzu:

„[...] da die aus anderen Mitgliedstaaten stammenden Erzeugnisse mit anderen Etiketten versehen werden müssen, was zusätzliche Aufmachungskosten verursacht.“[523]

Die zusätzlichen Kosten waren demnach ausschlaggebend für das Bejahen einer *Maßnahme gleicher Wirkung.*

In Deutschland durften die kosmetischen Mittel der Firma Clinique nicht unter dem Namen der Firma vertrieben werden, sondern mußten sich „Linique“ nennen. Begründet wurde dies damit, daß die Verbraucher nicht über den Inhalt irre geführt werden durften, denn sie konnten die Bezeichnung möglicherweise mit einer klinischen Wirkung in Verbindung bringen. Das bedeutete für die Firma Clinique, daß sie für den Vertrieb ihrer Kosmetika in Deutschland unterschiedliche Verpackungen und eine andere Art der Werbung verwenden mußte als in den übrigen Staaten der Gemeinschaft. Nachdem sie dies seit Einführung ihrer Produkte in Deutschland im Jahre 1972 getan hatte, entschied die Firma Clinique, ihre Produkte auch in Deutschland unter der Bezeichnung „Clinique“ zu führen. Dies führte dazu, daß eine Verbraucherschutzorganisation Klage wegen Verstoßes gegen § 3 des Gesetzes gegen den unlauteren Wettbewerb erhob. Dieser Fall lag dem EuGH als Vorlagefrage zur Entscheidung vor. [524] Der EuGH entschied in Anlehnung an seine Begründung im Urteil „Pall“, das bereits besprochen wurde:[525]

„Das ebenfalls mit § 3 UWG begründete Verbot, in der Bundesrepublik Deutschland Mittel unter derselben Bezeichnung in den Verkehr zu bringen, unter der sie in anderen Mitgliedstaaten vermarktet werden, stellt grundsätzlich eine solche Behinderung des innergemeinschaftlichen Handels dar. Der Umstand, daß das betroffene Unternehmen aufgrund dieses Verbots gezwungen ist, seine Erzeugnisse allein in diesem Mitgliedstaat unter einer anderen Bezeichnung zu vertreiben und zusätzliche Verpackungs- und Wer-

---

[522] EuGH vom 09.08.1994, Slg. 1994, S. 3879 (3898), Rdn. 10, Rs. 51/93 – „Meyhui“.
[523] EuGH vom 09.08.1994, Slg. 1994, S. 3879 (3899), Rdn. 13, Rs. 51/93 – „Meyhui“; so auch EuGH vom 16.11.2000, Slg. 2000, S. 10251 (10272), Rdn. 17, Rs. 217/99.
[524] EuGH vom 02.02.1994, Slg. 1994, S. 317, Rs. 315/92.
[525] EuGH vom 13.12.1990, Slg. 1990, S. 4827, Rs. 238/89 - „Pall Corp“.

bekosten auf sich zu nehmen, zeigt, daß diese Maßnahme den freien Warenverkehr beeinträchtigt."[526]

Im Gegensatz zum „Yves-Rocher-Fall",[527] in dem es auch um einen Verstoß gegen § 3 UWG ging, wurde hier das Erzeugnis unmittelbar betroffen, da das Verbot dazu führte, daß Veränderungen am Produkt vorgenommen werden mußten (Etikettierung, Verpackung), um auf dem deutschen Markt vertrieben zu werden. Diese Veränderungen bedeuteten einen Mehraufwand an Kosten und Zeit, die eine Behinderung der Einfuhr nach Deutschland darstellte. Diese Behinderung beruhte aber nicht auf einer Schlechterstellung der ausländischen gegenüber der inländischen Produktion. Alle Produzenten, ob inländisch oder ausländisch, hatten sich in Deutschland an das Gesetz gegen den unlauteren Wettbewerb zu halten. Dieses hat nicht das Ziel, die ausländischen Erzeugnisse gegenüber den inländischen zu benachteiligen, sondern soll einen fairen und dem Verbraucher gegenüber ehrlichen Wettbewerb fördern. An dieses Gesetz sind somit alle gleichermaßen gebunden.

Daß die Kosmetikartikel der Firma Clinique hierdurch eine zusätzliche Belastung erfuhren, steht außer Frage;[528] diese stellte aber weder eine formelle noch eine materielle Diskriminierung dar. Dies ergibt sich auch daraus, daß der Gerichtshof die „Cassis-Formel" anwandte.[529]

In einem von der Kommission eingeleiteten Verfahren mußte die Frage beantwortet werden, ob die deutsche Regelung, die vorsah, daß Arzneimittel und sterile medizinische Instrumente zur einmaligen Verwendung, die mit einem Verfallsdatum gekennzeichnet waren, für den deutschen Markt mit einer halbjährlichen Haltbarkeitsangabe (30. Juni und 31. Dezember) gekennzeichnet werden mußten, gegen Art. 28 EG-Vertrag verstieß.[530] Der EuGH entschied:

„Ohne daß die etwaigen, mit der Änderung der Verpackung verbundenen Kosten geprüft zu werden brauchen, ist festzustellen, daß die fragliche Maßnahme, die die Voraussetzungen betrifft, denen die Erzeugnisse genügen müssen, geeignet ist, den inner-

[526] EuGH vom 02.02.1994, Slg. 1994, S. 317 (337), Rdn. 19, Rs. 315/92.
[527] Siehe oben unter 5.
[528] So auch Leible, DZWir 1994, S. 177 (178).
[529] EuGH vom 02.02.1994, Slg. 1994, S. 317 (337), Rdn. 21, Rs. 315/92.
[530] EuGH vom 01.06.1994, Slg. 1994, S. 2039, Rs. 317/92.

gemeinschaftlichen Handel zu beeinträchtigen, da sie die Vermarktungsdauer der eingeführten Erzeugnisse verringern kann, und daß sie deshalb nach ständiger Rechtsprechung eine nach Artikel 30 EWG-Vertrag [Artikel 28 EG-Vertrag] verbotenen Maßnahme mit gleicher Wirkung wie eine mengenmäßige Beschränkung darstellt. Daß diese Maßnahme gegebenenfalls einer nationalen Praxis entspricht, kann ihr nicht ihren beschränkenden Charakter nehmen, da sie selbst Ausdruck einer Verpflichtung ist, die von den Importeuren die Änderung der Verfalldaten verlangt."[531]

Durch die deutsche Regelung konnten die Hersteller ausländischer Arzneimittel dazu gezwungen werden, die Verpackungen für die Einfuhr nach Deutschland anders zu gestalten als die übrigen. Entweder die Arzneimittel mußten umgepackt werden oder aber die Produktion mußte sogleich auf zwei verschiedene Verpackungen eingestellt werden. Beide Produktionsabläufe hatten gemeinsam, daß sie für den Hersteller einen gesonderten Aufwand bedeuteten, der sich sowohl in eine zeitliche, und damit auch Kosten verursachende Komponente (Transaktionskosten), als auch eine reine zusätzliche Kosten verursachende Komponente gliedern ließ. Auf diese Kriterien stellte der Gerichtshof aber nicht ab; er bejahte die Handelsbeeinträchtigung vielmehr wegen der „verringerten Vermarktungsdauer der eingeführten Erzeugnisse". In der Tat konnte eine Arznei, die beispielsweise bis Ende Oktober haltbar war, auf dem deutschen Markt nur bis Ende Juni, also dem Ende des 1. Halbjahres, vermarktet werden.

Die in- und ausländischen Arzneien waren alle von der Regelung betroffen. Eine Benachteiligung der ausländischen Erzeugnisse gegenüber den inländischen konnte nur darin zu sehen sein, daß sich die deutsche Arzneimittelproduktion auf diese Regelung insoweit eingestellt hatte, daß sie auch die Haltbarkeit der Arzneien bei der Herstellung auf diese Daten abstimmte. Allerdings ist zu bedenken, daß auch der Ablauf der Haltbarkeit für in Deutschland hergestellte Arzneien in einen Zeitraum zwischen den 31.12 und 29.06 bzw. 30.06 und 30.12 fallen konnte. Diese Arzneien waren von der Regelung in derselben Weise betroffen wie die ausländischen. Wenn also der Gerichtshof auf die „verringerte Vermarktungsdauer" abstellte, dann wurde das eingeführte Arzneimittel in keiner Weise gegenüber dem inländischen benachteiligt. In dieser Entscheidung kann kein Diskriminierungsaspekt gesehen werden. Im Gegenteil, der EuGH bezog seine Argumentation auf seine in „Keck" aufgestellte Formel und darüber hinaus bejahte er eine Beschränkung des Handels. Im Gegensatz zu seinen früheren

---

[531] EuGH vom 01.06.1994, Slg. 1994, S. 2039 (2060), Rdn. 12, Rs. 317/92.

Urteilen argumentierte der EuGH zwar anders, kam aber zu demselben Ergebnis des Vorliegens einer *Maßnahme gleicher Wirkung.*

Der Fall „Mars“[532] betraf die Frage, ob es gegen den freien Warenverkehr verstoße, wenn ein Eiskremriegel, der im Rahmen einer kurzzeitigen europaweiten Werbekampagne den Aufdruck „+10 %“ trug, in Deutschland nicht vertrieben werden durfte, weil dieses aufgrund der möglichen Irreführung der Verbraucher über den Preis und die Menge der Ware gegen das Gesetz gegen den unlauteren Wettbewerb (UWG) verstieß. Das UWG galt sowohl für die einheimischen als auch für die ausländischen Produkte; es handelte sich also um eine unterschiedslose Regelung. Der EuGH entschied:

„Ein Verbot wie das im Ausgangsverfahren streitige [...] ist geeignet, den innergemeinschaftlichen Handel zu behindern. Es kann nämlich den Importeur dazu zwingen, die Ausstattung seiner Erzeugnisse je nach dem Ort des Inverkehrbringens unterschiedlich zu gestalten und demgemäß die zusätzlichen Verpackungs- und Werbungskosten zu tragen.“[533]

Der Gerichtshof ging auf die Frage, daß eine Werberegelung auch eine „Verkaufsmodalität“ im Sinne der „Keck-Formel“ darstellen könne, nicht ein, da das Betroffensein der Produktverpackung im Vordergrund stand.[534] Obwohl es in diesem Fall also eigentlich nicht um eine die Produktbeschaffenheit direkt berührende Regelung ging, die betreffende Regelung sich aber derart auswirkte, daß das Produkt hätte verändert werden müssen, wurde die „Keck-Formel“ über „Verkaufsmodalitäten“ nicht angewandt.[535] Der EuGH prüfte konsequenterweise die „Cassis-Formel“.[536]

In einem eher untypischen Fall ging es um die Beurteilung der folgenden österreichischen Regelung: diese verbat, dem Leser in periodischen Druckwerken die Teilnahmemöglichkeit an einer Verlosung einzuräumen.[537] Der Gerichtshof schloß zunächst die Anwendbarkeit der „Keck-Formel“ aus, da die betreffende Regelung keine „Verkaufsmodalität“ sei:

---

[532] EuGH vom 06.07.1995, Slg. 1995, S. 1923, Rs. 470/93 – „Mars“.
[533] EuGH vom 06.07.1995, Slg. 1995, S. 1923 (1941), Rdn. 13, Rs. 470/93 – „Mars“.
[534] Vgl. Lüder, EuZW 1995, S. 609.
[535] Vgl. Leible, WRP 1994, S. 908 (909).
[536] EuGH vom 06.07.1995, Slg. 1995, S. 1923 (1941), Rdn. 15 – „Mars“.
[537] EuGH vom 26.06.1997, Slg. 1997, S. 3689, Rs. 368/95.

„Selbst wenn die streitige nationale Regelung eine verkaufsfördernde Maßnahme betreffen sollte, so bezieht sie sich im vorliegenden Fall doch auf den Inhalt der Erzeugnisse selbst, denn die fraglichen Preisausschreiben sind Bestandteil der Zeitschrift, in der sie sich befinden."[538]

Er fuhr sodann fort, einen Verstoß gegen Art. 28 EG-Vertrag zu bejahen:

„Ferner beeinträchtigt das streitige Verbot den Zugang der fraglichen Zeitschrift zum Markt des Einfuhrmitgliedstaates und behindert daher den freien Warenverkehr, da es in anderen Mitgliedstaaten niedergelassene Verlage zwingt, deren Inhalt zu ändern."[539]

Die Begründung enthielt keinen Hinweis auf mögliche Zusatzkosten oder Verzögerungen, sondern begnügte sich mit der Feststellung, daß Verlage aus anderen Mitgliedstaaten gezwungen wurden, den Inhalt der jeweiligen Zeitschrift für die Einfuhr nach Österreich zu ändern. Dies war für den Gerichtshof ein ausreichendes Indiz dafür, daß der freie Warenverkehr behindert wurde. Diese Regelung unterschied nicht aufgrund der Herkunft der Zeitschriften, sondern verbot generell, Verlosungen in Zeitschriften anzubieten. Es handelte sich bei dieser Regelung daher um eine unterschiedslose Regelung, so daß das Bejahen der Anwendbarkeit der „Cassis-Formel" durch den EuGH nur konsequent war.[540]

Gegenstand eines anderen Verfahrens war eine schwedische Regelung, die vorsah, daß die Einfuhr alkoholischer Getränke den Inhabern einer Herstellungs- oder Großhandelserlaubnis vorbehalten war.[541] Der EuGH entschied:

„Diese Erlaubnisregelung stellt ein Hindernis für die Einfuhr alkoholischer Getränke aus anderen Mitgliedstaaten dar, da durch sie zusätzliche Kosten für diese Getränke anfallen, z.B. Vermittlungskosten oder Kosten, die mit der Amortisierung der für die Erteilung einer Erlaubnis erhobenen Gebühren und Abgaben oder mit dem Erfordernis von Lagerungsmöglichkeiten in Schweden zusammenhängen."[542]

---

[538] EuGH vom 26.06.1997, Slg. 1997, S. 3689 (3714), Rdn. 11, Rs. 368/95.
[539] EuGH vom 26.06.1997, Slg. 1997, S. 3689 (3714), Rdn. 12, Rs. 368/95.
[540] EuGH vom 26.06.1997, Slg. 1997, S. 3689 (3714ff.), Rdn. 13ff., Rs. 368/95.
[541] EuGH vom 23.10.1997, Slg. 1997, S. 5909, Rs. 189/95.
[542] EuGH vom 23.10.1997, Slg. 1997, S. 5909 (5975), Rdn. 71, Rs. 189/95.

Der Gerichtshof bejahte ein Einfuhrhindernis aufgrund der zusätzlich entstehenden Kosten.

In den genannten Fällen genügte dem Gerichtshof jede Erschwernis bzw. Verteuerung der Einfuhr, um einen Verstoß gegen Artikel 28 EG-Vertrag zu bejahen. Diese Ergebnisse zeigen, daß der EuGH solche Vorschriften als *Maßnahmen gleicher Wirkung* ansah, die dazu führten, daß in einem Mitgliedstaat rechtmäßig hergestellte Erzeugnisse für die Einfuhr in einen anderen Mitgliedstaat sich den Regelungen desselben anpassen mußten. Eine Behinderung des Handels aufgrund der unterschiedlichen Rechtsvorschriften wurde bejaht, weil die Einfuhr von Produkten erschwert oder verteuert wurde. Sie erfuhren möglicherweise eine größere Belastung als die einheimischen, diese Mehrbelastung bedeutete aber nicht, daß die einzuführenden Erzeugnisse im Vergleich zu den inländischen unterschiedlich behandelt wurden.

In den genannten Fällen wurde wegen der fehlenden Diskriminierung auch stets die „Cassis-Formel" angewandt. Diese war auch gerade für solche Vorschriften geschaffen worden, die eine Unterscheidung aufgrund der Herkunft der Produkte nicht trafen.

b) Fälle, in denen eine Maßnahme gleicher Wirkung verneint wurde

Der Fall „Torfaen Borough Council"[543] aus dem Jahre 1989 warf die Frage auf, ob ein innerstaatliches Verkaufsverbot an Sonntagen eine *Maßnahme gleicher Wirkung* darstellen könne. Der Generalanwalt meinte in seinem Schlußantrag, daß ein solches Verbot dann eine Diskriminierung der eingeführten Erzeugnisse bedeuten könnte, wenn diese tatsächlich gegenüber den inländischen Erzeugnissen benachteiligt würden.[544] Der Gerichtshof stellte hierzu fest:

„Zunächst ist festzustellen, daß innerstaatliche Regelungen, die es den Einzelhändlern verbieten, ihre Geschäfte sonntags offenzuhalten, in gleicher Weise für eingeführte und inländische Erzeugnisse gelten. Grundsätzlich wird also der Vertrieb von aus anderen

---

[543] EuGH vom 23.11.1989, Slg. 1989, S. 3851 (3885), Rs. 145/88.

[544] Vgl. Schlußantrag des Generalanwalts van Gerven, EuGH Slg. 1989, S. 3851 (3870), Rdn. 11, Rs. 145/88.

Mitgliedstaaten eingeführten Erzeugnissen nicht stärker erschwert als der von einheimischen Erzeugnissen."[545]

Die Regelung führte nicht dazu, daß eingeführte und inländische Erzeugnisse unterschiedlich behandelt wurden, eine Benachteiligung der eingeführten Waren war nicht feststellbar. Der EuGH prüfte dennoch in Anlehnung an seine Rechtsprechung im Urteil „Cinéthèque",[546] ob ein unterschiedslos für inländische und eingeführte Erzeugnisse geltendes Verbot mit dem im Vertrag niedergelegten Grundsatz des freien Warenverkehrs vereinbar sei.[547] Dabei prüfte er, ob die etwaigen Behinderungen des innergemeinschaftlichen Handels, nicht über das hinausgingen, was erforderlich sei, um das angestrebte Ziel zu erreichen, und ob dieses Ziel nach Gemeinschaftsrecht gerechtfertigt sei.[548] Er entschied:

„[...], daß Artikel 30 EWG-Vertrag [Artikel 28 EG-Vertrag] dahin auszulegen ist, daß das von ihm ausgesprochene Verbot nicht für eine nationale Regelung gilt, die es Einzelhändlern verbietet, ihre Geschäfte am Sonntag zu öffnen, wenn die sich hieraus möglicherweise ergebenden beschränkenden Wirkungen auf den innergemeinschaftlichen Handel den Rahmen der einer solchen Regelung eigentümlichen Wirkungen nicht überschreiten."[549]

Der Gerichtshof vermischte an dieser Stelle die Prüfung der Handelsbeschränkung mit einer möglichen Rechtfertigung.[550] Er machte deutlich, daß eine solche Regelung Einfluß auf den freien Warenverkehr haben könnte; sie könnte ihn beschränken.[551] Das bedeutete, daß der EuGH aufgrund einer solchen Regelung das Vorliegen einer *Maßnahme gleicher Wirkung* im Prinzip bejahte. Damit wäre ein umfassendes Beschränkungsverbot erreicht, da auch solche Regelungen, die den freien Warenverkehr nur äußerst peripher berühren, dann anhand von Art. 28 EG-Vertrag überprüfbar sein würden.

---

[545] EuGH vom 23.11.1989, Slg. 1989, S. 3851 (3888), Rdn. 11, Rs. 145/88; so argumentierte er auch in dem späteren Urteil „Quietlynn", EuGH vom 11.7.1990, Slg. 1990, S. 3059 (3080), Rdn. 9, Rs. 23/89.
[546] EuGH vom 11.07.1985, Slg. 1985, S. 2605 (2626), Rs. 60 und 61/84.
[547] EuGH vom 23.11.1989, Slg. 1989, S. 3851 (3888), Rdn. 12, Rs. 145/88.
[548] EuGH vom 23.11.1989, Slg. 1989, S. 3851 (3888), Rdn. 12, Rs. 145/88.
[549] EuGH vom 23.11.1989, Slg. 1989, S. 3851 (3889), Rdn. 17, Rs. 145/88.
[550] So auch Schricker, GRUR Int. 1992, S. 347 (356); Arnull, ELRev. 16 (1991), S. 112 (123f.).
[551] Zustimmend Gormley, CMLRev 1990, S. 141 (147).

Der EuGH hatte in den Folgeurteilen „Conforama“[552] und „Marchandise“[553] solche Vorschriften auszulegen, die ein sonntägliches Beschäftigungsverbot für Arbeitnehmer vorsahen. Im Urteil „Conforama“ stellte er zunächst fest, daß eine solche Regelung nicht bezwecke, den Handel zu regeln.[554] Dennoch kam er zu dem folgenden Ergebnis:

„Denn selbst wenn es wenig wahrscheinlich ist, daß die sonntägliche Schließung einiger dieser Geschäfte die Verbraucher veranlaßt, endgültig vom Erwerb von Erzeugnissen abzusehen, die an den anderen Wochentagen erhältlich sind, so kann das fragliche Verbot doch negative Folgen für das Verkaufsvolumen und folglich auch für das Einfuhrvolumen haben. Sodann ist festzustellen, daß eine derartige Regelung sowohl den Verkauf einheimischer als auch den Verkauf eingeführter Erzeugnisse berührt. Grundsätzlich wird also der Vertrieb von aus anderen Mitgliedstaaten eingeführten Erzeugnissen nicht stärker erschwert als der von einheimischen Erzeugnissen.“[555]

Für das Bejahen einer *Maßnahme gleicher Wirkung* kam es ihm darauf an, daß die Regelung das Einfuhrvolumen beeinträchtigen könnte. Die Regelung unterschied nicht aufgrund der Herkunft, da der Verkauf einheimischer und eingeführter Erzeugnisse berührt wurde. Daraus zog der Gerichtshof den Schluß, daß der Vertrieb eingeführter Erzeugnisse nicht schwerer war als der inländischer Erzeugnisse. Dann setzte er die in der „Torfaen Borough Council“ angewandte Prüfungsfolge fort und stellte trotz etwaiger Behinderungen des innergemeinschaftlichen Handels fest, daß die zu prüfende Regelung nicht gegen Art. 28 EG-Vertrag verstoße, da sie erforderlich und verhältnismäßig sei.[556] Im Urteil „Marchandise“ entschied er genauso.[557]

In einem Urteil aus dem Jahre 1992 hatte der EuGH wieder eine Entscheidung über die Ladenöffnungszeiten in Großbritannien zu treffen; von den Klägern wurde gerügt, daß das durch den „Shops Act 1950“ bestehende

---

[552] EuGH vom 28.02.1991, Slg. 1991, S. 997, Rs. 312/89 – „Conforama“.
[553] EuGH vom 28.02.1991, Slg. 1991, S. 1027, Rs. 332/89 – „Marchandise“.
[554] EuGH vom 28.02.1991, Slg. 1991, S. 997 (1024), Rdn. 8, Rs. 312/89 – „Conforama“.
[555] EuGH vom 28.02.1991, Slg. 1991, S. 997 (1024f.), Rdn. 8f., Rs. 312/89 – „Conforama“.
[556] EuGH vom 28.02.1991, Slg. 1991, S. 997 (1025), Rdn. 10ff., Rs. 312/89 – „Conforama“.
[557] EuGH vom 28.02.1991, Slg. 1991, S. 1027 (1040), Rdn. 11ff., Rs. 332/89 – „Marchandise“.

Verbot der Öffnung von Verkaufsgeschäften an Sonntagen mit Ausnahme solcher Geschäfte, die die im Gesetz aufgeführten Artikel wie z.B. Lebensmittel, Tabak, Zeitungen und andere Erzeugnisse des täglichen Bedarfs im Angebot hatten, gegen Art. 28 EG-Vertrag verstieß.[558] Der Gerichtshof bestätigte in diesem Urteil seine in den vorhergehenden Urteilen entwickelte Rechtsprechung[559] und kam zu dem folgenden Ergebnis:

„Bei der Prüfung, ob die beschränkenden Wirkungen der fraglichen Regelung auf den innergemeinschaftlichen Warenverkehr das zur Erreichung des angestrebten Ziels Erforderliche nicht überschreiten, ist darauf abzustellen, ob diese Wirkungen unmittelbar, mittelbar oder hypothetisch sind und ob sie den Absatz eingeführter Erzeugnisse nicht stärker beeinträchtigen als denjenigen einheimischer."[560]

Die sonst aufgrund der „Cassis-Formel" zu treffende Verhältnismäßigkeitsprüfung wurde hier in einer neuen Art der Prüfungsfolge analysiert. Eine Beschränkung des freien Warenverkehrs wurde zwar festgestellt, jedoch war diese innerhalb der Grenzen der Erforderlichkeit zulässig. Für die Erforderlichkeitsprüfung kam es auf einen Vergleich der eingeführten mit den einheimischen Erzeugnissen an. Der Absatz der eingeführten Erzeugnisse durfte nicht schwerer sein als der der einheimischen. Das Prüfungsmerkmal der Beeinträchtigung wurde damit als Korrektiv benutzt: sollte der Absatz der eingeführten Erzeugnisse stärker beeinträchtigt werden als der der einheimischen, wäre die Regelung nicht erforderlich. Der Gerichtshof verneinte eine *Maßnahme gleicher Wirkung*.

Diese in Bezug auf Öffnungszeiten und Arbeitszeiten an Sonntagen getroffenen Entscheidungen verdeutlichen, daß der EuGH für das Bejahen einer *Maßnahme gleicher Wirkung* prüfte, ob die betreffende Regelung für die inländischen und eingeführten Erzeugnisse gleichermaßen galt, sie gleichermaßen berührte. Die Wirkung einer Regelung wurde also dahingehend überprüft, ob die einheimischen und die eingeführten Erzeugnisse gleich behandelt bzw. berührt wurden. Eine solche unterschiedliche Behandlung

---

[558] EuGH vom 16.12.1992, Slg. S. 6635, Rs. 169/91; ein weiteres Urteil vom selben Tag bezieht sich in den Urteilsgründen hierauf: EuGH vom 16.12.1992, Slg. 1992, S. 6457, Rs. 306/88 – „Anders".

[559] EuGH vom 23.11.1989, Slg. 1989, S. 3851 (3889), Rdn. 17, Rs. 145/88; EuGH vom 28.02.1991, Slg. 1991, S. 997, Rs. 312/89 – „Conforama"; EuGH vom 28.02.1991, Slg. 1991, S. 1027, Rs. 332/89 – „Marchandise".

[560] EuGH vom 16.12.1992, Slg. S. 6635 (6659), Rdn. 15, Rs. 169/91.

wurde in allen Fällen abgelehnt: die eingeführten Erzeugnisse wurden weder gegenüber den einheimischen benachteiligt noch wurde ihre Einfuhr in irgendeiner Weise schwieriger gemacht. Unabhängig von diesem Nichtvorliegen einer Diskriminierung bejahte der Gerichtshof eine mögliche Beschränkung des Handels. Einen Verstoß gegen Art. 28 EG-Vertrag verneinte er aber jeweils deshalb, weil der freie Warenverkehr nicht zu sehr behindert wurde. Es handelte sich in diesen Fällen um ein modifiziertes Beschränkungsverbot. Modifiziert im Hinblick darauf, daß der EuGH eine Beschränkung zwar bejahte, diese aber an einem Erforderlichkeitsmaßstab maß und das Vorliegen einer *Maßnahme gleicher Wirkung* ablehnte.

II. Erschwerung von Parallelimporten

Wie bereits erörtert, war der für die Auslegung der *Maßnahme gleicher Wirkung* grundlegende Fall, der Fall „Dassonville". Auf die abstrakte Definition der *Maßnahme gleicher Wirkung* war bereits eingegangen worden.[561] An dieser Stelle soll die konkrete Entscheidung im Hinblick auf den Gesichtspunkt der Diskriminierung untersucht werden. Hintergrund des Urteils „Dassonville"[562] war eine Regelung, die die Einfuhr einer Ware, die mit einer Ursprungsbezeichnung versehen ist, für den Fall untersagte, daß für diese Ware nicht eine vom Exportland ausgestellte amtliche Urkunde vorlag, in der die Berechtigung zur Verwendung dieser Bezeichnung bescheinigt wurde.[563] Der Gerichtshof entschied:

„Sonach stellt es eine mit dem Vertrag unvereinbare Maßnahme mit gleicher Wirkung wie eine mengenmäßige Beschränkung dar, wenn ein Mitgliedstaat eine Echtheitsbescheinigung verlangt, die sich der Importeur eines in einem anderen Mitgliedstaat ordnungsgemäß im freien Verkehr befindlichen echten Erzeugnisses schwerer zu beschaffen vermag als der Importeur, der das gleiche Erzeugnis unmittelbar aus dem Ursprungsland einführt."[564]

Der EuGH verglich also zwei Sachverhalte miteinander. Zum einen nahm er Bezug auf einen Importeur, der direkt aus dem Ursprungsland eines Erzeugnisses importierte und zum anderen auf einen Importeur, der das Er-

---

[561] Siehe 2. Kapitel, III., 1.
[562] EuGH vom 11.7.1974, Slg. 1974, S. 837, Rs. 8/74.
[563] Siehe bereits zur abstrakten „Dassonville-Formel" 2. Kapitel, III, 1.
[564] EuGH vom 11.07.1974, Slg. 1974, S. 837 (853), Rdn. 7/9, Rs. 8/74 - „Dassonville".

zeugnis aus einem anderen Mitgliedstaat einführen wollte. Der entscheidende Unterschied zwischen beiden Sachverhalten bestand darin, daß der Direktimporteur sich die verlangte Echtheitsbescheinigung leichter zu beschaffen vermochte als der sog. „Zweitimporteur". Im Ergebnis verglich der EuGH in dieser Entscheidung nicht die inländische mit der importierten Ware, da es keinen belgischen Scotch Whisky gab bzw. geben konnte. Es wurde also der Direktimport mit dem „Zweitimport" verglichen, also zwei ausländische Produkte. Beide Importeure konnten in dem Mitgliedstaat ansässig sein, in dem die betreffende Regelung galt. Die Differenzierung bezog sich lediglich auf die Art und Weise der Einfuhr, die direkt oder über einen anderen Mitgliedstaat erfolgte. Der Importeur, der die Ware nicht direkt einführte, sondern über einen weiteren Mitgliedstaat, wurde gegenüber demjenigen, der die Ware aus dem Ursprungsland einführte, benachteiligt, da er sich die erforderlichen Echtheitsbescheinigungen schwerer - oftmals gar nicht - beschaffen konnte.

Durch die belgische Vorschrift wurden jene Waren bevorzugt, die direkt aus dem Erzeugerland importiert wurden, da die übrigen Waren faktisch nicht importiert werden konnten. Es fand also eine Benachteiligung der Waren statt, die nicht direkt importiert wurden. Festzuhalten bleibt, daß in diesem Fall dasselbe Produkt, englischer Scotch Whisky, je nach seinem Aufenthaltsort eine andere Behandlung erfuhr. Der in Großbritannien befindliche konnte im Gegensatz zu dem in Frankreich problemlos eingeführt werden. Daß in diesem Fall eine Benachteiligung der gesamten einzuführenden Erzeugnisse gegenüber den einheimischen mangels Vergleichsgruppe im Inland nicht gegeben ist, ist offensichtlich. Die einzuführende Ware wurde aufgrund der Regelung belastet, da die Echtheitsbescheinigungen vorgezeigt werden mußten. Allerdings ist festzuhalten, daß im Vergleich zwischen den Direktimporten und den Zweitimporten die Erstimporte faktisch begünstigt wurden, da die erforderlichen Papiere bei ihrem ersten Abverkauf noch an die Ware gekoppelt waren. Aus diesem Grunde wurde die englische Importware weniger belastet als die französische; die Einfuhr des englischen Scotch Whisky aus Frankreich wurde erschwert.[565]

Für die hier zu erörternde Fragestellung bezüglich der Relevanz eines Diskriminierungsgesichtspunktes ist zunächst festzuhalten, daß eine inländische Vergleichsgruppe nicht existierte. Es gab keinen belgischen Scotch

---

[565] Vgl. GA Trabucchi in seinem Schlußantrag zu „Dassonville" vom 20.06.1974, Slg. 1974, S. 855 (860).

Whisky. Ein inländisches Erzeugnis konnte also nicht besser behandelt werden als ein ausländisches. Eine Diskriminierung der ausländischen gegenüber den inländischen Produkten lag somit nicht vor.[566]

Auch eine mögliche Benachteiligung der ausländischen Importeure gegenüber den inländischen war nicht gegeben, da beide Importeure z.B. in Belgien ansässig sein konnten mit dem Unterschied, daß der eine direkt aus Großbritannien und der andere über Frankreich importieren wollte. Auch insoweit ist demnach eine Diskriminierung nicht gegeben.

Der EuGH verglich vielmehr die aus Frankreich und die aus Großbritannien eingeführte Ware miteinander. Da die Ware aus Großbritannien leichter als die französische importiert werden konnte, schloß der EuGH, daß eine „Handelsbehinderung" gegeben sei.

Die Regelung konnte eine Benachteiligung der in Frankreich befindlichen Flaschen Scotch-Whisky im Gegensatz zu denen in Großbritannien bedeuten. Diese Vergleichsperspektive war jedoch für die Prüfung der belgischen Regelung außer acht zu lassen, da es nur auf einen Vergleich mit in Belgien befindlichen Waren ankam. Für den EuGH war allein ausschlaggebend, daß das „Schwerer-zu-Beschaffen" potentiell geeignet war, die Importeure davon abzuhalten, Scotch Whisky aus Frankreich einzuführen und damit also einen generellen Rückgang der Einfuhr nach Belgien bedeuten konnte.

Der EuGH orientierte sich folglich an der abstrakten „Dassonville-Formel" und machte mit dieser Entscheidung deutlich, daß diese in der konkreten Anwendung eine Diskriminierung nicht notwendig voraussetzte. Ihm genügte vielmehr für das Bejahen einer *Maßnahme gleicher Wirkung*, die potentielle Eignung der Regelung, die Einfuhren von englischem Scotch Whisky nach Belgien zu reduzieren, da die Einfuhr über Frankreich unmöglich gemacht wurde.

Diese Entscheidung machte ferner deutlich, daß nicht allein die Ware Prüfungsmaßstab ist, sondern auch der jeweilige Vertriebsweg.

---

[566] So auch GA Trabucchi in seinem Schlußantrag zu „Dassonville" vom 20.06.1974, Slg. 1974, S. 855 (860).

Im Fall „Peijper" ging es darum, ob nicht eine *Maßnahme gleicher Wirkung* vorliege, wenn eine vom Parallelimporteur beantragte Genehmigung für das Inverkehrbringen eines Arzneimittels von der Einreichung von Unterlagen abhängig gemacht wurde, die mit denjenigen identisch waren, die der Hersteller oder sein offizieller Importeur den nationalen Behörden bereits unterbreitet hatte.[567] Mit Bezug auf die „Dassonville-Formel" entschied der EuGH:

„Dies [das Ergreifen einer Maßnahme gleicher Wirkung][568] ist der Fall bei einer Regelung oder Praxis, die dazu führt, die Einfuhren in der Weise zu kanalisieren, daß sie nur bestimmten Unternehmen möglich sind, andere jedoch davon ausgeschlossen werden."[569]

In dieser Entscheidung wurde nicht deutlich, zwischen welchen Unternehmen unterschieden werden sollte, insbesondere nicht, ob die ausländischen mit den inländischen verglichen wurden. Allerdings stand aufgrund des Sachverhalts fest, daß die Regelung zu einer unterschiedlichen Behandlung der Arzneimittel dahingehend führte, daß Direktimporte gegenüber Parallelimporten bevorzugt wurden. So wurden die Direktimporte aus der Schweiz anders behandelt als die Zweitimporte, die bereits auf dem Markt eines anderen Mitgliedstaates waren (hier in Großbritannien). Damit wurden die Zweitimporte gegenüber den Direktimporten in dem Sinne benachteiligt, daß es den Zweitimporteuren nicht möglich war, das Erzeugnis auf den betreffenden Markt zu bringen. Dadurch wurden folglich bestimmte Handelsströme oder bestimmte Unternehmen gegenüber anderen begünstigt. Der eine Importeur, und damit ein Unternehmen, wurde gegenüber einem anderen Importeur begünstigt. Dies genügt dem EuGH, um eine *Maßnahme gleicher Wirkung* zu bejahen. Die Regelung wirkte sich derart aus, daß nur der Hersteller oder sein offizieller Importeur, nicht aber der Parallelimporteur in der Lage war, die Erzeugnisse einzuführen. Damit wurde der Parallelimporteur benachteiligt. Der Gerichtshof stellte aber nicht auf diese Benachteiligung ab, sondern auf die daraus resultierende Wirkung. Einfuhren, die sonst möglich wären, wurden verhindert. Wie in der Dassonville-Entscheidung auch, verglich der Gerichtshof den Direkt- mit dem Zweitimporteur. Die aufgrund der Regelung entstehende Wirkung der Kanalisation der Einfuhren bejahte er als *Maßnahme gleicher Wirkung*.

---

[567] EuGH vom 20.05.1976, S. 613, Rs. 104/75 – „de Peijper".
[568] Einschub durch Verfasserin.
[569] EuGH vom 20.05.1976, S. 613 (635), Rdn. 12/13, Rs. 104/75 – „de Peijper".

Die Waren wurden mittelbar diskriminiert. Diese Kanalisation ist aber das Ergebnis der Bevorzugung bzw. Benachteiligung des einen oder anderen Importeurs. Eine Diskriminierung der Importeure ist zu bejahen.

In einem anderen Fall[570] mußte der Gerichtshof entscheiden, ob das Königreich Belgien gegen Art. 28 EG-Vertrag verstieß. Das Königreich Belgien hatte die Einfuhr von Branntweinen mit einer Ursprungsbezeichnung, die sich in anderen Mitgliedstaaten als dem Ursprungsland ordnungsgemäß im freien Verkehr befanden, von der Erfüllung strengerer Voraussetzungen in Bezug auf den Nachweis des Rechts auf diese Bezeichnung abhängig gemacht. Der Nachweis war strenger als in der Ministerialverordnung für die gleichen Erzeugnisse vorgesehen war, die unmittelbar aus dem Ursprungsland eingeführt wurden. Der Gerichtshof konnte eine Benachteiligung der Zweitimporteure gegenüber den Direktimporteuren nicht feststellen:

„Darüber hinaus ist [...] nicht nur der Importeur, der Branntweine unmittelbar aus dem Erzeugerstaat nach Belgien einführt, imstande, sich die erforderlichen Bescheinigungen zu beschaffen, sondern auch der Händler, der dieses Erzeugnis aus einem Zwischenstaat einführen möchte."[571]

Der Gerichtshof verneinte daher das Vorliegen einer *Maßnahme gleicher Wirkung.*[572] Er beließ es aber nicht bei dieser Begründung, sondern stellte abschließend folgendes fest:

„[...] daß die Wirtschaftsteilnehmer, die in einem anderen Mitgliedstaat als dem Ursprungsland ordnungsgemäß im freien Verkehr befindliche Branntweine mit einer von der belgischen Regierung rechtsgültig zugelassenen Ursprungsbezeichnung nach Belgien einführen möchten, in den Stand gesetzt werden, diese Einfuhren vorzunehmen, und nicht gegenüber den Direktimporteuren benachteiligt werden, [...]."[573]

Durch diese Argumentationsweise machte der Gerichtshof deutlich, daß er in dieser Fallgruppe die Importeure miteinander verglich. Der sog. Zweitimporteur sollte gegenüber dem Direktimporteur bei der Einfuhr von Branntweinen nicht benachteiligt werden. Kann eine solche Benachteili-

---

[570] EuGH vom 16.05.1979, Slg. 1979, S. 1761, Rs. 2/78.
[571] EuGH vom 16.05.1979, Slg. 1979, S. 1761 (1786), Rdn. 43, Rs. 2/78.
[572] EuGH vom 16.05.1979, Slg. 1979, S. 1761 (1786), Rdn. 46, Rs. 2/78.
[573] EuGH vom 16.05.1979, Slg. 1979, S. 1761 (1787), Rdn. 48, Rs. 2/78.

gung nicht festgestellt werden, liegt auch keine *Maßnahme gleicher Wirkung* vor. Ohne eine solche Schlechterstellung der Zweitimporteure gegenüber den Direktimporteuren scheint ein Verstoß nicht möglich zu sein. Dem EuGH kam es folglich in dieser Fallgruppe darauf an, daß das Beschaffen von Ursprungszeugnissen den Direkt- und Zweitimporteuren gleichermaßen möglich sein sollte und keiner von beiden aufgrund dieses Erfordernisses benachteiligt wurde.

Damit hatte der EuGH in Bezug auf den Vergleich unterschiedlicher Importeure eine einheitliche Begründung entwickelt. In allen besprochenen Fällen kam es ihm für das Bejahen einer *Maßnahme gleicher Wirkung* auf eine Benachteiligung der Zweitimporteure gegenüber den Erstimporteuren an, um eine *Maßnahme gleicher Wirkung* zu bejahen.

III. Ergebnis

Wie im vorhergehenden Kapitel festgestellt, stellt die „Dassonville-Formel" eine sehr weite Auslegung der *Maßnahme gleicher Wirkung* dar. Die Rechtsprechungsanalyse hat insoweit ergeben, daß der Gerichtshof in Anwendung dieser weiten „Dassonville-Formel" eine Diskriminierung nicht voraussetzt, um eine *Maßnahme gleicher Wirkung* zu bejahen. Dies hat er spätestens mit der „Cassis-Entscheidung" nochmals verdeutlicht, da gerade die „zwingenden Erfordernisse" auf unterschiedslose Regelungen Anwendung finden sollen.

Festzuhalten bleibt aber, daß der Gerichtshof stets das Vorliegen einer *Maßnahme gleicher Wirkung* annimmt, wenn Waren aufgrund ihrer Herkunft unterschiedlich behandelt werden, also eine Ungleichbehandlung zwischen inländischen und ausländischen Erzeugnissen erfolgt. Eine solche Ungleichbehandlung sieht er nicht nur dann als gegeben an, wenn eine Regelung explizit, also formell, zwischen in- und ausländischen Produkten unterscheidet, sondern auch in solchen Fällen, in denen die betreffende Regelung sich nachteilig nur auf die eingeführten Erzeugnisse auswirkt, also eine materielle Diskriminierung anzunehmen ist.

Über eine solche formelle oder materielle Diskriminierung hinaus, bejaht er aber auch im Falle der Beschränkung des freien Warenverkehrs das Vorliegen einer *Maßnahme gleicher Wirkung*.

Die Tendenz des EuGH, den Anwendungsbereich der *Maßnahme gleicher Wirkung* weit auszudehnen und allein von der Möglichkeit einer wie auch immer gelagerten Handelsbehinderung im Sinne der „Dassonville-Formel" abhängig zu machen, konnte anhand der Entscheidung „SARPP" anschaulich gemacht werden und nahm in dem Urteil „Yves Rocher" ihren vorläufigen Höhepunkt ein. In diesen Fällen genügte allein die Unterschiedlichkeit der nationalen Rechtsordnungen und die sich daraus für die einzuführenden Waren ergebenden möglichen Verteuerungen oder Erschwernisse der Einfuhr für einen Verstoß gegen Art. 28 EG-Vertrag. Es kam insoweit weder auf eine formelle noch auf eine materielle Diskriminierung an. Allerdings gab es auch in diesem Zusammenhang andere Regelungen, die eine ähnliche Beschränkung des Handels darstellten, die der Gerichtshof jedoch nicht als *Maßnahme gleicher Wirkung* einstufte. Dies begründete er damit, daß eine Unterscheidung zwischen in- und ausländischen Waren nicht getroffen wurde. Dabei kam es ihm gerade nicht auf eine Beschränkung an, sondern er reduzierte das Vorliegen einer *Maßnahme gleicher Wirkung* auf ein Diskriminierungsverbot.

Eine einheitliche Linie in der Rechtsprechung des Gerichtshofes kann bei der Beurteilung des Vorliegens einer *Maßnahme gleicher Wirkung* daher nicht gesehen werden. Es steht allein fest, daß in vielen Fällen das Vorliegen einer *Maßnahme gleicher Wirkung* von einer Diskriminierung unabhängig war.

Obwohl also für das Vorliegen einer *Maßnahme gleicher Wirkung* in den bisher erörterten Fällen der Gesichtspunkt der Diskriminierung keine Relevanz (mehr) besitzt, da deren Annahme hiervon unabhängig ist, ist er im Hinblick auf die „Cassis-Formel" von Bedeutung, da diese nur auf die sogenannten unterschiedslosen Regelungen Anwendung finden soll. Die Analyse der Rechtsprechung hat insoweit in verschiedener Hinsicht ein äußerst uneinheitliches Bild ergeben:

In vielen Urteilen stellt der Gerichtshof im Hinblick auf die Anwendbarkeit der „Cassis-Formel" fest, daß diese nur auf Rechtsvorschriften anwendbar sei, die den Vertrieb inländischer und eingeführter Erzeugnisse einheitlich regeln. Was der Gerichtshof jedoch als einheitliche Regelung betrachtet, unterliegt keiner kongruenten Linie. In solchen Fällen, die eine formelle Diskriminierung der ausländischen Waren darstellen, kommt er zwar in der Regel zu dem Ergebnis, daß die „Cassis-Formel" nicht anwendbar ist. Dies ist jedoch nur die Regel - in zahlreichen, insbesondere Urteilen jüngeren Datums hat der Gerichtshof die „Cassis-Formel" auch auf formell diskriminierende nationale Regelungen angewandt. In diesem Zusammenhang scheint der EuGH eine neue Rechtsprechungstendenz erkennen zu lassen, indem er die Anwendbarkeit der „Cassis-Formel" im Hinblick auf das zwingende Erfordernis des Umweltschutzes auf formell diskriminierende Regelungen anwendet. Dieses tat er zunächst in dem Fall betreffend den wallonischen Abfall; dabei erkannte er den formell diskriminierenden Charakter der Regelung und kam dennoch zu dem Ergebnis, daß eine Diskriminierung aufgrund der Besonderheit des Abfalls nicht gegeben ist. Auch in dem Urteil betreffend die Lärmgrenzwerte für Flugzeuge bedeutete die betreffende nationale Regelung eine formelle Diskriminierung der ausländischen Flugzeuge. Dennoch überprüfte der Gerichtshof die Regelung anhand des „zwingenden Erfordernisses" des Umweltschutzes. Die Entscheidung „Preussen-Elektra" bezog sich zwar nicht eindeutigerweise auf die Prüfung des „zwingenden Erfordernisses" des Umweltschutzes, aber es wurde explizit der in Art. 174 Abs. 2 Nr. 2 EG-Vertrag inkorporierte Grundsatz der Bekämpfung von Umweltbeeinträchtigungen als Rechtfertigungsgrund genannt. Die Fälle weisen eindeutig in die Richtung, daß der Gerichtshof die starre Anwendbarkeitsfrage der „Cassis-Formel" aufweicht und solche nationalen Regelungen, die zwar eine Diskriminierung ausländischer Waren bedeuten, dennoch anhand des „zwingenden Erfordernisses" des Umweltschutzes überprüft und für gerechtfertigt erachtet. Diese Rechtsprechungsänderung in Bezug auf das „zwingende Erfordernis" des Umweltschutzes könnte im Zusammenhang damit zu sehen sein, daß die Erfordernisse des Umweltschutzes nach der nunmehr in Art. 6 EG-Vertrag geregelten Querschnittsklausel bei der Festlegung und Durchführung der in Art. 3 Abs. 1 EG-Vertrag genannten Gemeinschaftspolitiken und damit auch bei der Durchsetzung der in Art. 3 Abs. 1 lit. c EG-Vertrag angesprochenen Grundfreiheiten einbezogen werden müssen. Diese Vertragsänderung und insbesondere die herausragende Bedeutung des Umweltschutzes könnte also der Grund für die Aufweichung des Kriteriums der unterschiedslosen Regelung sein. Verwunderlich ist allerdings, weshalb der Gerichtshof nicht selbst zu diesem Wandel in seiner Rechtsprechung Stellung nimmt und explizit eine Erklärung für die erweiterte Anwendbarkeit der „Cassis-Formel" abgibt.

Aber auch hinsichtlich der Anwendbarkeit der „Cassis-Formel" auf mittelbar diskriminierende Regelungen ist die Rechtsprechung des Gerichtshofes nicht einheitlich. Zwar wird in einer großen Zahl der Urteile die Anwendbarkeit derselben auf materiell diskriminierende Regelungen verneint. Im Rahmen der Preisvorschriften beispielsweise wurde durch den EuGH auf sehr anschauliche und filigrane Art und Weise untersucht und herausgearbeitet, ob eine bestimmte Regelung unterschiedslos gilt, das heißt über das Fehlen einer formellen Diskriminierung hinaus auch keine materielle Diskriminierung vorliegt. Die betreffenden Preisvorschriften galten ohne Unterschied für einheimische und eingeführte Waren. Dennoch stellte der EuGH fest, daß solche Regelungen, die den Absatz eingeführter Erzeugnisse auf dem Markt benachteiligen, keine unterschiedslose Regelung darstellten und verneinte stets die Anwendbarkeit der „Cassis-Formel".

Trotz dieser einheitlichen und stringenten Prüfung der Preisvorschriften und auch anderer Vorschriften, die er genauestens im Hinblick auf ihre Wirkung untersuchte und bei denen er die Anwendbarkeit der „Cassis-Formel" verneinte, sobald er eine materielle Diskriminierung feststellte, gibt es eine Vielzahl weiterer Beispiele, bei denen er eine Benachteiligung der ausländischen Produkte annimmt und dennoch die „Cassis-Formel" anwendet. Besonderes auffällig ist die Rechtsprechung des Gerichtshofes im Hinblick auf solche nationalen Regelungen, die eine bestimmte nationale Produktion schützen und dadurch die ausländischen Erzeugnisse benachteiligen („Pastafall", „Essigfälle", „Bierfall"). In den erörterten „Essig-Fällen" beispielsweise wurde aufgrund der nationalen Regelung allein eine einheimische Erzeugung geschützt und damit die ausländischen Erzeugnisse benachteiligt. Weshalb der Gerichtshof in diesem Fall die Anwendbarkeit der „Cassis-Formel" bejahte, ist nicht ersichtlich, da offensichtlich eine materielle Diskriminierung der ausländischen Erzeugnisse vorlag.

Begründet hat er die Anwendbarkeit der „Cassis-Formel" in diesen Fällen mit dem streng formalistischen Standpunkt, daß die jeweilige betreffende Regelung keine formelle Unterscheidung aufgrund der Herkunft treffe. Bemerkenswert an dieser Begründung ist, daß er in anderen Fällen eine Benachteiligung der ausländischen Erzeugnisse trotz des Vorliegens einer formell unterschiedslosen Regelung angenommen und die Anwendbarkeit der „Cassis-Formel" damit verneint hatte. Da die betroffenen Fälle in den 80er Jahren entschieden worden sind, kann im Hinblick auf diese nicht von einer neueren Entwicklung gesprochen werden. Auffällig ist in diesem Zusammenhang, daß der EuGH zwar in den betreffenden Fällen, also den Essigsäure-, dem Essig-, den Pasta-, dem Margarine- und den Bierfällen die Anwendbarkeit der „Cassis-Formel“ bejahte und die entsprechenden Regelungen anhand der „zwingenden Erfordernisse“ des Verbraucherschutzes und der Lauterkeit des Handelsverkehrs überprüfte, jedoch das Vorliegen der „zwingenden Erfordernisse“ verneinte. Die Regelungen stellten also *Maßnahmen gleicher Wirkung* dar. Er ist jedoch in diesen Fällen zu dem Ergebnis gelangt, daß die nationalen Regelungen aufgrund der genannten „zwingenden Erfordernisse“ keine Rechtfertigung und daher eine *Maßnahme gleicher Wirkung* darstellen. Insoweit unterscheiden sich die Fälle auch von den obengenannten Fällen, in denen der EuGH eine formell diskriminierende Regelung aufgrund des Umweltschutzes für gerechtfertigt erachtete. Obwohl der Gerichtshof also von seiner strengen Dogmatik insoweit abgerückt ist, daß er die „Cassis-Formel“ auch auf materiell diskriminierende Regelungen angewandt hat, hat er schließlich eine im Sinne des freien Warenverkehrs akzeptable Lösung gefunden, indem er die Regelungen für nicht mit dem Vertrag vereinbar erachtete.

In zwei weiteren die Produktbeschaffenheit betreffenden Fällen („Bocksbeutelfall“ und Fall „de Kikvorsch“) ging der Gerichtshof auch bei formell diskriminierenden Regelungen von einer Anwendbarkeit der „Cassis-Formel“ aus, um die „zwingenden Erfordernisse“ des Verbraucherschutzes bzw. der Lauterkeit des Handelsverkehrs zu prüfen. Auch insoweit kam er jedoch zu dem Ergebnis, daß die Regelungen nicht gerechtfertigt seien bzw. das nationale Gericht prüfen müsse, ob die Verbraucher getäuscht werden könnten. Diese Fälle ähneln also den soeben besprochenen und stellen keine neue Rechtsprechungstendenz dar, da es sich um Entscheidungen aus den 80er Jahren handelte und diese dem Prüfungsschema der gerade genannten Urteile ähneln.

Auch in dem Fall „Decker“ ist der Gerichtshof einen Sonderweg gegangen. Er hatte selbst festgestellt, daß es sich bei der luxemburgischen Vorschrift um eine materiell diskriminierende Regelung handelte. Dennoch prüfte er das „zwingende Erfordernis“ der sozialen Sicherheit; das Vorliegen des Rechtfertigungsgrundes verneinte er jedoch. Es ist davon auszugehen, daß auch der EuGH dies gesehen hat und dennoch eine Regelung, die möglicherweise aufgrund des „zwingenden Erfordernisses“ der sozialen Sicherheit gerechtfertigt sein könnte, auch insoweit überprüfen wollte. Ob es sich um eine neue Rechtsprechungstendenz handelt, kann an dieser Stelle nicht abschließend beurteilt werden, da ähnliche Fälle noch nicht zur Entscheidung standen.

Es gibt noch zahlreiche weitere Fälle (z.B. „Houtwipper"), in denen trotz des Vorliegens einer materiellen Diskriminierung die Anwendbarkeit der „Cassis-Formel" bejaht wurde.

Im Hinblick aber auf den Sonderweg in Bezug auf das „zwingende Erfordernis" des Umweltschutzes ist möglicherweise davon auszugehen, daß der Gerichtshof die strenge Trennung zwischen unterschiedlichen und unterschiedslosen Vorschriften für die Anwendbarkeit der „Cassis-Formel" aufgeben wird. Ein Grund hierfür - Stärkung des Umweltschutzes - ist bereits genannt worden; ein weiterer könnte darin gesehen werden, daß auf europäischer Ebene bereits ein hohes Maß an Harmonisierung stattgefunden hat, so daß nicht mehr viele nicht-harmonisierte Bereiche bestehen. Im nicht-harmonisierten Bereich scheint der Gerichtshof aber davon auszugehen, daß solche Regelungen - auch wenn sie ausländische Waren benachteiligen - im Hinblick auf die große Bedeutung des Umweltschutzes hingenommen werden sollten. Die betreffenden Regelungen sind auch bei Anwendung der „Cassis-Formel" auf ihre Verhältnismäßigkeit zu überprüfen, so daß insoweit ein Regulativ eingebaut ist.

Zusammenfassend ist festzuhalten, daß der Gerichtshof möglicherweise im Hinblick auf das „zwingende Erfordernis" des Umweltschutzes seine Rechtsprechung bezüglich der Anwendbarkeit der „Cassis-Formel" ändert. Es bleibt jedoch auch zu konstatieren, daß es darüberhinaus eine Vielzahl weiterer Urteile gegeben hat, die nicht den Umweltschutz betroffen haben, und dennoch uneinheitlich waren.

4. Kapitel : Das Urteil „Keck“ und die Relevanz der Diskriminierung

Wie bereits anhand der Rechtsprechung aufgezeigt, hat der Gerichtshof keine einheitliche Linie für die Feststellung einer *Maßnahme gleicher Wirkung* entwickelt. Vergleichbare nationale Regelungen wurden in dem einen Urteil vom EuGH als *Maßnahme gleicher Wirkung* angesehen und in dem anderen wurde das Vorliegen einer solchen verneint. Diese Diskrepanz offenbart sich insbesondere bei einem Vergleich der sog. „Oosthoek-Rechtsprechung“[574], die jegliche durch eine nationale Regelung herbeigeführte Beschränkungen des Absatzes als *Maßnahme gleicher Wirkung* ansah, mit den Sunday Trading Urteilen[575] und den Urteilen bezüglich des Verbots der Sonntagsbeschäftigung[576], die eine mögliche Beschränkung des Einfuhrvolumens allein für das Bejahen einer *Maßnahme gleicher Wirkung* nicht ausreichen ließen. Aufgrund dieser unterschiedlichen Urteile des EuGH waren auch in der Literatur verschiedene Voraussetzungen für das Vorliegen einer *Maßnahme gleicher Wirkung* diskutiert worden.[577] Aus diesem Grunde war eine Klarstellung durch den EuGH notwendig geworden, die durch die „Keck-Entscheidung“ eingeleitet wurde.

Die Definition der *Maßnahme gleicher Wirkung* hat sich aufgrund der sog. „Keck-Entscheidung“ des EuGH vom 24.11.1993[578] geändert. Dadurch ist die weite „Dassonville-Formel“ eingeschränkt worden und der Gesichtspunkt der Diskriminierung hat für die Feststellung einer *Maßnahme gleicher Wirkung* möglicherweise wieder an Bedeutung gewonnen.[579] Der Ge-

---

[574] EuGH vom 15.12.1982, Slg. 1982, S. 4575, Rs. 286/81 – „Oosthoek“

[575] EuGH vom 23.11.1989, Slg. 1989, S. 3851 (3885), Rs. 145/88.

[576] EuGH vom 28.02.1991, Slg. 1991, S. 997, Rs. 312/89 – „Conforama“; EuGH vom 28.02.1991, Slg. 1991, S. 1027, Rs. 332/89 – „Marchandise“.

[577] Definitionsversuche finden sich bei: Gormley, YEL 1989, S. 197; Mortelmans, CMLRev. 28 (1991); S. 115; White, CMLRev. 26 (1989), S. 235; Steiner, CMLRev. 29 (1992), S. 749; Chalmers, ICLQ 42 (1993), S. 269.

[578] EuGH vom 24.11.1993, Slg. 1993, S. 6097, verb. Rs. 267 u. 268/91; diese neuartige Rechtsprechung wurde vom Gerichtshof im Fall „Hünermund“ (EuGH vom 15.12.1993, Slg. 1993, Rdn. 21, Rs. 292/92) bestätigt.

[579] Aus der Vielzahl der zu Keck ergangenen Kommentare hier eine Auswahl: Ackermann, RIW 1994, S. 189; Adrian, EWS 1998, S. 288; Arndt, ZIP 1994, S. 188; ders. JuS 1994, S. 469; Basedow, EuZW 1994, S. 225; Becker, EuR 1994, S. 162; Bernhard, EWS 1995, S. 404; Chalmers, ELRev. 19 (1994), S. 385; Classen, EWS 1995, S. 97; Dauses, EuZW 1995, S. 425; Eberhartinger, EWS 1997, S. 43; Ehricke, WW 1994, S.

richtshof stellte in dem Urteil selbst fest, daß es zu der von ihm vorgenommenen Einschränkung des Tatbestandes aufgrund der Weite der „Dassonville-Formel“ und der in der Rechtsprechung des EuGH auftretenden Tendenz gekommen sei, in zunehmendem Maße Produktions- und Vermarktungsregelungen, die den Handel nur mittelbar behindern, an Art. 28 EG-Vertrag zu messen.[580]

I. Das Kriterium der „rechtlich und tatsächlich gleichen Berührung“

Dem Verfahren lag die Frage zugrunde, ob das französische Verbot, Erzeugnisse in unverändertem Zustand unter ihrem tatsächlichen Einkaufspreis weiterzuverkaufen (Verbot des „vente à perte“), mit Art. 28 EG-Vertrag vereinbar war.[581] Der Gerichtshof bejahte zunächst seine bisherige Rechtsprechung, wonach das französische Verbot generell geeignet sei, den freien Warenverkehr zu beschränken:

„Zwar können solche Rechtsvorschriften das Absatzvolumen und damit das Volumen des Absatzes von Erzeugnissen aus anderen Mitgliedstaaten insoweit beschränken, als sie den Wirtschaftsteilnehmern eine Methode der Absatzförderung nehmen.“[582]

108; Emmert, Lange Stange im Nebel. S. 13 ff.; Greaves, ELRev. 23 (1998), S. 305; Jarass, EuR 1995, S. 202; Jestaedt, EWS 1994, S. 26; Koenig, EuZW 1996, S. 8; Lenz, NJW 1994, S. 1633; Lüder, EuZW 1996, S. 615; Micklitz, IStR 1994, S. 86; Moore, E.L.Rev. 19 (1994) ,S. 195; Möschel, NJW 1994, S. 429; Oliver, Free Movement of Goods in the European Community; Reich, ZIP 1993, S. 1815; ders. CMLRev. 31 (1994), S. 459; Ress, EuZW 1993, S. 745; Sack, EWS 1994, S. 37; ders. BB 1994, S. 225; ders. WRP 1994, S. 281; Schilling, EuR 1994, S. 50; Schroeder, ZIP 1994, S. 1428; Stein; EuZW 1995, S. 435; Steindorff, ZHR 1994, S. 149.

[580] White sah die Flut von Fällen bereits 1989 voraus: CMLRev. 26 (1989), S. 235 (238); Hösch, Der Einfluß der Freiheit des Warenverkehrs auf das Recht des unlauteren Wettbewerbs, S. 11.

[581] Obwohl der Fall keinen Auslandsbezug aufwies, insbesondere kein grenzüberschreitender Bezug zu erkennen war, da es um französische Angeklagte ging, die in Frankreich Handel trieben, nahm der EuGH den Fall zur Entscheidung an. Eine Auseinandersetzung mit der grenzüberschreitenden Wirkung des Falles fehlte (vgl. Arndt, JuS 1994, S. 469 (472); Sack, EWS 1994, S. 37; Remien, JZ 1994. S. 349 (351); Gebauer, IPrax 1995, S. 152 (153)).

[582] EuGH vom 24.11.1993, Slg. 1993, S. 6097 (6130), Rdn. 13, verb. Rs. 267 u. 268/91

Der Gerichtshof ging also davon aus, daß die Einschränkung der Absatzförderung der ausländischen Erzeugnisse eine Behinderung des Handels nach der „Dassonville-Formel" darstellen könnte. Insoweit hielt er sich an seine mit der Entscheidung „Oosthoek" eingeleitete Rechtsprechung, wonach jede mögliche Einschränkung des Absatzes von eingeführten Erzeugnissen eine *Maßnahme gleicher Wirkung* darstellen könnte. Ohne jedoch diese „alte" Rechtsprechung zu vertiefen, stellte der Gerichtshof fest, daß nicht jede Beschränkung der geschäftlichen Freiheit des einzelnen gleichbedeutend mit dem Vorliegen einer *Maßnahme gleicher Wirkung* sei:

„Da sich die Wirtschaftsteilnehmer immer häufiger auf Artikel 30 EG-Vertrag [Artikel 28 EG-Vertrag] berufen, um jedwede Regelung zu beanstanden, die sich als Beschränkung ihrer geschäftlichen Freiheit auswirkt, auch wenn sie nicht auf Erzeugnisse aus anderen Mitgliedstaaten gerichtet ist, hält es der Gerichtshof für notwendig, seine Rechtsprechung auf diesem Gebiet zu überprüfen und klarzustellen."[583]

Mit dieser Aussage leitete der Gerichtshof die Kehrtwende seiner Rechtsprechung ein.[584] Interessant ist dabei, daß er die Ursache für die uneinheitliche Rechtsprechung nicht bei sich suchte, sondern bei den klagenden Parteien. Er entschied:

„Entgegen der bisherigen Rechtsprechung ist die Anwendung nationaler Bestimmungen, die bestimmte „Verkaufsmodalitäten" beschränken oder verbieten, auf Erzeugnisse aus anderen Mitgliedstaaten nicht geeignet, den Handel zwischen den Mitgliedstaaten im Sinne des Urteils Dassonville unmittelbar oder mittelbar, tatsächlich oder potentiell zu behindern, sofern diese Bestimmungen für alle betroffenen Wirtschaftsteilnehmer gelten, die ihre Tätigkeit im Inland ausüben, und sofern sie den Absatz der inländischen Erzeugnisse und der Erzeugnisse aus anderen Mitgliedstaaten rechtlich wie tatsächlich in der gleichen Weise berühren."[585]

„Sind diese Voraussetzungen nämlich erfüllt, so ist die Anwendung derartiger Regelungen auf den Verkauf von Erzeugnissen aus einem anderen Mitgliedstaat, die den von diesem Staat aufgestellten Bestimmungen entsprechen, nicht geeignet, den Marktzugang für diese Erzeugnisse zu versperren oder stärker zu behindern, als sie dies für inländi-

---

[583] EuGH vom 24.11.1993, Slg. 1993, S. 6097 (6131), Rdn. 14, verb. Rs. 267 u. 268/91.
[584] Schade ist, daß er nicht deutlich macht, welches Gebiet er überprüfen und klarstellen will; so auch Barnard E.L.Rev. 26 (2001), S. 35 (42).
[585] EuGH vom 24.11.1993, Slg. 1993, S. 6097 (6131), Rdn. 16, Rs. 267 u. 268/91.

sche Erzeugnisse tut. Diese Regelungen fallen daher nicht in den Anwendungsbereich von Artikel 30 EWG-Vertrag [Artikel 28 EG-Vertrag]."[586]

Der Gerichtshof verdeutlichte, daß Verkaufsmodalitäten nicht mehr in den Anwendungsbereich von Art. 28 EG-Vertrag fallen sollten, wenn diese für alle Wirtschaftsteilnehmer galten und den Absatz der inländischen Erzeugnisse und der Erzeugnisse aus anderen Mitgliedstaaten rechtlich wie tatsächlich in der gleichen Weise berührten. Mit dieser Begründung entschied sich der Gerichtshof, solche Regelungen nicht mehr in den Anwendungsbereich des Art. 28 EG-Vertrag fallen zu lassen, sofern sie für alle Wirtschaftsteilnehmer gelten und den Absatz der inländischen und der ausländischen Erzeugnisse rechtlich wie tatsächlich gleich berühren. Was diese „rechtlich und tatsächlich gleiche Berührung" im einzelnen bedeutet, wird noch genauer zu untersuchen sein. Fest steht jedoch, daß der Gerichtshof mit dieser Entscheidung nicht andere in der Literatur auch diskutierte Möglichkeiten der Eingrenzung einer *Maßnahme gleicher Wirkung* aufgegriffen hat. Es waren beispielsweise die folgenden unterschiedlichen Beurteilungsparameter erörtert worden: es sollte auf ein Spürbarkeitskriterium,[587] auf die Produktbezogenheit,[588] oder eine de-minimis-Regel[589] ankommen. Die Anwendung einer „de-minimis-Regel" für die Beurteilung des Vorliegens einer *Maßnahme gleicher Wirkung* hatte der Gerichtshof selbst in einer Vielzahl von Urteilen abgelehnt.[590]

In dem Keck-Urteil machte der EuGH aber deutlich, daß sich die Herausnahme der „Verkaufsmodalitäten" aus dem Anwendungsbereich des Art. 28 EG-Vertrag nur auf diese bezog und nicht auf mögliche andere Rege-

---

586 EuGH vom 24.11.1993, Slg. 1993, S. 6097 (6131), Rdn. 17, Rs. 267 u. 268/91; eine ähnliche Einschränkung der „Dassonville-Formel" hatte White bereits 1989 formuliert: CMLRev. 26 (1989), S. 235 (280).
587 Everling, EuR 1982, S. 301 (305); Veelken, EuR 1977, S. 311 (339). Ablehnend: Schricker, WRP 1993, S.617; Hösch, S. 8.
588 Sack/Fasshold, WRP 1987, S. 520 (521).
589 Gormley, CMLRev 27 (1990), S. 825 (827).
590 EuGH vom 05.04.1984, Slg. 1984, S. 1797 (1815), Rdn. 21, Rs. 177 und 178/82; EuGH vom 14.03.1985, Slg. 1985, S. 837 (846), Rdn. 10, Rs. 269/83; EuGH vom 05.06.1986, S. 1759 (1773), Rdn. 18, Rs. 103/84; auch in den nach „Keck" entschiedenen Fällen bestätigte der EuGH diese Ansicht: EuGH vom 22.10.1998, Slg. 1998, S. 6197 (6224), Rdn. 17, Rs. 184/96; EuGH vom 03.12.1998, Slg. 1998, S. 8033 (8063), Rdn. 22, Rs. 67/97 – „Læsø-Biene".

lungen. Die übrigen nationalen Vorschriften fielen weiterhin in den Anwendungsbereich des Artikels 28 EG-Vertrag.[591] Der EuGH entschied:

„Nach dem Urteil Cassis de Dijon stellen Hemmnisse für den freien Warenverkehr, die sich in Ermangelung einer Harmonisierung der Rechtsvorschriften daraus ergeben, daß Waren aus anderen Mitgliedstaaten, die dort rechtmäßig hergestellt und in den Verkehr gebracht worden sind, bestimmten Vorschriften entsprechen müssen (wie etwa hinsichtlich ihrer Bezeichnung, ihrer Form, ihrer Abmessungen, ihres Gewichts, ihrer Zusammensetzung, ihrer Aufmachung, ihrer Etikettierung und ihrer Verpackung), selbst dann, wenn diese Vorschriften unterschiedslos für alle Erzeugnisse gelten, nach Artikel 30 verbotene Maßnahmen gleicher Wirkung dar, sofern sich die Anwendung dieser Vorschriften nicht durch einen Zweck rechtfertigen läßt, der im Allgemeininteresse liegt und den Erfordernissen des freien Warenverkehrs vorgeht."[592]

Im folgenden ist nun die von dem EuGH geschaffene Einschränkung des Anwendungsbereiches des Art. 28 EG-Vertrag zu prüfen, insbesondere die vom EuGH aufgestellten Voraussetzungen der rechtlichen und tatsächlichen Berührung und deren Verknüpfung mit einer Sperrung oder Behinderung des Marktzugangs.

1. Einschränkung des Anwendungsbereiches des Art. 28 EG-Vertrag

Durch dieses Urteil entschied der Gerichtshof, daß die sogenannten „Verkaufsmodalitäten" grundsätzlich nicht mehr in den Anwendungsbereich des Art. 28 EG-Vertrag fallen sollten, soweit diese die eingeführten und die einheimischen Erzeugnisse rechtlich wie tatsächlich gleich berührten.[593] Eine allgemeine Definition für den Begriff der „Verkaufsmodalitäten" unterließ der EuGH jedoch.[594] Nach der Literatur soll es sich dabei um solche nationalen Regelungen handeln, die nicht das „ob", sondern nur das „wie"

---

[591] EuGH vom 26.10.1995, Slg. 1995, S. 3599 (3628), Rdn. 30, Rs. 51/94.

[592] EuGH vom 24.11.1993, Slg. 1993, S. 6097 (6131), Rdn. 15, Rs. 267 u. 268/91.

[593] Die Unterscheidung zwischen Produktvorschriften und Verkaufsmodalitäten wird vielfach kritisiert, weil es sich um eine der Frage der Marktbehinderung nicht gerecht werdende willkürliche Einteilung handele: Barnard, ELRev 26 (2001), S. 35 (42).

[594] Zur umstrittenen Frage der Bedeutung und Auslegung der sog. „Verkaufsmodalitäten" vergleiche: Schilling, EuR 1994, S. 50 (58f.); Micklitz, IStRt 1994, S. 86 (90); Sack, EWS 1994, S. 37ff.; Möschel, NJW 1994, S. 429 (430); Arndt, ZIP 1994, S. 188ff.; Steindorff, ZHR 158 (1994), S. 149 (152); Fezer JZ 1994, S. 317 (321); Reich, CMLRev. 4 (1994), S. 459 (471).

des Verkaufs von Waren regeln. Dies sollen die Regelungen sein, die primär keinen Bezug zum freien Warenverkehr haben, sondern lediglich das Umfeld des Warenvertriebs regeln.[595] Oliver faßt die Verkaufsmodalitäten dahingehend zusammen, daß es sich um solche Regelungen handelt, die den Verkaufszeitpunkt, den Verkaufsort, den Verkäufer selbst, die Werbung oder die Preise betreffen.[596] Diese Frage soll nicht weiter vertieft werden, da die Einordnung als „Verkaufsmodalität" nicht Thema dieser Arbeit ist.

Die betreffende Regelung mußte nach Ansicht des EuGH für alle Wirtschaftsteilnehmer gelten, die im Inland tätig waren. Es durfte sich also gerade nicht um eine Regelung handeln, die nur eine bestimmte Gruppe von Wirtschaftsteilnehmern betraf.

Ferner mußte die betreffende Regelung den Absatz der inländischen und der ausländischen Erzeugnisse rechtlich und tatsächlich gleich berühren. Welche Art der „rechtlich wie tatsächlich gleichen Berührung" der Gerichtshof jedoch meinte, wurde durch diesen nicht näher erläutert. Allerdings führte er aus, daß eine die von ihm genannten Kriterien erfüllende nationale Regelung nicht dazu führen könnte, ausländischen Erzeugnissen den Marktzugang zu versperren oder diesen stärker zu behindern, als sie dies für inländische tue. Es ist in diesem Zusammenhang nur schwer verständlich, wie der Gerichtshof auf diese Verknüpfung zwischen dem „rechtlich und tatsächlich gleichen Berühren des Absatzes der inländischen und der ausländischen Erzeugnisse" auf der einen Seite und dem Verneinen einer Marktzugangsbehinderung auf der anderen Seite kam. Diese Verknüpfung ist falsch, da auch eine Regelung, die den Absatz der in- und ausländischen Produkte „rechtlich und tatsächlich gleich berührt" in der Lage sein kann, den Marktzugang für ausländische Erzeugnisse zu erschweren.[597] Dieses hatte Generalanwalt Jacobs in seinem Schlußantrag zu „Leclerc" mit dem Beispiel eines Systems des Fernsehdirektvertriebs hinreichend deutlich gemacht.[598] Allerdings wird im Rahmen der folgenden Prüfung zu untersuchen sein, ob der Gerichtshof die durch das Keck-Urteil in Randnummer 16 und 17 aufgestellten Voraussetzungen auch tatsächlich

---

[595] Vgl. Micklitz, IStR 1994, S. 86 (90f.); Bornkamm, GRUR 1994, S. 297 (298).
[596] Oliver, CMLRev. 36 (1999), S. 783 (794).
[597] Weatherill, CMLRev 33 (1996), S. 885 (894).
[598] Schlußantrag Jacobs vom 24.11.1994, S. 182 (200), Rdn. 54, Rs. 412/93 - „Leclerc-Siplec".

beide prüft oder ob ihm das Bejahen der Voraussetzungen der Randnummer 16 zu der Annahme verleitet, daß die Voraussetzungen der Randnummer 17 vorliegen.

In der Literatur wird von einigen vertreten, daß solche „Verkaufsmodalitäten“ aus dem Anwendungsbereich herausfallen sollten, die nichtdiskriminierend seien.[599] Es wird im folgenden zu analysieren sein, welche Bedeutung der EuGH den Begriffen der rechtlichen und der tatsächlichen gleichen Berührung geben wollte.[600]

Möglich wäre, daß der EuGH eine Unterscheidung zwischen der formellen und der materiellen Diskriminierung treffen wollte, indem er zwischen „rechtlich“ und „tatsächlich“ unterschied. Dann würde die rechtlich gleiche Berührung voraussetzen, daß eine formelle Diskriminierung aufgrund der Regelung und die tatsächliche, daß eine materielle Diskriminierung zu verneinen wäre. Möglich wäre aber auch, daß die tatsächlich gleiche Berührung jede Erschwernis der Einfuhr erfassen soll.

a) Rechtlich und tatsächlich gleiche Berührung

Die Unterscheidung des Gerichtshofes zwischen der rechtlich und tatsächlich gleichen Berührung ist nicht neu. Wie bereits erörtert, hatte der EuGH in zwei Entscheidungen aus dem Jahre 1975 bereits eine solche Unterscheidung getroffen.[601]

In beiden Entscheidungen hatte der Gerichtshof entschieden, daß eine Benachteiligung der ausländischen Weine zu bejahen sei, wenn für Weine aus einem anderen Mitgliedstaat nicht im gleichen Maße und unter den gleichen Bedingungen wie für einheimische Weine die rechtliche und tatsächliche Möglichkeit eröffnet würde, die Vermutung zu widerlegen.[602] Es wurde deutlich, daß der Gerichtshof eine *Maßnahme gleicher Wirkung*

---

[599] Kaus, EuZW 1997, S. 331 (332) ; Jarass, EuR 2000, S. 705 (711).
[600] Auch Oliver sieht eines der Hauptprobleme der Keck-Entscheidung in der Frage, welche Voraussetzungen die „rechtliche und tatsächliche gleiche Berührung“ beinhalten: CMLRev. 36 (1999), S. 783 (795ff.).
[601] EuGH vom 30.09.1975, Slg. 1975, S. 1023, Rs. 89/74, 18 und 19/75; so auch EuGH vom 30.09.1975, Slg. 1975, S. 1053, Rs. 10–14/75.
[602] EuGH vom 30.09.1975, Slg. 1975, S. 1023 (1036f.), Rdn. 9/12, 13/16, Rs. 89/74, 18 und 19/75; so auch EuGH vom 30.09.1975, Slg. 1975, S. 1053 (1072), Rdn. 23/26, Rs. 10–14/75.

dann bejaht hätte, wenn die ausländischen gegenüber den inländischen Erzeugnissen in dieser Hinsicht benachteiligt worden wären.[603] Das hätte er bejaht, wenn für die ausländischen Weine nicht dieselbe Möglichkeit bestanden hätte, die Vermutung zu widerlegen. Leider enthielten aber auch diese Urteile keine weitere Erläuterung, was unter rechtlich und tatsächlich zu verstehen sei. Allerdings lassen die Urteile die folgende Schlußfolgerung zu: Der EuGH bejahte dann eine Benachteiligung der ausländischen Erzeugnisse gegenüber den inländischen Erzeugnissen, wenn diesen nicht unter denselben Voraussetzungen wie den inländischen Weinen die Möglichkeit eröffnet würde, die Vermutung zu widerlegen. Der EuGH machte mit diesen Urteilen deutlich, daß eine Benachteiligung, also eine Diskriminierung der ausländischen Erzeugnisse, dann gegeben sei, wenn den in- und ausländischen Erzeugnissen nicht die gleiche rechtliche wie tatsächliche Möglichkeit eröffnet sei. In diesen Urteilen wurde also das Nichtvorhandensein der rechtlichen und tatsächlichen Möglichkeit mit einer Diskriminierung gleichgesetzt.

(i) „rechtlich gleiche Berührung“

Wird aufgrund einer Regelung bereits in rechtlicher Hinsicht eine Unterscheidung zwischen ausländischen und inländischen Waren getroffen, soll die zu untersuchende Norm aus dem Anwendungsbereich des Art. 28 EG-Vertrag nicht von vornherein ausgeschlossen sein.[604] Schilling meint die „rechtlich gleichartige Berührung“ sei eine Ausformung des Diskriminierungsverbots, da sie die rechtliche Ausrichtung einer Regelung betrachte.[605] Da der EuGH diese Frage allerdings offen ließ, ist anhand der bereits entschiedenen Fälle zu untersuchen, ob mit dieser Formulierung eine Diskriminierung gemeint sei.

(ii) „tatsächlich gleiche Berührung“

Ferner sollen solche „Verkaufsmodalitäten“ aus dem Anwendungsbereich des Art. 28 EG-Vertrag fallen, die die in- und ausländische Ware „tatsächlich gleich berühren“. Eine Definition lieferte der EuGH auch hierfür nicht. Es muß also überlegt werden, was der Gerichtshof mit der „tatsächlich gleichen Berührung“ gemeint haben könnte. Festzustellen ist zunächst,

---

[603] So hatte auch schon der Generalanwalt Trabucchi in seinem Schlußantrag argumentiert, Schlußantrag vom 08.07.1975, Slg. 1975, S. 1040 (1044f.).
[604] Vgl. Oliver, Free Movement, S. 105 (6.65).
[605] Schilling, EuR 1994, S. 50 (59).

daß jedes Erzeugnis zunächst einmal der Rechtsordnung des Staates untersteht, in dem es produziert wird.[606] Das hat zur Folge, daß der einheimische Hersteller gegenüber demjenigen, der eingeführte Erzeugnisse absetzen will, unvermeidlich gewisse Positionsvorteile haben wird. Denn er hat nicht nur sämtliche nationale Produktvorschriften bei der Herstellung des Produktes beachtet, sondern auch sein gesamtes Marketing-Konzept in Bezug auf die Werbung, den Absatz und den Vertrieb auf die nationale Rechtsordnung abgestimmt. Der einheimische Hersteller von Waren, der diese auch im Inland absetzen, und derjenige, der eingeführte Waren absetzen will, werden folglich nicht „tatsächlich gleich berührt", sofern darunter jede zusätzliche Belastung verstanden wird, die der Einfuhr von Erzeugnissen aus anderen Mitgliedstaaten durch die betreffende Maßnahme auferlegt wird, also die Erschwernis und Verteuerung der Einfuhr.[607] Diese Unterscheidung könnte bedeuten, daß wiederum jede Handelsbehinderung von der Ausnahme erfaßt werden soll. Das hätte aber zur Folge, daß jede Regelung, die als „Verkaufsmodalität" zu beurteilen ist, in den Anwendungsbereich von Art. 28 EG-Vertrag fiele, so daß die „Keck-Formel" weitestgehend leer liefe. Dies kann aber nicht die Intention des EuGH sein, da die „Keck-Formel", wie der EuGH selbst feststellt, eine „Klarstellung der Rechtsprechung" sein soll, damit sich nicht jeder auf eine Verletzung des Artikels 28 EG-Vertrag berufen kann.[608]

Unter der „tatsächlich gleichen Berührung" kann also nicht jede Belastung der ausländischen Erzeugnisse gegenüber den inländischen gemeint sein. Möglich wäre, daß der EuGH hierunter eine Art materielle Diskriminierung subsumieren will.

(iii) Versperren oder Behindern des Marktzugangs

Wie bereits erwähnt, hatte der EuGH zwar keine Definition der „rechtlich und tatsächlich gleichen Berührung" formuliert, jedoch füllte er diese abstrakte Definition auf die folgende Art und Weise mit Inhalt. Er sagte, daß im Falle einer Regelung, die die in- und ausländischen Waren „rechtlich und tatsächlich gleich berührt", die Anwendung einer derartigen Regelung auf den Verkauf von Erzeugnissen aus einem anderen Mitgliedstaat, nicht

---

[606] Dies gilt natürlich immer nur unter der Prämisse, daß eine Harmonisierung auf europäischer Ebene noch nicht stattgefunden hat.

[607] Vgl. den Schlußantrag von Generalanwalt van Gerven in der verb. Rs. 401-402/92, EuGH Slg. 1994, S. 2201 (2218).

[608] EuGH vom 24.11.1993, Slg. 1993, S. 6097 (6131), Rdn. 14, Rs. 267 u. 268/91.

geeignet sei, den Marktzugang für diese Erzeugnisse zu versperren oder stärker zu behindern, als sie dies für inländische tue. Im Umkehrschluß liest sich das folgendermaßen: Wird der Marktzugang versperrt oder dessen Zugang für ausländische Erzeugnisse stärker behindert als für inländische Erzeugnisse, berührt die Regelung die in- und ausländischen Erzeugnisse nicht in dem gleichen Maße. Ob sich diese Erklärung auf beide Varianten, also sowohl auf die „rechtliche" als auch auf die „tatsächliche Berührung" bezieht, sagt der EuGH nicht.

In diesem Zusammenhang stellt sich nun die Frage nach der Bedeutung des Verknüpfens der „gleichen Berührung" mit dem Gesichtspunkt des Marktzugangs. Der EuGH hatte bis zum Zeitpunkt der „Keck-Entscheidung" in der Vergangenheit in einigen Urteilen das Kriterium des Marktzugangs herangezogen, um das Vorliegen einer *Maßnahme gleicher Wirkung* zu bejahen. Einer dieser Fälle ist der bereits erörterte Fall, in dem es um eine belgische Regelung über die Zulassung von Pflanzenschutzmitteln ging.[609] Die Regelung sah vor, daß nur in Belgien ansässige Personen das Recht hatten, die Zulassung oder Genehmigung von nicht zum landwirtschaftlichen Gebrauch bestimmten Pestiziden und von Pflanzenschutzmitteln zu beantragen. Hierzu entschied der Gerichtshof:

„Es ist unstreitig, daß das in den belgischen Rechtsvorschriften aufgestellte Erfordernis die Einfuhr der betreffenden Erzeugnisse nach Belgien beeinträchtigt, indem es den in anderen Mitgliedstaaten ansässigen Unternehmen die Kosten für die Niederlassung eines Vertreters in Belgien auferlegt und deshalb bestimmten Unternehmen, vor allem den mittleren und kleinen, den Zugang zum belgischen Markt erschweren, ja sogar unmöglich machen kann."[610]

Wie bereits herausgearbeitet, stellte die Regelung möglicherweise eine materielle Diskriminierung der ausländischen Erzeugnisse dar, da ihnen der Zugang zum Markt erschwert bzw. unmöglich gemacht wurde. Dabei muß zwischen dem Erschweren und dem Unmöglichmachen unterschieden werden. Wird der Marktzugang unmöglich gemacht, wirkt sich eine Regelung wie ein relatives Einfuhrverbot aus; die ausländischen Erzeugnisse werden benachteiligt und damit diskriminiert. Schwieriger ist die Frage in Bezug auf die Marktzugangserschwernis zu beurteilen. Im Rahmen des Urteils bezog sich die Marktzugangserschwernis auf zusätzliche Kosten für die

---

[609] EuGH vom 02.03.1983, Slg. 1983, S. 531, Rs. 155/82.
[610] EuGH vom 02.03.1983, Slg. 1983, S. 531 (542), Rdn. 7, Rs. 155/82.

Niederlassung eines in Belgien ansässigen Vertreters. Zusätzliche Kosten allein stellen aber noch keine materielle Diskriminierung dar. Damit stellte sich die Regelung als materielle Diskriminierung insoweit dar, als sie ein Marktzugangshindernis war und als Beschränkung insoweit, als sie eine Marktzugangserschwernis darstellte.

Interessanterweise beurteilte der EuGH ähnliche Regelungen wie in dem gerade besprochenen Fall vom Ergebnis her wie den soeben geschilderten, jedoch ohne das Kriterium des Marktzugangs zu erörtern.[611] Diese Uneinheitlichkeit und damit Beliebigkeit der Begründungen des Gerichtshofes zeigt, daß allein die Wortwahl kein hinreichender Anhaltspunkt für die Beurteilung der Rechtsprechung des EuGH sein kann. Es muß immer die zu untersuchende Regelung und vor allem das Ergebnis selbst mit berücksichtigt werden. Aus diesem Grund ist festzuhalten, daß diese eine sich auf den Aspekt des Marktzugangs beziehende Entscheidung des EuGH nicht ausreicht, um hieraus Schlüsse für die zukünftige Beurteilung des Begriffes des Marktzugangs zu ziehen.

Damit bleibt festzuhalten, daß das Verknüpfen des „rechtlich und tatsächlich gleichen Berührens" mit einem Versperren bzw. einer Erschwernis des Marktzugangs mehr Fragen eröffnet als zur Klärung der vom EuGH gewählten Begriffe beizutragen.

b) Die „rechtlich und tatsächlich gleiche Berührung" im Fall „Keck"

In der Entscheidung „Keck und Mithouard" selbst begründete der EuGH das Nichtvorliegen der Ausnahme nicht, sondern stellte lediglich fest, daß Artikel 30 EWG-Vertrag (Artikel 28 EG-Vertrag) dahin auszulegen sei, daß er keine Anwendung auf Rechtsvorschriften eines Mitgliedstaates finde, die den Weiterverkauf zum Verlustpreis allgemein verbiete.[612] Es wurde eine Prüfung der Ausnahme unterlassen. Insbesondere im Hinblick auf die bereits erörterte äußerst differenzierte Rechtsprechung des Gerichtshofes zu verschiedenen Preisregelungen wäre eine eingehendere Untersuchung eines möglichen Ausnahmetatbestandes wünschenswert gewesen. Allerdings ist dem EuGH zuzugeben, daß die hier streitige Regelung mit

---

[611] EuGH vom 28.02.1984, Slg. 1984, S. 1111 (1119), Rdn. 4, Rs. 247/81; EuGH vom 14.03.1985, Slg. 1985, S. 837 (846), Rdn. 12, Rs. 269/83.

[612] EuGH vom 24.11.1993, Slg. 1993, S. 6097 (6132), Rdn. 18, Rs. 267 u. 268/91.

den bereits erörterten Preisregelungen nicht zu vergleichen ist, weil diese weder einen Mindest- noch einen Höchstpreis festlegte und darüber hinaus auch keine Preisstoppregelung beinhaltete und sich insoweit von diesen unterschied.

Das Urteil „Keck" hat in der Literatur ein ungewöhnliches Echo gefunden.[613] Für einige hat das Urteil nicht die gewünschte Klärung herbeigeführt, sondern eher zu weiterer Konfusion beigetragen.[614] Viele meinen, daß das Urteil die ältere Rechtsprechung in Frage stellt.[615] Im Hinblick auf das Urteil ist herrschende Meinung, daß eine Verkaufsmodalität nur noch dann eine *Maßnahme gleicher Wirkung* sein kann, wenn die zu untersuchende Regelung eine Diskriminierung enthält.[616] So wird vielfach in der „rechtlichen Berührung" die Ausformung des Verbots der formellen Diskriminierung gesehen, während in der „tatsächlichen Berührung" ein materielles bzw. faktisches Diskriminierungsverbot[617] gesehen wird.[618] Als faktische Diskriminierung wird dabei der „berühmte" Fall der Werbung für Alkohol zitiert.[619] Andere meinen, daß es für die Anwendbarkeit des Art. 28 EG-Vertrag auf „Verkaufsmodalitäten" auf den Gesichtspunkt der Diskriminierung nicht ankomme.[620] Wieder andere differenzieren nicht, sondern belassen es bei der Feststellung, daß nicht-diskriminierende Regelungen gemeint seien, ohne diese näher zu erläutern.[621]

Der Reduzierung auf ein Diskriminierungsverbot widersprechen einige: so soll es einen Unterschied zwischen einer möglichen Diskriminierung und einer unterschiedlichen Berührung geben.[622] Eine unterschiedliche Berührung soll jedenfalls dann vorliegen, wenn eine Diskriminierung der eingeführten gegenüber den inländischen Waren vorliegt, darüber hinaus kann

---

[613] Auf die Vielzahl der Kommentare wurde bereits an anderer Stelle verwiesen.
[614] Oppermann, Europarecht, Rdn. 1293; Jickeli, JZ 1995, S. 57 (61); Reich, CMLRev. 6 (1994), S. 459 (470); Roth, CMLRev. 31 (1994), S. 845 (853); Moore, ELRev. 19 (1994), S. 195 (198).
[615] Sedemund/Montag, NJW 1994, S. 625 (628); Sack, EWS 1994, S. 181 (184).
[616] Jickeli, JZ 1995, S. 57 (59); Lüder, EuZW 1995, S. 87 (88); Steindorff, ZHR 158 (1994), S. 149 (152); Hailbronner, in Handkommentar, Art. 30, Rdn. 13 c.
[617] Sack, EWS 1994, S. 37 (42).
[618] Bornkamm, GRUR 1994, S. 297 (298); Micklitz; IStR 1994, S. 86 (91)..
[619] Möschel, NJW 1994, S. 429 (430).
[620] Eilmansberger, JBl 1999, S. 434 (438).
[621] Petschke, EuZW 1994, S. 107; Ehricke, WW 1994, S. 108 (113).
[622] Vgl. Weyer, DZWiR 1994, S. 89 (90); Streinz/Leible, ZIP 1995, S. 1236 (1238).

dieses Kriterium, wie die Entscheidung „Keck" ergibt, auch unabhängig von einer Diskriminierungsprüfung zu bejahen sein, wenn eine nationale Bestimmung unterschiedslos für alle Erzeugnisse gilt.[623] Andere gehen davon aus, daß „Verkaufsmodalitäten" dann in den Anwendungsbereich des Artikels 28 EG-Vertrag fallen, wenn diese marktaufsplitternde Wirkung haben.[624] Wiederum andere meinen, daß der EuGH jede Erklärung für die Ausformung des Tatbestandsmerkmales „rechtlich und tatsächlich gleich berühren" vermissen lasse.[625] Ferner wird auch die Ansicht vertreten, daß es für das Vorliegen der „tatsächlich gleichen Berührung" allein auf eine Verteuerung der Einfuhr ankommt.[626]

2. *Zusammenfassung und Zwischenergebnis*

Die Einschränkung der Anwendbarkeit des Art. 28 EG-Vertrag, bezogen auf die sog. Verkaufsmodalitäten, muß im Hinblick auf den Gesichtspunkt der „rechtlich und tatsächlich gleichen Berührung" anhand der bereits hierzu entschiedenen Fälle untersucht werden, da das Urteil „Keck" nur erste Anhaltspunkte für eine Auslegung derselben liefern konnte.

Interessant ist, daß eine Vielzahl bereits erörterter Urteile bereits in die Richtung des „Keck-Urteils" gewiesen hatten, indem sie das Vorliegen einer *Maßnahme gleicher Wirkung* dann abgelehnt hatten, wenn eine Unterscheidung aufgrund der Einfuhr nicht gemacht wurde.[627] Es wäre somit möglich, daß sich der Gerichtshof an diesen Urteilen für die Ausgestaltung seiner sog. „Keck-Formel" orientierte und dabei seine auf dem Urteil „Oosthoek"[628] aufbauende Rechtsprechung nicht fortsetzen wollte,[629] der zufolge jede Regelung, die geeignet war, das Einfuhrvolumen zu begren-

---

[623] Weyer, DZWiR 1994, S. 89 (92).

[624] Bleckmann, Europarecht, Rdn. 1511; Eberhartinger, EWS 1997, S. 43 (49).

[625] Jickeli, JZ 1995, S. 57 (61)

[626] Kieninger, EWS 1998, S. 277 (284).

[627] So z.B.: EuGH vom 14.07.1981, Slg. 1981, S. 1993, Rs. 155/80 - „Oebel"; EuGH vom 31.03.1982, Slg. 1982, S. 1211, Rs. 75/81 - „Blesgen"; EuGH vom 25.11.1986, Slg. 1986, S. 3449, Rs. 148/85 – „Forest"; EuGH vom 11.07.1990, Slg. 1990, S. 3059, Rs. 23/89 – „Quietlynn"; EuGH vom 28.02.1991, Slg. 1991, S. 1027, Rs. 332/89 – „Marchandise"; EuGH vom 28.02.1991, Slg. 1991, S. 997, Rs. 312/89 – „Conforama;

[628] EuGH vom 15.12.1982, Slg. 1982, S. 4575, Rs. 286/81 – „Oosthoek"

[629] So auch Generalanwalt Leger in Slg. 1995, S. 1925 (1930) zu der Rs. 470/93 – „Mars"; Bornkamm, GRUR 1994, S. 297 (298); Jickeli, JZ 1995, S: 57 (59).

zen, eine *Maßnahme gleicher Wirkung* darstellen konnte. Auf eine „rechtlich" oder „tatsächlich ungleiche Berührung" kam es hierbei nicht an. Liegt eine solche nicht vor, wird die Regelung von Art. 28 EG-Vertrag nach „Keck" nicht erfaßt.

Sollte eine „ungleiche Berührung" zu bejahen sein, bedeutet diese aber nicht automatisch einen Verstoß gegen Artikel 28 EG-Vertrag, es muß darüber hinaus eine Behinderung der Einfuhr vorliegen. Im Ergebnis können also nur solche Regelungen von Art. 28 EG-Vertrag erfaßt werden, die entweder keine „Verkaufsmodalitäten" darstellen oder die die inländischen und einzuführenden Erzeugnisse „rechtlich" oder „tatsächlich" unterschiedlich behandeln. Im folgenden ist nun anhand der bereits zu „Keck" entschiedenen Fälle zu analysieren, wie der EuGH diese Ausnahme ausgelegt hat.

II. Die Folgerechtsprechung zu „Keck"

Anhand der Folgerechtsprechung zu „Keck" sollen die Fälle untersucht werden, in denen der Gerichtshof das Vorliegen einer Verkaufsmodalität bejahte und deshalb die Frage der „rechtlich und tatsächlich gleichen Berührung" untersuchen mußte. Zunächst werden die Urteile untersucht, die das Vorliegen der Ausnahme verneinen, also eine gleiche Berührung bejahen, und sodann die Urteile, die das Vorliegen der Ausnahme bejahen, also eine gleiche Berührung verneinen.

1. Fälle mit „gleicher Berührung"

Zunächst sollen die Urteile, die das Vorliegen einer *Maßnahme gleicher Wirkung* aufgrund der „Keck-Rechtsprechung" verneinen, weil es sich um eine „Verkaufsmodalität" handelte und eine „rechtlich und tatsächlich gleiche Berührung" zu bejahen war, untersucht werden. Dabei soll insbesondere untersucht werden, wie der Gerichtshof die rechtlich und tatsächlich gleiche Berührung feststellte. Im Rahmen dieser Fälle wird sich die Frage nach der Anwendbarkeit der „Cassis-Formel" nicht stellen, weil sie das Vorliegen einer *Maßnahme gleicher Wirkung* voraussetzt. Die Frage nach dem Gesichtspunkt der Diskriminierung wird sich allein auf das Vorliegen der rechtlich und tatsächlich gleichen Berührung beschränken.

Keine drei Wochen nach der „Keck-Entscheidung“ hatte der EuGH sich mit einer deutschen Standesregel zu befassen, die den Apothekern die Werbung für apothekenübliche Waren verbot.[630] Der EuGH stellte wie bei der „Keck-Entscheidung“ zunächst fest, daß eine solche Regelung den Absatz von apothekenüblichen Waren aus anderen Mitgliedstaaten zwar beschränken könnte, daß es sich bei dieser Regelung jedoch um eine „Verkaufsmodalität“ handele, die ferner den Absatz der Waren aus anderen Mitgliedstaaten nicht in anderer Weise als den der inländischen berühre.[631] Der Gerichtshof stellte also zum einen das Vorliegen einer Verkaufsmodalität fest und zum anderen eine „gleiche Berührung“ der in- und ausländischen Waren. Er unterschied nicht zwischen „rechtlich und tatsächlich gleicher Berührung“, sondern stellte pauschal keine unterschiedliche Behandlung fest. Daß die Regelung möglicherweise den Marktzugang für ausländische Erzeugnisse stärker behindern könnte als den für inländische hat der Gerichtshof nicht geprüft.

Die streitige deutsche Regelung lieferte keine Anhaltspunkte für eine materielle Diskriminierung der ausländischen Waren.[632]

Eine griechische Vorschrift sah vor, daß verarbeitete Milch für Säuglinge nur in Apotheken verkauft werden dürfe.[633] Der EuGH entschied nach dem bereits üblichen „Keck“-Muster[634]:

„Diese Regelung, die eine Beschränkung der kommerziellen Freiheit der Wirtschaftsteilnehmer bewirkt, ohne sich auf die Merkmale der erfaßten Erzeugnisse selbst zu erstrecken, betrifft nämlich die Modalitäten des Absatzes bestimmter Waren insoweit, als sie den Vertrieb von verarbeiteter Milch für Säuglinge außerhalb von Apotheken verbietet und somit allgemein die Verkaufsstellen bestimmt, wo diese Erzeugnisse abgesetzt werden können. Darüber hinaus berührt die von der Kommission beanstandete Regelung, die, ohne nach dem Ursprung der betroffenen Erzeugnisse zu unterscheiden, für alle Wirtschaftsteilnehmer gilt, die ihre Tätigkeit im Inland ausüben, den Vertrieb der Erzeugnisse aus anderen Mitgliedstaaten nicht anders als den der inländischen “[635]

---

[630] EuGH vom 15.12.1993, Slg. 1993, S. 6787, Rs. 292/92 – „Hünermund“.
[631] EuGH vom 15.12.1993, Slg. 1993, S. 6787 (6822), Rdn. 20 und 23 Rs. 292/92 – „Hünermund
[632] Eine formelle Diskriminierung ist offensichtlich nicht gegeben.
[633] EuGH vom 29.06.1995, Slg. 1995, S. 1621, Rs. 391/92 – „Säuglingsmilch“.
[634] Siehe EuGH vom 24.11.1993, Slg. 1993, S. 6097, verb. Rs. 267 u. 268/91.
[635] EuGH vom 29.06.1995, Slg. 1995, S. 1621 (1647), Rdn. 15f., Rs. 391/92 – „Säuglingsmilch“.

Er bejahte damit, daß eine solche Regelung eine „Verkaufsmodalität" darstelle und auch keine Unterscheidung aufgrund der Herkunft der Waren treffe. Die Regelung stellte nach Ansicht des Gerichtshofes somit keine *Maßnahme gleicher Wirkung* dar.

Der Generalanwalt hatte den Fall anders beurteilt; er war der Ansicht, daß diese Regelung eine *Maßnahme gleicher Wirkung* darstelle, da Artikel 28 EG-Vertrag über ein reines Diskriminierungsverbot hinausgehe und es maßgeblich auf die Behinderung des Marktzugangs für Importwaren ankomme.[636] Die Vermarktung der ausländischen Erzeugnisse werde durch die Regelung erschwert und verteuert.[637] Zudem argumentierte er, daß der Absatz von inländischen und ausländischen Erzeugnissen deswegen nicht „tatsächlich gleich berührt" werde, weil nur der Absatz ausländischer Erzeugnisse berührt werde.[638] Zu dieser Schlußfolgerung des Generalanwaltes ist folgendes zu sagen: das Fehlen einer inländischen Vergleichsgruppe - wie in diesem Fall - kann denklogisch nicht dazu führen, daß die ausländischen Produkte tatsächlich anders berührt werden als die inländischen. Wenn es ein inländisches Produkt unbestrittenermaßen nicht gibt, dann kann der Absatz der inländischen und der Absatz der ausländischen Produkte tatsächlich nicht unterschiedlich berührt werden.

Der Gerichtshof kam in dieser Hinsicht zwar zu demselben Ergebnis, argumentierte allerdings etwas anders. Er war der Ansicht, daß es auf das Vorhandensein einer Vergleichsgruppe von inländischen Erzeugnissen nicht ankomme, da ansonsten eine Regelung, die identische Auswirkungen entfaltet, in bestimmten Staaten unter Artikel 28 EG-Vertrag, in anderen Mitgliedstaaten aber nicht in den Anwendungsbereich dieser Vorschrift fiele.[639] Dieser Argumentation des Gerichtshofes ist zu widersprechen, da sie selbst unlogisch erscheint. Zumindest das Tatbestandsmerkmal der „tatsächlich gleichen Berührung" kann nur dann geprüft werden, wenn es eine inländische Vergleichsgruppe gibt. Nicht anders ist die „Keck-Entscheidung" zu lesen, in der es heißt: „... sofern sie den Absatz der inländischen Erzeugnisse und der Erzeugnisse aus anderen Mitgliedstaaten rechtlich wie tatsächlich in der gleichen Weise berühren". Ob der Absatz

---

[636] Schlußantrag Lenz, Slg. 1995, S. 1623 (1628f.), Rs. 391/92.
[637] Schlußantrag Lenz, Slg. 1995, S. 1623 (1629), Rs. 391/92.
[638] Schlußantrag Lenz, Slg. 1995, S. 1623 (1630), Rs. 391/92.
[639] EuGH vom 29.06.1995, Slg. 1995, S. 1621 (1647), Rdn. 17, Rs. 391/92 – „Säuglingsmilch".

der inländischen und der ausländischen Erzeugnisse tatsächlich gleich berührt wird, kann nur festgestellt werden, wenn es diese zwei Gruppen auch gibt. Fehlt eine inländische Vergleichsgruppe, kann zumindest eine unterschiedliche Behandlung der in- und ausländischen Erzeugnisse nicht vorliegen.

Der EuGH erkannte, daß seine Aussage - zumindest ohne Ergänzung - nicht bestehen bleiben könnte, und fuhr fort, daß etwas anderes gelten würde, wenn es sich um eine protektionistische Regelung handelte:

„Etwas anderes würde nur dann gelten, wenn sich ergäbe, daß die streitige Verordnung eine nationale Produktion schützt, die ähnliche Erzeugnisse wie die aus anderen Mitgliedstaaten stammende verarbeitete Milch für Säuglinge oder mit derartigen Milcherzeugnissen im Wettbewerb herstellt."[640]

Damit hat er selbst seine vorher getroffene Aussage widerlegt, da er selbst erkannte, daß eine unterschiedliche Berührung nur dann vorliegen kann, wenn es eine inländische Vergleichsgruppe überhaupt gebe. Dazu stellte er fest:

„Im vorliegenden Fall hat die Kommission aber nicht nachgewiesen, daß dies der Fall war.

Nach alledem beschränkt die von der Kommission beanstandete griechische Regelung lediglich die Orte, an denen die betroffenen Erzeugnisse vertrieben werden dürfen, indem sie die Vermarktung dieser Erzeugnisse regelt, ohne dadurch den Marktzugang für Erzeugnisse aus anderen Mitgliedstaaten zu behindern oder diese Erzeugnisse spezifisch zu benachteiligen."[641]

Im Ergebnis verneinte der EuGH damit richtigerweise das Vorliegen der Ausnahmevoraussetzungen. Durch diese zu prüfende nationale Regelung wurde der Absatz der ausländischen Erzeugnisse nicht anders behandelt als der Absatz der inländischen. Anzumerken ist in diesem Zusammenhang noch, daß der EuGH weder eine Behinderung des Marktzugangs noch eine spezifische Benachteiligung der ausländischen Erzeugnisse aufgrund der

---

[640] EuGH vom 29.06.1995, Slg. 1995, S. 1621 (1647), Rdn. 18, Rs. 391/92 – „Säuglingsmilch".
[641] EuGH vom 29.06.1995, Slg. 1995, S. 1621 (1647), Rdn. 19f., Rs. 391/92 – „Säuglingsmilch".

Regelung feststellen konnte. Damit könnten für ihn die Marktbehinderung und die Benachteiligung zwei unterschiedliche Dinge darstellen. Allerdings hat er in dem Urteil eine Unterscheidung nicht erläutert. Festzuhalten bleibt, daß aufgrund der Regelung der Absatz der ausländischen Waren zwar behindert bzw. eingeschränkt wurde, diese aber gegenüber den inländischen Erzeugnissen nicht benachteiligt worden sind. Eine materielle Diskriminierung lag nicht vor.

Sich an die Entscheidungen „Hünermund“[642] und „Säuglingsmilch“[643] anlehnend, entschied der EuGH auch im Fall „Banchero“, daß eine italienische Regelung, wonach der Einzelhandel mit Tabakwaren jeder Herkunft zugelassenen Vertriebshändlern vorbehalten sei, nicht gegen Art. 28 EG-Vertrag verstieß.[644] Hier wurde festgestellt, daß die aufgrund der Vorschrift bestehende Verpflichtung, Erzeugnisse von den zugelassenen Einzelhändlern vertreiben zu lassen, eine „Verkaufsmodalität“ sei. Insbesondere habe die Kommission vorgetragen, daß in den bei ihr eingegangenen Beschwerden von diskriminierenden Verhaltensweisen des Monopols gegenüber Herstellern aus der Gemeinschaft keine Rede gewesen sei.[645] Das bedeutet, daß eine Benachteiligung der ausländischen Erzeugnisse nicht geltend gemacht worden war. Ferner entschied der Gerichtshof:

„Nach alledem fallen nationale Rechtsvorschriften wie die italienischen, nach denen der Einzelhand mit Tabakwaren jeder Herkunft zugelassenen Vertriebshändlern vorbehalten ist, die aber dadurch den Zugang von Erzeugnissen aus anderen Mitgliedstaaten zum inländischen Markt nicht behindern oder nicht stärker erschweren als den Zugang einheimischer Erzeugnisse zum Vertriebsnetz, nicht in den Anwendungsbereich von Artikel 30 [Artikel 28] des Vertrages.“[646]

In diesem Urteil kam der Gerichtshof wieder auf seine Begründung in Sachen „Keck“ zurück und verneinte eine Marktzugangsbehinderung aufgrund der Regelung für ausländische Produkte. Hierbei beließ er es aller-

---

[642] Siehe oben.
[643] Siehe oben.
[644] EuGH vom 14.12.1995, Slg. 1995, S. 4663, Rs. 387/93 – „Banchero“; so auch EuGH vom 19.11.1998, Slg. 1998, S. 7477, Rs. 162/97.
[645] EuGH vom 14.12.1995, Slg. 1995, S. 4663 (4696), Rdn. 42, Rs. 387/93 – „Banchero“
[646] EuGH vom 14.12.1995, Slg. 1995, S. 4663 (4697), Rdn. 44, Rs. 387/93 – „Banchero“.

dings nicht, sondern er verneinte zudem eine Marktzugangserschwernis für ausländische Waren.

In der Rechtssache „Tankstation 't Heukske vof und J.B.E. Boermans"[647] ging es um die Vereinbarkeit der niederländischen Regelung über die Ladenschlußzeiten für Tankstellen mit Art. 28 EG-Vertrag. Mit Bezug auf die „Keck-Formel" entschied der EuGH, daß es sich um eine „Verkaufsmodalität" handele, da die Regelung die zeitlichen und räumlichen Voraussetzungen betreffe, unter denen die fraglichen Waren an die Verbraucher verkauft werden könnten.[648] Ferner entschied er:

„Außerdem gilt sie ohne Unterscheidung nach der Herkunft der fraglichen Erzeugnisse für alle betroffenen Wirtschaftsteilnehmer und berührt den Absatz der Erzeugnisse aus anderen Mitgliedstaaten nicht in anderer Weise als den der inländischen."[649]

In der Tat unterscheiden nationale Ladenschlußzeiten nicht zwischen inländischen und eingeführten Waren. Zudem gehören sie zu der Kategorie von Maßnahmen, die sich nicht auf die inneren oder äußeren Merkmale der Waren wie Produktbeschaffenheit, Produktverpackung oder Produktwerbung beziehen, so daß auch für Waren, die in einem anderen Mitgliedstaat rechtmäßig hergestellt und in den Verkehr gebracht worden sind, keine zusätzlichen Produktions- und Vertriebskosten entstehen. Das bedeutet, daß nationale Regelungen über den Ladenschluß keine Benachteiligung für die ausländischen Erzeugnisse darstellen; die eingeführten Waren werden nicht diskriminiert. Zudem wird der Absatz der ausländischen Erzeugnisse nicht anders berührt als der der inländischen. Mithin verneinte der EuGH das Vorliegen einer *Maßnahme gleicher Wirkung*, da es sich um eine „Verkaufsmodalität handelte, die für in- und ausländische Waren gleichermaßen galt.

In einem ähnlichen Verfahren „Punto Casa", das am selben Tag entschieden wurde wie das zuvor besprochene, ging es um die Frage eines Verstoßes gegen Art. 28 EG-Vertrag durch italienische Rechtsvorschriften über den Geschäftsschluß von Einzelhandelsgeschäften an Sonntagen.[650] Das

[647] EuGH vom 02.06.1994, Slg. 1994, S. 2199, Rs. 401 u. 402/92.
[648] EuGH vom 02.06.1994, Slg. 1994, S. 2199 (2234), Rdn. 14, Rs. 401 u. 402/92.
[649] EuGH vom 02.06.1994, Slg. 1994, S. 2199 (2234), Rdn. 14, Rs. 401 u. 402/92.
[650] EuGH vom 02.06.1994, Slg. 1994, S. 2355, verb. Rs. 69/93 und 258/93 - „Punto Casa"; so auch EuGH vom 20.06.1996, Slg. 1996, S. 2975, Rs. 418/93 u.a.

Gesetz sah die völlige Schließung der Geschäfte an Sonn- und Feiertagen vor. Der EuGH entschied, daß eine solche Regelung die Umstände betreffe, unter denen die Waren an die Verbraucher verkauft werden könnten. Diese „Verkaufsmodalität“ berühre den Absatz der ausländischen Erzeugnisse nicht anders als den der inländischen.[651] Damit erfülle die Vorschrift die durch das „Keck-Urteil“ aufgestellten Voraussetzungen und sei somit keine *Maßnahme gleicher Wirkung*.

Die Entscheidung „Leclerc-Siplec“[652] betraf eine französische Werbevorschrift. Aufgrund dieser Vorschrift war Werbung, die Erzeugnisse betraf, für die ein gesetzliches Fernsehverbot bestand und Werbung, die sich auf bestimmte Erzeugnisse und Wirtschaftssektoren bezog, verboten.[653] In dem nationalen Verfahren weigerten sich deshalb zwei Fernsehsender, eine Werbemitteilung über den Vertrieb von Kraftstoffen in Supermärkten auszustrahlen. Wie in der „Keck-Entscheidung“ stellte der Gerichtshof vorab fest, daß ein solches Verbot das Absatzvolumen und folglich auch das Absatzvolumen der Erzeugnisse aus anderen Mitgliedstaaten insoweit einschränke, als es den Vertriebshändlern eine bestimmte Form der Förderung des Absatzes der vertriebenen Erzeugnisse nehme.[654] Sodann bejahte er das Vorliegen einer „Verkaufsmodalität“, da die Regelung eine bestimmte Form der Förderung (Fernsehwerbung) einer bestimmten Methode des Absatzes (Vertrieb) von Erzeugnissen verbiete, und darüber hinaus den Absatz der inländischen Erzeugnisse nicht anders berühre als den aus anderen Mitgliedstaaten.[655] Die rechtlich und tatsächlich gleiche Berührung wurde damit bejaht, eine *Maßnahme gleicher Wirkung* verneint.[656] Wie auch im Falle „Hünermund“ erörterte der Gerichtshof nicht, ob die Regelung möglicherweise den Marktzugang von ausländischen Erzeugnissen stärker behindere als den der inländischen.

---

[651] EuGH vom 02.06.1994, Slg. 1994, S. 2355 (2369), Rdn. 14, verb. Rs. 69/93 und 258/93 - „Punto Casa“: der Gerichtshof benutzte insoweit die identische Begründung wie in dem Urteil vom selben Tag in Sachen „Tankstation 't Heukske“ a.a.O..

[652] EuGH vom 09.02.1995, Slg. 1995, S. 179, Rs. 412/93 - „Leclerc-Siplec“.

[653] Art. 8 des Dekrets Nr. 92-280 vom 27.03.1992.

[654] EuGH vom 09.02.1995, Slg. 1995, S. 179 (216), Rdn. 20, Rs. 412/93.

[655] EuGH vom 09.02.1995, Slg. 1995, S. 179 (217), Rdn. 22f., Rs. 412/93; so auch EuGH vom 28.10.1999, Slg. 1999, S. 7622 (7636), Rdn. 45 ff., Rs. 6/98 - „ARD“.

[656] In seinem Schlußantrag vom 24.11.1994 befürwortete der Generalanwalt Jacobs einen alternativen Prüfungsweg, kam dabei allerdings zum selben Ergebnis: er sprach sich für die Einführung einer „de-minimis-Regelung“ aus: Slg. 1995, S. 182 (195 ff.), Rs. 412/93.

In dem Verfahren „pommes de terre“[657] ging es um die Vereinbarkeit einer belgischen Regelung, die den Verkauf von Kartoffeln mit einer äußerst geringen Gewinnspanne verbot, mit Art. 28 EG-Vertrag. Der EuGH entschied,[658] daß eine solche Regelung zwar geeignet sei, das Absatzvolumen von Erzeugnissen aus anderen Mitgliedstaaten insoweit einzuschränken, als es den Wirtschaftsteilnehmern eine Methode der Absatzförderung nehme. Dennoch stufte der Gerichtshof eine solche Maßnahme als „Verkaufsmodalität“ i.S.d. „Keck-Rechtsprechung“ ein[659] und prüfte sodann, ob diese Regelung die betroffenen Erzeugnisse unterschiedlich behandelte:

„Darüber hinaus berührt diese Regelung, die ohne nach Erzeugnissen zu unterscheiden, für alle Wirtschaftsteilnehmer in dem betreffenden Sektor gilt, den Absatz der Erzeugnisse aus anderen Mitgliedstaaten nicht anders als den der inländischen Erzeugnisse.“[660]

Damit kam der Gerichtshof auf seine in Hünermund benutzte Begründung für das Vorliegen einer „rechtlich und tatsächlich gleichen Berührung“ zurück. Interessant ist, daß der EuGH diese nationale Preisregelung als „Verkaufsmodalität“ einstufte und somit prüfen mußte, ob diese den Absatz der inländischen Erzeugnisse und der Erzeugnisse aus anderen Mitgliedstaaten „rechtlich“ wie „tatsächlich gleich berühren“. Dies bejahte er in beiden Fällen.

Diese Tatsache ist für die hier interessierende Fragestellung von besonderer Bedeutung. Der EuGH distanzierte sich hiermit von seiner bisherigen Rechtsprechung in Bezug auf nationale Preisregelungen.[661] Wie bereits analysiert, hatte der EuGH unabhängig von der unterschiedslosen Geltung der Preisregelungen im formellen Sinne stets die Wirkung der Regelungen untersucht. Dabei gelangte er oftmals zu dem Ergebnis, daß trotz der unterschiedslosen Geltung einer Regelung, diese sich dennoch nachteilig auf die eingeführten Erzeugnisse auswirken könnte:

---

[657] EuGH vom 11.08.1995, Slg. 1995, S. 2467, Rs. 63/94.
[658] Er prüfte diesen Fall auf die gleiche Art und Weise wie in der Entscheidung „Keck und Mithouard“.
[659] EuGH vom 11.08.1995, Slg. 1995, S. 2467 (2491), Rdn. 13, Rs. 63/94.
[660] EuGH vom 11.08.1995, Slg. 1995, S. 2467 (2491), Rdn. 14, Rs. 63/94.
[661] Siehe oben.

„Zwar kann sich eine innerstaatliche Preisregelung, die unterschiedslos für inländische wie für eingeführte Erzeugnisse gilt, im allgemeinen nicht so [im Sinne der „Dassonville-Formel"[662]] auswirken, doch kann es in bestimmten Sonderfällen anders sein. So kann sich eine Behinderung der Einfuhr insbesondere daraus ergeben, daß eine innerstaatliche Stelle Preise oder Gewinnspannen so festsetzt, daß dadurch die eingeführten Erzeugnisse gegenüber gleichartigen inländischen Erzeugnissen benachteiligt werden, sei es, weil sie zu den festgesetzten Bedingungen nicht gewinnbringend abgesetzt werden können, sei es, weil der sich aus dem niedrigeren Gestehungspreis ergebende Wettbewerbsvorteil neutralisiert wird."[663]

Diese nachteilige Wirkung hatte der EuGH als materielle Diskriminierung eingestuft.[664] Diese nachteilige Wirkung einer solchen Regelung auf die eingeführten Erzeugnisse wurde in den gerade untersuchten Entscheidungen nicht problematisiert. Es wurde lediglich festgestellt, daß eine „Verkaufsmodalität" zu bejahen sei, die die ausländischen Erzeugnisse weder rechtlich noch tatsächlich anders berühre als die inländischen. Das läßt den Schluß zu, daß der EuGH seine durch das Urteil „van Tiggele" begründete Rechtsprechung für eine Beurteilung der rechtlichen oder tatsächlichen Berührung des Absatzes im Sinne der „Keck-Formel" außer Betracht ließ. Sonst hätte er einen Zusammenhang hergestellt, der vielleicht eine Verbindung zwischen „unterschiedslos" und „rechtlich", bzw. „in der Wirkung" und „tatsächlich" erlaubt hätte.

Allerdings könnte auch noch daran gedacht werden, daß der EuGH diese Fälle nicht mit den vor „Keck" entschiedenen Fällen in Beziehung setzen wollte, weil er hierin einen qualitativen Unterschied sah. Das streitige Verbot der „vente à perte", also der Keck-Sachverhalt, setzte keinen Preis fest, sondern untersagte den Verkauf mit Verlust. Dieses ist keine Preisregelung im klassischen Sinne. In dem Fall „pommes de terre" ging es hingegen um den Verkauf von Produkten mit einer äußerst geringen Gewinnspanne, so daß doch an bereits entschiedenen Fällen, in denen es um festgelegte Mindestgewinnspannen ging, hätte angeknüpft werden können. Der Gerichtshof bezog hierzu jedoch keine Stellung.

---

[662] Einschub der Verfasserin.

[663] EuGH vom 24.01.1978, Slg. 1978, S. 25 (39), Rdn. 13/15, Rs. 82/77 - „van Tiggele"; so auch schon in EuGH vom 26.2.1976, Slg. 1976, S. 323, Rs. 88-90/75 – „SADAM".

[664] Dazu siehe oben 3. Kapitel, I. 6.

Als Ergebnis kann festgestellt werden, daß die vor der „Keck-Entscheidung" zu den Preisvorschriften entwickelte Rechtsprechung aufgrund der „Keck-Entscheidung" als *„overruled"* zu betrachten ist, da die Preisvorschriften als „Verkaufsmodalitäten" aus dem Anwendungsbereich des Artikels 28 EG-Vertrag herausfallen, weil sie der Überprüfung hinsichtlich der „rechtlich und tatsächlich gleichen Berührung" standhalten. Vor dem „Keck-Urteil" prüfte der Gerichtshof in ständiger Rechtsprechung, ob eine solche eigentlich „unterschiedslos" geltende nationale Preisregelung nicht dennoch den Absatz der eingeführten Erzeugnisse benachteilige.[665] Die Möglichkeit einer solchen materiellen Diskriminierung wird in diesen Fällen im Rahmen der Prüfung der „rechtlich und tatsächlich gleichen Berührung" aber nicht in Betracht gezogen.

In den erörterten Fällen wurde das Vorliegen einer *Maßnahme gleicher Wirkung* verneint, weil es sich nach Ansicht des Gerichtshofes um „Verkaufsmodalitäten" handelte, die die eingeführten Erzeugnisse nicht anders behandelten als die inländischen. Wie bereits dargelegt, erscheint diese Ansicht des Gerichtshofes zumindest im Falle „pommes de terre" im Hinblick auf seine frühere Preisregelungen betreffende Rechtsprechung fragwürdig. Gerade die unterschiedlichen Preisregelungen waren nach früherer Ansicht des Gerichtshofes geeignet, die ausländischen Produkte zu benachteiligen. Die Entscheidung „pommes de terre" zeigt, daß der Gerichtshof diese alte Rechtsprechung aufgegeben und die mögliche Benachteiligung der ausländischen Produkte nicht als tatsächlich den Absatz ausländischer Produkte anders berührend eingestuft hat. Dies kann zweierlei bedeuten. Es kann zum einen bedeuten, daß der EuGH von einer materiellen Diskriminierungsprüfung vollkommen abgesehen hat oder aber zum anderen daß die „tatsächlich gleiche Berührung" nicht mit einer materiellen Diskriminierung gleichzusetzen ist. Dies bleibt im Bereich der Spekulation, da der EuGH selbst hierzu nichts sagt. Dies wäre allerdings wünschenswert gewesen, da der EuGH in der „Keck-Entscheidung" selbst nicht ausführt, welche früheren Urteile als „overruled" zu gelten hätten.

Die übrigen Fälle hat der EuGH meines Erachtens in Anwendung der strengen „Keck-Formel" folgerichtig entschieden.

---

[665] Vgl. das Ergebnis zu den Preisvorschriften: 3. Kapitel, I. 6.

2. Fälle mit „ungleicher Berührung“

In den folgenden Fällen bejahte der Gerichtshof das Vorliegen der Ausnahmetatbestände des „Keck-Urteils“, also eine rechtlich bzw. tatsächlich ungleiche Berührung. Im Rahmen der Erörterung dieser Fälle wird nicht nur die Begründung des Gerichtshofes für das Vorliegen der Ausnahmegründe zu prüfen sein, sondern auch das Verhältnis zur Anwendbarkeit der „Cassis-Formel“.

Ein Urteil befaßte sich mit der Frage, ob ein nationales Verbot der Werbung für Arzneimittel, die im Inland trotz bestehender Zulassungspflicht nicht zugelassen waren, gegen Art. 28 EG-Vertrag verstieß.[666] Dabei war zu beachten, daß die Arzneimittel aus einem anderen Mitgliedstaat der EG auf Einzelbestellung rechtmäßig importiert werden durften, sofern sie bereits in diesem Mitgliedstaat zulässigerweise in den Verkehr gebracht worden waren.[667] Das in Frage stehende deutsche Werbeverbot des § 8 Absatz 2 Heilmittelwerbegesetz betraf ausschließlich ausländische Arzneimittel. Daraus schloß der EuGH:

„Da es [das Heilmittelwerbeverbot][668] somit den Absatz der Arzneimittel nicht in der gleichen Weise berührt, kann es nicht von vornherein dem Anwendungsbereich von Artikel 30 EWG-Vertrag [Artikel 28 EG-Vertrag] entzogen sein.“[669]

Der Gerichtshof sagte nicht, ob es sich hierbei um eine rechtlich oder tatsächlich ungleiche Berührung handelte. Da die Regelung formell zwischen in- und ausländischen Arzneimitteln unterschied, ist aber anzunehmen, daß er hierin eine rechtlich ungleiche Berührung sah. Er bejahte das Vorliegen einer *Maßnahme gleicher Wirkung*:

„Sodann ist festzustellen, daß das in Rede stehende Werbeverbot potentiell das Volumen der Einfuhren nicht zugelassener Arzneimittel nach Deutschland behindern kann. Es entzieht nämlich den Apothekern und Ärzten, deren Mitwirkung für die Einfuhr dieser Arzneimittel gemäß § 73 Absatz 3 AMG[670] unerläßlich ist, eine Quelle der Information über die Existenz und die Verfügbarkeit solcher Arzneimittel.“[671]

---

[666] EuGH vom 10.11.1994, Slg. 1994, S. 5243, Rs. 320/93.
[667] EuGH vom 10.11.1994, Slg. 1994, S. 5243, Rs. 320/93.
[668] Einschub der Verfasserin.
[669] EuGH vom 10.11.1994, Slg. 1994, S. 5243 (5261f.), Rdn. 9, Rs. 320/93.
[670] Diese Vorschrift stellt eine Ausnahmebestimmung dar, nach der Arzneimittel, die nicht zugelassen sind, auf Einzelbestellung eingeführt werden können, sofern sie in dem

Dieser Fall zeigte, daß der EuGH die „Keck-Formel“ konsequenterweise nicht anwandte, wenn die zu prüfende Regelung eine explizite Unterscheidung zwischen ausländischen und inländischen Erzeugnissen beinhaltete („rechtlich in der gleichen Weise berühren“). Da die Regelung ausdrücklich nur für Einfuhrwaren galt, ist anzunehmen, daß der EuGH die Variante der „rechtlich gleichen Berührung“ meinte, als er die Anwendbarkeit der „Keck-Formel“ verneinte.

Er prüfte daraufhin die „Dassonville-Formel“ und bejahte aufgrund der Regelung eine potentielle Behinderung der Einfuhr. Im Bereich von Werberegelungen ist aufgrund dieses Urteils festzuhalten, daß eine Diskriminierung der ausländischen Erzeugnisse allein nicht ausreichte, um eine *Maßnahme gleicher Wirkung* zu bejahen. Das Vorliegen einer Diskriminierung bedeutete zunächst lediglich, daß die betreffende Vorschrift nicht *per se* aus dem Anwendungsbereich des Art. 28 EG-Vertrag herausfiel. Nachdem diese Hürde genommen war, mußte aber dennoch die nach der „Dassonville-Formel“ erforderliche Handelsbehinderung festgestellt werden. Das bedeutet, daß eine Diskriminierung allein noch nicht mit einer Handelsbehinderung gleichzusetzen ist.

Eine französische Regelung in Bezug auf den Verkauf von Kraftfahrzeugen sah vor, daß der Hersteller oder Importeur dem französischen Verkehrsminister eine eingehende Beschreibung der Modelle übermitteln müsse, die er für ein bestimmtes Jahr auf den französischen Markt zu bringen beabsichtige, sowie die Seriennummer angeben, von der an die Fahrzeuge entsprechend dem Modell des neuen Jahres hergestellt wurden. Aufgrund dieser Angaben wurde das Kraftfahrzeug mit der Jahreszahl dieses Jahres, des sog. „Modelljahres“, bezeichnet. Die zwischen dem 1. Juli und dem 31. Dezember eines bestimmten Jahres verkauften Fahrzeuge erhielten die Jahreszahl des nächsten Jahres. In dieser Hinsicht unterschied sich die französische Regelung von denen der anderen Mitgliedstaaten, die im allgemeinen auf das Kalenderjahr abstellten. Der EuGH entschied, daß eine solche Regelung die ausländischen Fahrzeuge „tatsächlich“ anders behandele als die inländischen:

Mitgliedstaat, aus dem sie eingeführt werden, in Verkehr gebracht werden dürfen und sofern in jedem Einzelfall eine ärztliche Verschreibung und eine Bestellung durch eine Apotheke vorliegt.

[671] EuGH vom 10.12.1994, Slg. 1994, S. 5243 (5262), Rdn. 9 und 10, Rs. 320/93.

„Die Regelung führt dazu, daß die parallel eingeführten Fahrzeuge tatsächlich nicht die Voraussetzungen der Regelung für eine Zuordnung zum nächsten Jahr erfüllen können. Diese Regelung berührt nämlich den Absatz von Kraftfahrzeugen, die in Frankreich mit Bestimmung für den inländischen Markt hergestellt oder von zugelassenen Vertriebshändlern eingeführt werden, einerseits und von parallel ein- oder wiedereingeführten Fahrzeugen andererseits nicht in gleicher Weise."[672]

Er traf also zum ersten Mal eine Unterscheidung zwischen der „rechtlichen" und der „tatsächlichen gleichen Berührung". Er führte ferner aus:

„Somit ist die streitige Regelung geeignet, den Absatz der betroffenen Fahrzeuge zu beeinträchtigen. Obwohl sie derselben Modellreihe angehören wie die anderen, werden sie nämlich als zu einem früheren Jahr gehörend angeboten, so daß ihr Wert bei einem Wiederverkauf oder bei einer Entschädigung im Falle eines Unfalls gemindert ist."[673]

Es wurde also aufgrund dieser Regelung zwischen den in Frankreich hergestellten und zugelassenen Fahrzeugen und den parallel oder wiedereingeführten Fahrzeugen unterschieden. Diese Unterscheidung wurde zwar in der Regelung nicht explizit getroffen, so daß eine rechtliche Unterscheidung nicht stattfand. Jedoch handelte es sich um einen Fall der tatsächlichen Unterscheidung, da, wie der Gerichtshof selbst festgestellt hat, die Zuordnung von solchen Erklärungen abhing, die bei Fahrzeugen, die parallel eingeführt oder wiedereingeführt wurden, tatsächlich nicht möglich war.[674] Die Regelung unterschied nicht aufgrund der Herkunft, sie könnte aber eine solche Wirkung entfalten und müßte dann die ausländischen Fahrzeuge gegenüber den inländischen benachteiligen. Zwei identische Fahrzeuge wurden aufgrund dieser Regelung unterschiedlich behandelt. Die Unterscheidung beruhte darauf, daß das eine Fahrzeug innerhalb des Vertriebsnetzes in Frankreich gekauft wurde und das andere außerhalb von Frankreich. Die Regelung unterschied also bei identischen Fahrzeugen danach, wo das Fahrzeug erworben worden war. Kam es aus dem Ausland, wurde es einem früheren Jahrgang zugeordnet. Es wurde also deswegen, weil es sich im Ausland befand, anders behandelt als das inländische. Damit ist aber eine formelle Diskriminierung der ausländischen Fahrzeuge zu bejahen.

---

[672] EuGH vom 27.06.1996, Slg. 1996, S. 3179 (3201 f.), Rdn. 16f., Rs. 240/95 – „Schmit".
[673] EuGH vom 27.06.1996, Slg. 1996, S. 3179 (3202), Rdn. 19, Rs. 240/95 – „Schmit".
[674] EuGH vom 27.06.1996, Slg. 1996, S. 3179 (3202), Rdn. 18, Rs. 240/95 – „Schmit".

Dieses Ergebnis wird dadurch bestärkt, daß der Gerichtshof in seiner Begründung zudem darauf hinwies, daß verschiedene französische Hersteller und Vertragshändler diese unterschiedliche Behandlung in ihrer Werbung durchaus als Argument benutzt hätten, um die Verbraucher zum Kauf eines Fahrzeugs zu bewegen, das innerhalb ihres Vertriebsnetzes auf den Markt gelangt sei.[675] Er bejahte eine *Maßnahme gleicher Wirkung*:

„Somit führt eine Regelung wie die streitige zu einer Beeinträchtigung der Einfuhren."[676]

Er bejahte aber auch die Anwendbarkeit[677] der „Cassis-Formel".[678] Dies ist zunächst verwunderlich, da – wie bereits festgestellt wurde – eine Benachteiligung der eingeführten Fahrzeuge stattfand. Das heißt, daß der Gerichtshof entweder trotz der Benachteiligung keine Diskriminierung in der Regelung sah, eine Benachteiligung im Zusammenhang mit der unterschiedslosen Regelung annahm oder trotz der Diskriminierung dennoch die „Cassis-Formel" für anwendbar erachtete.

Folgt man der ersten Erklärung, bedeutet dies, daß die „tatsächlich ungleiche Berührung" keine Diskriminierung beinhaltet, da die „Cassis-Formel" nur auf unterschiedslose Regelungen anwendbar ist.

Die zweite Erklärungsalternative würde bedeuten, daß der EuGH zwar eine Benachteiligung der einzuführenden Fahrzeuge in der Regelung erkennt, dies aber an der unterschiedslosen Anwendbarkeit nichts ändert. Anders ausgedrückt: es handelt sich um eine unterschiedslose Regelung, die eine Benachteiligung enthält. Wie bereits erörtert, hat der EuGH in früheren Fällen teilweise solche Regelungen als unterschiedslos eingestuft, die dennoch Benachteiligungen der ausländischen Erzeugnisse enthalten haben. Es sei nur an die „Pastafälle", die „Essigfälle" und den „Bierfall" erinnert. Allerdings unterscheiden sich diese Fälle von dem hier vorliegenden dadurch, daß hier für die ausländischen Fahrzeuge unterschiedliche Voraussetzungen galten als für die inländischen. Ausländische Fahrzeuge hatten

[675] EuGH vom 27.06.1996, Slg. 1996, S. 3179 (3202), Rdn. 20, Rs. 240/95 – „Schmit". Dies stellte eine deutliche Diskriminierung der ausländischen Fahrzeuge dar.
[676] EuGH vom 27.06.1996, Slg. 1996, S. 3179 (3203), Rdn. 22, Rs. 240/95 – „Schmit".
[677] Unerheblich ist, daß er das Vorliegen ihrer Voraussetzungen verneinte, da es lediglich auf ihre Anwendbarkeit ankam.
[678] EuGH vom 27.06.1996, Slg. 1996, S. 3179 (3203), Rdn. 24, Rs. 240/95 – „Schmit".

ab einem bestimmten Datum keine Möglichkeit, zu der Modellreihe des Folgejahres zu gehören, während den Fahrzeugen, die innerhalb des Vertriebsnetzes in Frankreich gekauft wurden, diese Möglichkeit hatten. Es handelte sich folglich um eine formelle Diskriminierung der ausländischen Fahrzeuge.

Nach der dritten Erklärungsalternative ist die „Cassis-Formel“ nunmehr auch auf unterschiedliche Regelungen anwendbar.

Alle drei Erklärungsalternativen liefern keine befriedigende Lösung des Problems. Offensichtlich lag hier eine formelle Diskriminierung der ausländischen Fahrzeuge vor und dennoch prüfte der EuGH die „Cassis-Formel“, obwohl er deren Anwendbarkeit hätte ablehnen müssen. Es handelt sich hierbei nur um einen schwer aufzulösenden Widerspruch zwischen dem Vorliegen einer tatsächlichen ungleichen Berührung gemäß der „Keck-Formel“ und dem Bejahen der Anwendbarkeit der „Cassis-Formel“, die nur auf unterschiedslose Regelungen anwendbar ist.

In dem Verfahren „de Agostini“ ging es um ein vollständiges Verbot von Werbung, die an Kinder unter zwölf Jahren gerichtet oder irreführend im Sinne der schwedischen Rechtsvorschriften war.[679] Auch in diesem Fall drängte sich natürlich die Frage auf, ob es sich bei dieser Regelung um eine „Verkaufsmodalität“ handelte. Der EuGH bejahte dies zwar, mußte aber die durch die „Keck-Formel“ entwickelten weiteren Voraussetzungen prüfen. Hierbei bestätigte er, daß die Regelung für alle betroffenen Wirtschaftsteilnehmer gelte.[680] Allerdings war er sich bei der zweiten Voraussetzung nicht so sicher:

„Hinsichtlich der zweiten Voraussetzung [rechtliche wie tatsächliche gleiche Berührung][681] läßt sich nicht ausschließen, daß das vollständige Verbot einer Form der Förderung des Absatzes eines Erzeugnisses in einem Mitgliedstaat, das dort rechtmäßig verkauft wird, stärkere Auswirkungen auf Erzeugnisse aus anderen Mitgliedstaaten hat.“[682]

---

679 EuGH vom 09.07.1997, Slg. 1997, S. 3843, Rs. 34 – 36/95.
680 EuGH vom 09.07.1997, Slg. 1997, S. 3843 (3890), Rdn. 41, Rs. 34 – 36/95.
681 Erläuterung der Verfasserin.
682 EuGH vom 09.07.1997, Slg. 1997, S. 3843 (3890), Rdn. 42, Rs. 34 – 36/95.

„Somit fällt das vollständige Verbot von Werbung, die an Kinder unter zwölf Jahren gerichtet oder irreführend im Sinne der schwedischen Rechtsvorschriften ist, nicht unter Artikel 30 [Artikel 28] des Vertrages, sofern nicht nachgewiesen wird, daß dieses Verbot den Absatz der inländischen Erzeugnisse und der Erzeugnisse aus anderen Mitgliedstaaten rechtlich wie tatsächlich nicht in gleicher Weise berührt."[683]

Der Gerichtshof erkannte in dieser Sache also das Problem, daß die betreffende nationale Regelung möglicherweise eine Benachteiligung der einzuführenden Erzeugnisse darstellen könnte. Die abschließende Beurteilung dieser Frage überließ er dann allerdings dem vorlegenden Gericht. Dennoch prüfte er für den Fall, daß das nationale Gericht zu dem Ergebnis kommen sollte, die inländischen Erzeugnisse und die Erzeugnisse aus anderen Mitgliedstaaten würden rechtlich wie tatsächlich nicht in gleicher Weise berührt, eine mögliche Rechtfertigung der dann vorliegenden *Maßnahme gleicher Wirkung.* In diesem Zusammenhang prüfte er insbesondere, ob das Verbot aus zwingenden Gründen des Allgemeininteresses erforderlich sei, die Anwendbarkeit der „Cassis-Formel" wurde also implizit bejaht.[684]

Wie in dem Fall „Schmit", in dem es um die unterschiedliche Zuordnung von Jahreszahlen zu einem importierten bzw. inländischen Auto ging, erstaunt diese Prüfung des Gerichtshofes: Die „Cassis-Formel" findet nach ständiger Rechtsprechung nur auf unterschiedslose Regelungen Anwendung. Wie bereits festgestellt wurde, kennt der EuGH den Unterschied zwischen formell und materiell diskriminierenden Regelungen, obwohl – wie auch schon erläutert – er sich nicht immer an diese Unterscheidung gehalten hat.[685] Fest steht aber, daß er die „Cassis-Formel" grundsätzlich dann nicht angewandt hat, wenn er entschieden hatte, daß eine Diskriminierung, sei es eine formelle oder eine materielle, gegeben sei. Wenn der Gerichtshof in diesem Fall nun aber vorsorglich die „Cassis-Formel" prüfte, dann tat er dies für einen Fall der „rechtlich" oder „tatsächlich ungleichen Berührung". Wenn es sich nämlich um eine gleiche Berührung handeln würde, läge eine *Maßnahme gleicher Wirkung* gerade nicht vor. Das kann konsequenterweise nur bedeuteten, daß die Tatbestandsvoraussetzung der „rechtlich" oder „tatsächlich ungleichen Berührung" („Keck-Formel") nicht mit der Nichtanwendbarkeit der „Cassis-Formel" gleichzusetzen ist. Wenn

[683] EuGH vom 09.07.1997, Slg. 1997, S. 3843 (3891), Rdn. 44, Rs. 34 – 36/95.
[684] EuGH vom 09.07.1997, Slg. 1997, S. 3843 (3891), Rdn. 45 f., Rs. 34 – 36/95.
[685] Siehe oben: die Pastafälle, Essigfälle, etc.

dies nämlich der Fall wäre, dürfte die „Cassis-Formel" gerade nicht geprüft werden. Die „Cassis-Formel" ist jedenfalls dann nicht anwendbar, wenn die Regelung eine vom Gerichtshof festgestellte Diskriminierung enthält. Das bedeutet, daß die Anwendbarkeit der „Cassis-Formel", also das Vorliegen einer unterschiedslosen Regelung, und die Voraussetzungen der „Keck-Formel", also das „rechtlich und tatsächlich gleiche Berühren", nicht das gleiche bedeuten. Mögliche Unterscheidungskriterien für die beiden Formeln nannte der EuGH jedoch nicht.

Dieses Ergebnis ist wenig hilfreich für die Analyse der „Keck-Formel", da es eine Unterscheidung zwischen der „Keck-" und der „Cassis-Formel" suggeriert. Welche Art diese Unterscheidung sein soll, beantwortet der Gerichtshof nicht. Möglicherweise liegt hier eine Ungenauigkeit des EuGH vor und er war sich des Widerspruches seiner Prüfung nicht bewußt. Dieses ist jedoch reine Spekulation. Bevor in diesem Zusammenhang ein abschließendes Ergebnis präsentiert wird, sollen die weiteren Entscheidungen analysiert werden, um mögliche weitere Anhaltspunkte für die sich in diesem Zusammenhang stellenden Fragen zu finden.

In der Sache „TK-Heimdienst" hatte sich der Gerichtshof mit einer österreichischen Regelung auseinanderzusetzen, die das Feilbieten von Waren regelte.[686] Danach durften Bäcker, Fleischer und Lebensmittelhändler nur dann in bestimmten österreichischen Verwaltungsgebieten Waren im Umherziehen feilbieten, wenn sie das betreffende Gewerbe auch in einer in diesem Verwaltungsgebiet oder einer angrenzenden Gemeinde belegenen ortsfesten Betriebsstätte ausübten, in der sie die im Umherziehen feilgebotenen Waren ebenfalls feilhielten. Der Gerichtshof stellte zwar fest, daß es sich bei dieser Regelung um eine Verkaufsmodalität handele, die jedoch das Inverkehrbringen inländischer und aus anderen Mitgliedstaaten stammender Erzeugnisse nicht in der gleichen Weise berühre.[687] Die ungleiche Berührung - eine Differenzierung zwischen rechtlicher und tatsächlicher traf der EuGH nicht - begründete der Gerichtshof damit, daß die Bäcker, Fleischer und Lebensmittelhändler, die bereits eine ortsfeste Betriebsstätte in einem anderen Mitgliedstaat hätten, aufgrund der Regelung verpflichtet seien, eine andere ortsfeste Betriebsstätte zu errichten, während die örtli-

[686] EuGH vom 13.01.2000, Slg. 2000, S. 161, Rs. 254/98 - „TK-Heimdienst".
[687] EuGH vom 13.01.2000, Slg. 2000, S. 161 (170), Rdn. 25, Rs. 254/98 - „TK-Heimdienst".

chen Wirtschaftsteilnehmer die Voraussetzung der ortsfesten Betriebsstätte bereits erfüllten.[688] Der EuGH folgerte daraus:

„Somit haben Waren aus anderen Mitgliedstaaten gleichen Zugang zum Markt des Einfuhrmitgliedstaats wie inländische Waren nur, nachdem sie mit zusätzlichen Kosten belastet worden sind.“[689]

Hätte es der EuGH bei dieser Aussage belassen, hätte man auf die Idee kommen können, daß das Kriterium der zusätzlichen Kosten allein genüge, um die Voraussetzung der „tatsächlich ungleichen Berührung“ zu erfüllen. Dann wäre - wie eingangs festgestellt - eine Vielzahl von „Verkaufsmodalitäten“ geeignet, die Ausnahme der „tatsächlich ungleichen Berührung“ zu erfüllen und damit nicht aus dem Anwendungsbereich des Artikels 28 EG-Vertrag herauszufallen. Allerdings beließ der Gerichtshof es nicht bei dieser Aussage, sondern führte ferner in Bezug auf eine mögliche Beeinträchtigung auch der inländischen Waren, die das Vorliegen einer *Maßnahme gleicher Wirkung* nicht verhindere, folgendes aus:

„Eine staatliche Maßnahme kann auch dann als diskriminierend oder protektionistisch im Sinne der Vorschriften über den freien Warenverkehr qualifiziert werden, wenn sie nicht sämtliche inländischen Erzeugnisse begünstigt und auch nicht nur eingeführte Erzeugnisse, sondern auch inländische Erzeugnisse benachteiligt.“[690]

Indem der EuGH diese Erklärung „nachschob“, verdeutlichte er, daß er in der zu untersuchenden Regelung eine Diskriminierung der ausländischen Erzeugnisse sah. Eine Verkaufsmodalität war somit gegeben, die aber die inländischen und eingeführten Erzeugnisse nicht gleich behandelte, so daß aus diesem Grunde eine *Maßnahme gleicher Wirkung* zu bejahen war.

Auch in diesem Fall prüfte der EuGH, nachdem er das Vorliegen einer diskriminierenden Regelung bejaht hatte, eine mögliche Rechtfertigung aufgrund der „Cassis-Formel“. Er tat dieses nicht explizit, sondern verwies auf

---

[688] EuGH vom 13.01.2000, Slg. 2000, S. 161 (170), Rdn. 26, Rs. 254/98 - „TK-Heimdienst“.

[689] EuGH vom 13.01.2000, Slg. 2000, S. 161 (170), Rdn. 26, Rs. 254/98 - „TK-Heimdienst“.

[690] EuGH vom 13.01.2000, Slg. 2000, S. 161 (171), Rdn. 27, Rs. 254/98 - „TK-Heimdienst“.

sein Urteil „Decker“[691], in dem er festgestellt hatte, daß rein wirtschaftliche Gründe keine Rechtfertigung darstellen könnten. Dies bestätigte er an dieser Stelle.[692] Meines Erachtens hätte er an dieser Stelle mögliche Rechtfertigungen aufgrund von zwingenden Gründen des Allgemeininteresses überhaupt nicht prüfen dürfen, da diese nur bei unterschiedslosen Regelungen anwendbar sind. Die Tatsache, daß er diesen Rechtfertigungsgrund ablehnte, ist unerheblich; Entscheidend ist, daß er die Anwendbarkeit der „Cassis-Formel“ aufgrund des diskriminierenden Charakters der Regelung nicht abgelehnt hat. Daß es sich aber vorliegend um eine diskriminierende Regelung handelte, hatte er selbst festgestellt.

In einem weiteren Urteil bezog sich der EuGH auf die bereits besprochene Entscheidung „de Agostini“,[693] in der es auch um eine schwedische Werberegelung, ein Werbeverbot für alkoholische Getränke, ging. Der EuGH hatte zu entscheiden, ob ein kommerzielles Werbeverbot für alkoholische Getränke mit Art. 28 EG-Vertrag vereinbar war.[694] Bei der Begründung des Urteils kam der Gerichtshof auf seine in der Sache „de Agostini“ bereits geäußerten Zweifel zurück und entschied folgendes:

„Ein Werbeverbot von der Art desjenigen, um das es im Ausgangsverfahren geht, beeinträchtigt somit die Vermarktung von Erzeugnissen aus anderen Mitgliedstaaten stärker als diejenige inländischer Erzeugnisse und stellt daher ein Hemmnis für den Handelsverkehr zwischen den Mitgliedstaaten dar, das in den Anwendungsbereich von Artikel 30 EG-Vertrag [28 EG-Vertrag] fällt.“[695]

Begründet wurde diese stärkere Beeinträchtigung damit, daß das streitgegenständliche Verbot jede Form von Werbung verbot. Dieses vollständige Verbot habe zur Folge, den Marktzugang für Erzeugnisse aus anderen Mitgliedstaaten stärker zu behindern als für inländische Erzeugnisse, mit denen der Verbraucher unwillkürlich besser vertraut sei.[696]

---

[691] EuGH vom 28.04.1998, Slg. 1998, S. 1831 (1884), Rdn. 39, Rs. 120/95 - „Decker“.
[692] EuGH vom 13.01.2000, Slg. 2000, S. 161 (172), Rdn. 33, Rs. 254/98 - „TK-Heimdienst“.
[693] EuGH vom 09.07.1997, Slg. 1997, S. 3843, Rs. 34/95, 35/95 und 36/95.
[694] EuGH vom 08.03.2001, Slg. 2001, S. 1795, Rs. 405/98.
[695] EuGH vom 08.03.2001, Slg. 2001, S. 1795 (1825), Rdn. 25, Rs. 405/98.
[696] EuGH vom 08.03.2001, Slg. 2001, S. 1795 (1824), Rdn. 21, Rs. 405/98.

Die Rechtfertigung dieser *Maßnahme gleicher Wirkung* wurde interessanterweise nicht anhand der „Cassis-Formel" überprüft, sondern allein an Art. 30 EG-Vertrag. Der Gerichtshof erörterte im Gegensatz zum Generalanwalt Jacobs die Frage der Anwendbarkeit der „Cassis-Formel" nicht. Der Generalanwalt entschied die Frage jedoch auch nicht, sondern verwies auf die bereits erörterte „Aragonesa"-Entscheidung:

„It may also be noted, parenthetically, that the Cassis de Dijon line of case-law provides an exception from the prohibition of measures having equivalent effect for legislation „necessary in order to satisfy mandatory requirements relating in particular to ... the protection of public health provided that the measure applies without distinction to both national and imported products. However, as the Court pointed out in Aragonesa, there is no need to consider Article 30 [Article 28] in that light where (as here) the justification offered is the protection of public health, since Article 36 of the EC Treaty [Article 30] provides for such a justification whether the measure is discriminatory or not."[697]

In dieser neuesten Entscheidung des EuGH hinsichtlich des Verhältnisses der „Keck-Ausnahme" und der Anwendbarkeit der „Cassis-Formel" schien der EuGH - ausdrücklich - zu erkennen, daß hier ein Problem liegen könnte. Indem er feststellte, daß Art. 30 EG-Vertrag anwendbar sei, ohne daß geprüft werden müsse, ob es sich um eine diskriminierende Regelung handele oder nicht, machte er deutlich, daß es für die Anwendbarkeit der „Cassis-Formel" auf eine Prüfung des nicht-diskriminierenden Charakters der Regelung ankomme. Möglich ist, daß der Gerichtshof mit dieser Entscheidung folgendes erkannte: Ein Bejahen der „Keck-Ausnahmetatbestände" zog die Konsequenz nach sich, daß dann die „Cassis-Formel" nicht mehr für anwendbar erachtet werden konnte. In diesem Urteil wurden die unterschiedlichen Kriterien für die Anwendbarkeit der „Cassis-Formel" vom Gerichtshof - erneut - hervorgehoben. Eine abschließende Entscheidung konnte allerdings unterbleiben, weil die Rechtfertigungsgründe des Art. 30 EG-Vertrag geprüft wurden. Für deren Anwendbarkeit kommt es aber bekanntlich auf eine Diskriminierung nicht an.

Diese zuletzt erörterte Entscheidung könnte ein Indiz dafür sein, daß der Gerichtshof in den Entscheidungen „Schmit" und „de Agostini" sich eine Ungenauigkeit erlaubte, generell jedoch der Ansicht ist, daß bei dem Ver-

[697] Generalanwalt Jacobs in seinem Schlußantrag vom 14.12.2000, Slg. 2001, S. 1795 (1805), Fn. 40, Rs. 405/98.

neinen eines „rechtlich und tatsächlich gleichen Berührens“ im Sinne der „Keck-Formel“ die „Cassis-Formel“ nicht anwendbar ist.

Möglich ist jedoch auch, daß der EuGH diese Verknüpfung zwischen der „Keck-Formel“ und der „Cassis-Formel“ nicht treffen wollte und insbesondere die „rechtlich und tatsächlich gleiche Berührung“ nicht mit dem Begriff unterschiedslos koppeln wollte. Wenn er diese Koppelung nicht wollte, hat er jedoch meines Erachtens versäumt, den Unterschied in den betreffenden Urteilen herauszuarbeiten.[698]

Der Unterschied könnte ferner darin bestehen, daß sich die Beurteilung des „rechtlich und tatsächlich gleichen Berührens“ allein auf eine Marktzugangsbehinderung der ausländischen Erzeugnisse bezieht und damit von der Beurteilung einer Regelung als „unterschiedslos“ zu unterscheiden ist. Festzuhalten bleibt aber in diesem Zusammenhang, daß die von dem EuGH bereits erörterten Regelungen materielle Diskriminierungen der ausländischen Erzeugnisse darstellten und daher nach der bisherigen Rechtsprechung des EuGH zur Anwendbarkeit der „Cassis-Formel“ die Anwendbarkeit derselben hätte verneint werden müssen. Die Rechtsprechung des EuGH ist insoweit nicht einheitlich.

Als Ergebnis wäre in diesem Zusammenhang eine Klarstellung durch den EuGH wünschenswert. Diese könnte derart aussehen, daß die Anwendbarkeit der „Keck-Ausnahme“, also das Vorliegen einer rechtlich oder tatsächlich ungleichen Berührung, im Umkehrschluß zur Folge hätte, daß die „Cassis-Formel“ nicht anwendbar ist. Dieses Ergebnis wäre auch vom Regelungsgehalt her wünschenswert. Nationale Regelungen, die eine Diskriminierung der ausländischen Erzeugnisse gegenüber den inländischen darstellen, sind in einem „Gemeinsamen Markt“ nicht wünschenswert und stellen daher *Maßnahmen gleicher Wirkung* dar. Diese können dann aber auch nur aufgrund der restriktiv auszulegenden Rechtfertigungsgründe des Artikels 30 EG-Vertrag gerechtfertigt sein.

---

[698] So auch Generalanwalt van Gerven in seinem Schlußantrag zu „Tankstation 't Heukske, Slg. 1994, S. 2201 (2218), Fn. 54, Rs. 401/92 und 402/92.

5. Kapitel : Die Bedeutung des Tatbestandsmerkmals der „willkürlichen Diskriminierung“ in Art. 30 S. 2 EGV

Der Gesichtspunkt der Diskriminierung findet unabhängig von den Voraussetzungen einer *Maßnahme gleicher Wirkung,* der Anwendbarkeit der „Cassis-Formel“ und der „Keck-Formel“ ausdrückliche Erwähnung in Art. 30 EG-Vertrag. Art. 30 S. 1 EG-Vertrag enthält die im Vertrag kodifizierten Rechtfertigungsgründe für eine *Maßnahme gleicher Wirkung,*[699] die der EuGH von Amts wegen prüft.[700] Liegt ein solcher Rechtfertigungsgrund vor, ist ein Verstoß gegen Art. 28 EG-Vertrag gerechtfertigt, wenn die betreffende nationale Regelung keine willkürliche Diskriminierung oder eine verschleierte Beschränkung im Sinne des Art. 30 S. 2 EGV darstellt:

*„Diese Verbote oder Beschränkungen dürfen jedoch weder ein Mittel zur **willkürlichen Diskriminierung** noch eine **verschleierte Beschränkung des Handels** zwischen den Mitgliedstaaten darstellen."*

Unabhängig von der genauen Untersuchung des in diesem Artikel enthaltenen Gesichtspunktes der Diskriminierung fällt an der Formulierung des Satzes auf, daß sowohl die Diskriminierung als auch die Beschränkung gleichwertig nebeneinander stehen. Das bedeutet folglich, daß das eine das andere nicht ausschließt bzw. nicht die identische Bedeutung hat.

Im folgenden Abschnitt soll herausgearbeitet werden, wie der Gerichtshof die in Artikel 30 Satz 2 EG-Vertrag genannten Voraussetzungen definiert und sie auf die ihm zur Entscheidung gebrachten Fälle angewandt hat. Art. 30 Satz 2 EG-Vertrag kann immer erst dann geprüft werden, wenn einer der in Satz 1 genannten Rechtfertigungsgründe bejaht worden ist. Diese Gründe sind: die öffentliche Sittlichkeit,[701] die öffentliche Ordnung und Sicherheit,[702] sowie der Schutz der Gesundheit und des Lebens von Men-

---

[699] Eine auch aufgrund der „Cassis-Formel“ mögliche Rechtfertigung wurde bereits in den vorhergehenden Kapiteln erörtert.

[700] Siehe dazu die Erläuterung des Gerichtshofes in EuGH vom 17.12.1981, Slg.1981, S. 3277 (3290), Rdn. 10, Rs. 272/80.

[701] Beispiel für die öffentliche Sittlichkeit: EuGH vom 11.03.1986, Slg. 1986, S. 1007 1022), Rdn. 14ff., Rs. 121/85.

[702] Zum Beispiel: EuGH vom 30.04.1991, Slg. 1991, S. 2023 (2040), Rdn. 22ff., Rs. 239/90.

schen,[703] Tieren[704] oder Pflanzen, des nationalen Kulturgutes von künstlerischem, geschichtlichem oder archäologischem Wert oder des gewerblichen und kommerziellen Eigentums.[705] Für die hier interessierende Fragestellung kommt es grundsätzlich nicht auf eine detaillierte Analyse der genannten Ausnahmen an, sondern darauf, wann der EuGH eine willkürliche Diskriminierung im Sinne des Artikels 30 Satz 2 EG-Vertrag angenommen hat.

Den Zweck der Bestimmung des Artikels 30 Satz 2 EG-Vertrag erläuterte der Gerichtshof in einem Urteil aus dem Jahre 1979:

„Zur Beantwortung der gestellten Frage ist auf den Zweck dieser Bestimmung abzustellen, zu verhindern, daß auf Gründe des Artikels 36 Satz 1 [Artikels 30 Satz 1] gestützte Beschränkungen des innergemeinschaftlichen Handels mißbraucht und zur Diskriminierung von Waren aus anderen Mitgliedstaaten oder zum mittelbaren Schutz bestimmter nationaler Produktionen verwandt werden."[706]

Mit dieser Erläuterung wird deutlich, wann eine Rechtfertigung nicht mit dem Vertrag vereinbar ist. Wenn man diese Zweckdefinition mit dem

---

[703] Exemplarische Beispiele zum Schutz der Gesundheit: EuGH vom 17.12.1981, Slg. 1981, S. 3277 (3290f.), Rdn. 12ff., Rs. 272/80; EuGH vom 02.02.1989, Slg. 1989, S. 229 (252f.), Rdn. 6ff., Rs. 274/87; EuGH vom 18.05.1989, S. 1295 (1328f.), Rdn. 20ff., Rs 266 und 267/87; EuGH vom 21.03.1991, Slg. 1991, S. 1547 (1570), Rdn. 39, Rs. 60/89; EuGH vom 25.05.1993, Slg. 1993, S. 2899 (2923), Rdn. 10ff., Rs. 271/92; EuGH vom 27.06.1996, Slg. 1996, S. 3159 (3175), Rdn. 7ff., Rs. 293/94; EuGH vom 13.03.1997, Slg. 1997, S. 1431 (1450), Rdn. 14ff., Rs. 358/95; EuGH vom 28.04.1998, Slg. 1998; S. 1831 (1885), Rdn. 41, Rs. 120/95; EuGH vom 14.07.1998, Slg. 1998, S. 4473 (4489), Rdn. 19ff., Rs. 389/96.

[704] EuGH vom 03.12.1998, Slg. 1998, S. 8033 (8065), Rdn. 33, Rs. 67/97 – „Læsø-Biene".

[705] Exemplarische Beispiele für Patente: EuGH vom 31.10.1974, Slg. 1974, S. 1147 (1163), Rdn. 6/8ff., Rs. 15/74; EuGH vom 22.06.1976, Slg. 1976, S. 1039 (1061), Rdn. 5ff., Rs. 119/75; EuGH vom 09.04.1987, Slg. 1994, S. 1747 (1767), Rdn. 11, Rs. 402/85; EuGH vom 18.02.1992, Slg. 1992, S. 829 (865), Rdn. 19ff., Rs. 30/90; EuGH vom 30.11.1993, Slg. 1993, S. 6227 (6265), Rdn. 14ff., Rs. 317/91; EuGH vom 22.06.1994, Slg. 1994, S. 2789 (2846), Rdn. 33ff., Rs. 9/93; EuGH vom 11.07.1996, Slg. 1996, S. 3603 (3617), Rdn. 29ff., Rs. 71 – 73/94; EuGH vom 05.12.1996, Slg. 1996, S. 6285 (6383), Rdn. 26ff., Rs. 268/95; EuGH vom 9.7.1997, Slg. 1997, S. 3929 (3961), Rdn. 18ff., Rs. 316/95.

[706] EuGH vom 14.12.1979, Slg. 1979, S. 3795 (3815), Rdn. 21, Rs. 34/79; so auch EuGH vom 15.07.1982, Slg. 1982, S. 2793 (2825), Rdn. 36, Rs. 40/82; EuGH vom 25.07.1991, Slg. 1991, 4151 (4185), Rdn. 20, Rs. 1/90 und 176/90.

Wortlaut des Artikels 30 Satz 2 EG-Vertrages vergleicht, so läßt sich feststellen, daß sich der erste Teil der Erklärung auf die „willkürliche Diskriminierung" und der zweite Teil auf die „verschleierte Beschränkung" beziehen könnte. Das könnte bedeuten, daß eine protektionistische nationale Regelung gerade keine Diskriminierung darstellt, sondern eine Beschränkung des Handels. Dies wird im folgenden zu prüfen sein.

In einigen Urteilen unterschied der Gerichtshof zwischen den Tatbestandsmerkmalen der „willkürlichen Diskriminierung" und der „verschleierten Beschränkung". Aus diesem Grunde sollen diese Tatbestandsvoraussetzungen auch getrennt untersucht werden. Zunächst wird das Vorliegen einer willkürlichen Diskriminierung und sodann einer verschleierten Beschränkung untersucht:

I. Die willkürliche Diskriminierung

Zu untersuchen ist, wann der Gerichtshof eine Diskriminierung im Sinne des Artikels 30 Satz 2 EG-Vertrag bejahte, um daraus Rückschlüsse für sein Verständnis einer Definition der Diskriminierung zu ziehen. Es stellt sich wieder die Frage, ob er eine Diskriminierung nur dann annimmt, wenn es sich um eine formelle handelt oder ob er auch die materielle Diskriminierung mit einbezieht. Konkrete Ausführungen zum Tatbestand der „willkürlichen Diskriminierung" machte der EuGH in einem Verfahren über eine Regelung, die bestimmte, daß aus einem anderen Mitgliedstaat eingeführte pflanzliche Erzeugnisse einer phytosanitären Untersuchung unterworfen werden müßten, während dies für inländische Erzeugnisse nicht gelte.[707] Wie bereits festgestellt, handelte es sich hierbei um eine formell diskriminierende Regelung.[708] Der EuGH verneinte das Vorliegen einer willkürlichen Diskriminierung:

„Eine unterschiedliche Behandlung eingeführter und inländischer Erzeugnisse, die mit der Notwendigkeit begründet wird, die Ausbreitung von Schadorganismen zu verhindern, kann jedoch nicht als willkürliche Diskriminierung angesehen werden, wenn wirksame Maßnahmen ergriffen werden, um das Inverkehrbringen befallener inländischer Erzeugnisse auszuschließen, und wenn [...] Gründe für die Annahme vorliegen,

---

[707] EuGH vom 08.07.1975, Slg. 1975, S. 843, Rs. 4/75.
[708] Siehe 3. Kapitel, I. 1. a).

daß ohne Kontrollen bei der Einfuhr die Gefahr der Ausbreitung der Schadorganismen besteht."[709]

Damit sagte der EuGH deutlich, was er unter dem Begriff der Diskriminierung verstand, nämlich die „unterschiedliche Behandlung der eingeführten und der inländischen Erzeugnisse".

In dem bereits erörterten Verfahren „Conegate" ging es um ein britisches Einfuhrverbot für Waren eindeutig sexueller Natur, deren Herstellung und Vertrieb in Großbritannien allerdings nicht verboten war.[710] Dieses Verbot überprüfte der EuGH anhand des Rechtfertigungsgrundes der öffentlichen Sittlichkeit:

„*Ferner stehe es beim gegenwärtigen Stand der Entwicklung des Gemeinschaftsrechts den Mitgliedstaaten frei, ihre eigenen Maßstäbe für die öffentliche Sittlichkeit aufzustellen; diese Freiheit werde jedoch durch den Grundsatz eingeschränkt, daß Mitgliedstaaten für Einfuhren keine weitergehenden Anforderungen aufstellen dürften als für die Herstellung und Vermarktung der gleichen Erzeugnisse innerhalb ihres Hoheitsgebiets.*"[711]

Damit stellte der EuGH fest, daß den Einfuhren keine weitergehenden Anforderungen auferlegt werden dürften als für die Herstellung und Vermarktung der gleichen Erzeugnisse innerhalb des betreffenden Landes. Das bedeutet, daß ein Mitgliedstaat die Einfuhr einer Ware nicht verbieten darf, die im Inland erlaubt ist, denn das würde gerade bedeuten, daß für die einzuführende Ware weitergehende Anforderungen aufgestellt würden. Wird eine einheimische Ware also rechtmäßig auf dem inländischen Markt hergestellt und vertrieben, so ist eine Rechtfertigung für das Verbot der Einfuhr von gleichartigen ausländischen Erzeugnissen nicht möglich. In Bezug auf den konkreten Fall stellte der EuGH fest:

„*Obwohl es das Gemeinschaftsrecht den Mitgliedstaaten freistellt, die Anstößigkeit oder Unsittlichkeit bestimmter Gegenstände nach ihren eigenen Maßstäben zu beurteilen, kann doch die ärgerniserregende Wirkung einer Ware dann nicht als hinreichend schwerwiegend betrachtet werden, um Beschränkungen des freien Warenverkehrs zu rechtfertigen, wenn der betreffende Mitgliedstaat gegenüber den gleichen Waren, die in*

---

709 EuGH vom 08.07.1975, Slg. 1975, S. 843 (860), Rdn. 8, Rs. 4/75.
710 EuGH vom 11.03.1986, Slg. 1986, S. 1007, Rs. 121/85.
711 EuGH vom 11.03.1986, Slg. 1986, S. 1007 (1022), Rdn. 12, Rs. 121/85.

seinem Hoheitsgebiet hergestellt oder vermarktet werden, keine strafrechtlichen oder sonstigen ernsthaften und wirksamen Maßnahmen zur Verhinderung ihres Vertriebs in seinem Hoheitsgebiet ergreift.“[712]

Er verneinte damit die an sich mögliche Rechtfertigung aus dem Grunde der öffentlichen Sittlichkeit. Obwohl er nicht ausdrücklich darauf hinwies, handelte es sich um den Prüfungspunkt der willkürlichen Diskriminierung. Das Vorliegen einer solchen wurde bejaht, weil die inländischen Waren anders behandelt wurden als die ausländischen und diese Behandlung willkürlich war, da es keinen Grund für diese unterschiedliche Behandlung gab.

In einem anderen Fall hatte der EuGH - wie bereits an anderer Stelle erörtert[713] - das Vorliegen einer *Maßnahme gleicher Wirkung* aufgrund einer materiellen Diskriminierung bejaht.[714] Es ging um eine französische Werbebeschränkung, die vorsah, daß für bestimmte alkoholische Getränke nicht geworben werden durfte. Auch hier wandte er Artikel 30 Satz 2 EG-Vertrag an und prüfte, ob der Rechtfertigungsgrund des Schutzes der öffentlichen Gesundheit nicht die ausländischen Erzeugnisse willkürlich diskriminiere:

„Die beanstandeten Rechtsvorschriften verfolgen zwar auch den Zweck des Gesundheitsschutzes, sie haben aber doch zur Folge, daß sich die Bemühungen zur Eindämmung des Alkoholmißbrauchs vor allem zu Lasten der eingeführten Erzeugnisse auswirken. Obwohl die beanstandeten Rechtsvorschriften daher dem Grundsatz nach durch Gesichtspunkte des Gesundheitsschutzes gerechtfertigt sind, bewirken sie nichtsdestoweniger insoweit eine willkürliche Diskriminierung im Handel zwischen den Mitgliedstaaten, als sie die Werbung zugunsten bestimmter inländischer Erzeugnisse zulassen, während die Werbung für Erzeugnisse mit vergleichbaren Eigenschaften, jedoch mit Ursprung in anderen Mitgliedstaaten, beschränkt oder völlig untersagt wird. Rechtsvorschriften, die die Werbung für alkoholische Getränke beschränken, stehen mit den Anforderungen von Artikel 36 [Artikel 30] nur dann in Einklang, wenn sie in gleicher Weise für alle betroffenen Getränke unabhängig von ihrem Ursprung gelten.“[715]

---

[712] EuGH vom 11.03.1986, Slg. 1986, S. 1007 (1022), Rdn. 15, Rs. 121/85.
[713] Siehe 3. Kapitel I. 1. b).
[714] EuGH vom 10.07.1980, Slg. 1980, S. 2299, Rs. 152/78.
[715] EuGH vom 10.07.1980, Slg. 1980, S. 2299 (2316), Rdn. 18, Rs. 152/78.

Obwohl die französische Regelung die ausländischen Erzeugnisse nicht formell diskriminierte, bejahte der EuGH eine materielle Diskriminierung[716] der ausländischen Erzeugnisse. Der Diskriminierungsbegriff des Art. 30 EG-Vertrag ist damit identisch mit dem in Art. 28 EG-Vertrag enthaltenen.

In einem Patentverletzungsverfahren ging es darum, unter welchen Umständen gegen einen Patentverletzer eine einstweilige Verfügung ergehen konnte.[717] Dies war unter gewissen Umständen nämlich nur gegen einen Importeur der Fall, nicht aber gegen den im Inland produzierenden Patentverletzer. Der Importeur wurde aufgrund der britischen Regelung formell anders behandelt; eine formelle Diskriminierung lag vor.[718] Diese war auch nicht aufgrund von Artikel 30 EG-Vertrag gerechtfertigt; der Gerichtshof sah in der Regelung vielmehr eine willkürliche Diskriminierung der ausländischen Produzenten.[719]

In einem anderen Fall verneinte der Gerichtshof ausdrücklich, daß eine Regelung eine willkürliche Diskriminierung darstellen könne:

„Hierzu ist zunächst festzustellen, daß die betroffenen nationalen Rechtsvorschriften unterschiedslos für im Inland hergestellte wie für aus einem anderen Mitgliedstaat eingeführte Videokassetten gelten. Entscheidend für ihre Anwendung ist die Art der Verwendung der Videokassetten und nicht deren Herkunft. Solche Rechtsvorschriften bewirken daher für sich genommen keine willkürliche Diskriminierung im Handel zwischen den Mitgliedstaaten."[720]

Damit stellte er klar, daß eine unterschiedslos geltende Regelung nicht anhand von Art. 30 Satz 2 EG-Vertrag überprüft werden muß, da sie von ihrer Natur her eine Diskriminierung nicht darstellen könne.

All diesen Fällen ist gemeinsam, daß eine Diskriminierung dann gegeben ist, wenn die eingeführten und inländischen Erzeugnisse unterschiedlich behandelt werden. Der Diskriminierungsbegriff in Art. 30 Satz 2 EG-Vertrag ist also mit der Auslegung des Art. 28 EG-Vertrag im Hinblick auf

---

[716] Siehe 3. Kapitel I. 1. b).
[717] EuGH vom 03.03.1988, Slg. 1988, S. 1245, Rs. 434/85.
[718] Siehe oben.
[719] EuGH vom 03.03.1988, Slg. 1988, S. 1245 (1275), Rdn. 22, Rs. 434/85.
[720] EuGH vom 17.05.1988, Slg. 1988, S. 2605 (2628), Rdn. 12, Rs. 158/86.

die Diskriminierung identisch. Diese diskriminierenden Regelungen können dann aufgrund von Art. 30 EG-Vertrag gerechtfertigt sein, wenn sie keine willkürliche Diskriminierung darstellen. Das bedeutet, daß nicht jede Diskriminierung den Tatbestand erfüllt. Eine solche Willkür nimmt der EuGH dann an, wenn an die einzuführenden Produkte weitergehende Anforderungen gestellt werden als an die inländischen, insbesondere wenn die Diskriminierung durch kein anerkennenswertes sachliches Erfordernis begründet ist.[721] Der Vertrieb bestimmter inländischer Produkte zugelassen ist, während ein solcher im Hinblick auf vergleichbare ausländische Produkte verboten ist. Wenn jedoch trotz des diskriminierenden Charakters einer Regelung auch die gleichartigen inländischen Waren Kontrollen unterzogen werden bzw. Maßnahmen ergriffen werden, die denselben Zweck wie die diskriminierende Regelung selbst verfolgen, ist keine Willkür vorhanden und eine Rechtfertigung ist möglich.

II. Die verschleierte Beschränkung

In einigen Urteilen wurde Artikel 30 Satz 2 EG-Vertrag als Regulativ im Sinne einer Verhältnismäßigkeitsprüfung benutzt. Es ging dann vornehmlich um das Tatbestandsmerkmal der „verschleierten Beschränkung" und nicht der „willkürlichen Diskriminierung".

In dem bereits erörterten Fall der gesundheitspolizeilichen Kontrolle von Fisch[722] prüfte der Gerichtshof ferner, ob diese Kontrolle nicht eine „verschleierte Beschränkung" darstelle:

„[...] die von den Mitgliedstaaten angewandten Kontrollmaßnahmen können nicht grundsätzlich als eine durch den EG-Vertrag verbotene Beschränkung angesehen werden. Als Maßnahmen gleicher Wirkung wie mengenmäßige Beschränkungen sind jedoch gemäß den Artikeln 30 und 36 EG-Vertrag [Artikeln 28 und 30 EG-Vertrag] alle Anwendungsmodalitäten zu betrachten, die über das für die Kontrolle Erforderliche hinausgehen und als solche den innergemeinschaftlichen Handel hemmen oder beschränken können."[723]

---

[721] Vgl. Müller-Graff, in GTE, Art. 36, Rdn. 96.
[722] EuGH vom 07.04.1981, Slg. 1981, S. 995, Rs. 132/80.
[723] EuGH vom 07.04.1981, Slg. 1981, S. 995 (1025), Rdn. 31, Rs. 132/80.

Der Gerichtshof verwendete ausschließlich die Begriffe der „Beschränkung" und des „Hemmnisses". Dies war insoweit folgerichtig, als die Regelung - wie der EuGH bereits festgestellt hatte - eine Diskriminierung nicht enthielt.

Auf diese Weise entschied der EuGH auch einen anderen Fall, in dem ein Zulassungs- bzw. ein Kontrollverfahren auf eingeführte Erzeugnisse angewandt wurde.[724]

Gegenstand eines Verfahrens aus dem Jahre 1982 war eine britische Regelung, die festlegte, daß Großbritannien für die Einfuhr von Geflügelerzeugnissen aus den übrigen Mitgliedstaaten außer Dänemark und Irland, keine Lizenzen erteilen werde. Der EuGH entschied im Hinblick auf Art. 30 Satz 2 EG-Vertrag, daß die Regelung eine verschleierte Beschränkung der Einfuhr darstelle.[725] Dies führte er u.a. auf bestimmte tatsächliche Feststellungen zurück, die Grund zu der Annahme gäben, daß es das wahre Ziel sei, aus handelspolitischen und wirtschaftlichen Gründen die Einfuhren von Geflügelerzeugnissen aus anderen Mitgliedstaaten, insbesondere aus Frankreich, zu verhindern.[726] Die Motive für das Verbot waren zwar von Bedeutung, doch trafen sie über die Auswirkungen der Regelung keine Aussage. Die Regelung stellte eine formelle Diskriminierung der ausländischen Geflügelerzeugnisse dar, so daß davon auszugehen war, daß das Merkmal der „verschleierten Beschränkung" ein Synonym für das Merkmal der „willkürlichen Diskriminierung" darstellte.

Im Hinblick auf Konservierungsstoffe hat der EuGH eine spezielle Prüfungsfolge entworfen, anhand derer eine mögliche Rechtfertigung gemäß Art. 30 EG-Vertrag („Schutz der Gesundheit und des Lebens") für einen Verstoß gegen Art. 28 EG-Vertrag geprüft wird. In den Fällen, in denen eine Harmonisierung der einzelstaatlichen Vorschriften noch nicht stattgefunden hat, haben die einzelnen Mitgliedstaaten zu bestimmen, in welchem Umfang sie den Schutz der Gesundheit und des Lebens von Menschen gewährleisten wollen.[727] Diese grundsätzlich im Bereich des einzelnen Staa-

---

[724] EuGH vom 17.12.1981, Slg. 1981, S. 3277 (3291), Rdn. 13ff., Rs. 272/80.
[725] EuGH vom 15.07.1982, Slg. 1982, S. 2793 (2826), Rdn. 40, Rs. 40/82.
[726] EuGH vom 15.07.1982, Slg. 1982, S. 2793 (2825), Rdn. 37, Rs. 40/82.
[727] Vgl. EuGH vom 10.12.1985, Slg. 1985, S. 3887 (3904), Rdn. 19, Rs. 247/84; EuGH vom 12.03.1987, Slg. 1987, S.1227 (1273), Rdn. 41, Rs. 178/84 – „Reinheitsgebot für Bier".

tes liegende Kompetenz wird jedoch dahingehend eingeschränkt, daß bei der Entscheidung dieser Frage die Ergebnisse der internationalen Forschung und insbesondere die Arbeiten des Wissenschaftlichen Lebensmittelausschusses der Gemeinschaft zu berücksichtigen sind, deren Stellungnahmen allerdings nicht verbindlich sind.[728] Das Merkmal der „verschleierten Beschränkung" wird dann im Rahmen des vom EuGH formulierten Prüfungspunktes des technologischen Bedürfnisses geprüft. Der EuGH hat hierzu ausgeführt:

„Auch kann ein tatsächliches Bedürfnis für die Verwendung eines Zusatzstoffes nicht allein deshalb verneint werden, weil ein Erzeugnis mit Hilfe eines anderen Stoffes hergestellt werden könnte. Eine solche Auslegung des Begriffs des technologischen Bedürfnisses könnte nämlich zu einer Bevorzugung inländischer Herstellungsverfahren führen und damit ein Mittel zur verschleierten Beschränkung des Handels zwischen den Mitgliedstaaten darstellen."[729]

Wichtig an dieser Begründung erscheint, daß der EuGH die Bevorzugung eines inländischen Herstellungsverfahrens anhand des Kriteriums der „verschleierten Beschränkung" überprüft und nicht anhand des Kriteriums der „willkürlichen Diskriminierung".

In einem anderen Fall definierte der EuGH den Unterschied zwischen der „willkürlichen Diskriminierung" und der „verschleierten Beschränkung" auf dieselbe Art und Weise:

„Nach Artikel 36 [Artikel 30] sind Maßnahmen gleicher Wirkung wie mengenmäßige Einfuhrbeschränkungen aus Gründen des Schutzes des gewerblichen und kommerziellen Eigentums nur unter der Voraussetzung zulässig, daß sie weder ein Mittel zur willkürlichen Diskriminierung noch eine verschleierte Beschränkung des Handels zwischen den Mitgliedstaaten darstellen. Aus den Akten ergibt sich nicht, daß das Patentgesetz diskriminierend ist oder darauf abzielt, nationale Erzeugnisse gegenüber Erzeugnissen anderer Mitgliedstaaten zu begünstigen."[730]

---

[728] EuGH vom 10.12.1985, Slg. 1985, S. 3887, Rs. 247/84; EuGH vom 16.7.1992, Slg. 1992, S. 4577 (4590), Rdn. 11, Rs. 293/89.
[729] EuGH vom 16.07.1992, Slg. 1992, S. 4577 (4590), Rdn. 7, Rs. 293/89.
[730] EuGH vom 09.07.1997, Slg. 1997, S. 3929 (3962), Rdn. 21f., Rs. 316/95.

Das Urteil macht deutlich, daß sich „diskriminierend" auf das Merkmal der „willkürlichen Diskriminierung" und „begünstigen" auf das Merkmal der „verschleierten Beschränkung" beziehen.

Diese Fälle zeigen zum einen, daß der EuGH auch in einem Fall, der eindeutigerweise eine diskriminierende Regelung zum Gegenstand hat, dennoch eine mögliche verschleierte Beschränkung prüft. In diesem Fall hätte die Regelung jedoch anhand des Merkmals der „willkürlichen Diskriminierung" überprüft werden müssen.

Die zuletzt erörterten zwei Fälle zeigen sehr anschaulich das bereits erörterte Ergebnis bezüglich der von nationalen Regelungen ausgehenden Schutzwirkungen bzw. der Begünstigung oder Bevorzugung inländischer Erzeugnisse. Wie bereits festgestellt, hat der EuGH trotz solcher Schutzwirkungen das Vorliegen einer materiellen Diskriminierung verneint und die „Cassis-Formel" in der Regel angewendet. In diesen Fällen prüfte der EuGH nicht das Vorliegen einer „willkürlichen Diskriminierung", sondern einer „verschleierten Beschränkung". Dies war aufgrund seines Ausgangspunktes folgerichtig.

Meines Erachtens handelt es sich jedoch bei Regelungen, die eine einheimische Erzeugung begünstigten und bevorzugten, um materiell diskriminierende Regelungen, so daß das Tatbestandsmerkmal der „willkürlichen Diskriminierung" hätte geprüft werden müssen.

III. Willkürliche Diskriminierung oder verschleierte Beschränkung

Wenn Regelungen, die an sich gemäß Art. 30 Satz 1 EG-Vertrag gerechtfertigt sind, zum Beispiel bei festgelegten Grenzwerten in Lebensmitteln im Hinblick auf Zusatzstoffe[731] oder bei Rückständen von Schädlingsbekämpfungsmitteln,[732] gemäß Art. 30 Satz 2 EG-Vertrag überprüft wurden, differenzierte der Gerichtshof oft nicht zwischen der „willkürlichen Diskriminierung" und der „verschleierten Beschränkung". Auch Fälle aus dem Bereich des kommerziellen Eigentums wurden anhand von Satz 2 überprüft, ohne daß die eine oder die andere Alternative konkretisiert wur-

[731] EuGH vom 05.02.1981, Slg. 1981, S. 409, Rs. 53/80.
[732] EuGH vom 19.09.1984, Slg. 1984, S. 3263, Rs. 94/83.

de.[733] Vielfach wandte der EuGH Satz 2 als Regulativ im Sinne des Verhältnismäßigkeitsgrundsatzes an.[734]

Der Gerichtshof beschrieb in einem Urteil,[735] in dem es um die Ausübung von Schutzrechten und deren mißbräuchliche Ausnutzung durch den Hersteller von Tonträgern ging, das in Artikel 30 Satz 2 EG-Vertrag enthaltene Regulativ folgendermaßen:

„Wenn der Vertrag im übrigen in Artikel 36 [Artikel 30] bestimmte Verbote oder Beschränkungen des Warenverkehrs zwischen Mitgliedstaaten zuläßt, so setzt er ihnen doch klare Grenzen, indem er bestimmt, daß diese Ausnahmen „weder ein Mittel zur willkürlichen Diskriminierung noch eine verschleierte Beschränkung des Handels zwischen den Mitgliedstaaten" darstellen dürfen."[736]

Auf den Fall bezogen, entschied er:

„Das wesentliche Ziel des Vertrages, den Zusammenschluß der nationalen Märkte zu einem einheitlichen Markt zu erreichen, wäre nicht zu erreichen, wenn Privatpersonen aufgrund der verschiedenen Rechtssysteme der Mitgliedstaaten die Möglichkeit hätten, den Markt aufzuteilen und willkürliche Diskriminierungen oder verschleierte Beschränkungen im Handel zwischen den Mitgliedstaaten herbeizuführen."[737]

Ohne sich auf die eine oder die andere Alternative zu beziehen, entschied er, daß die Möglichkeit der Marktaufteilung nicht mit dem Ziel des Vertrages in Einklang stehe und die Regelung daher nicht aufgrund von Art. 30 EG-Vertrag gerechtfertigt sein könne. In dieser Entscheidung wird deutlich, daß Art. 30 Satz 2 EG-Vertrag die Funktion eines Regulativs beinhal-

---

[733] EuGH vom 09.04.1987, Slg. 1994, S. 1747, Rs. 402/85; EuGH vom 18.05.1989, Slg. 1989, S. 1328, Rs. 267/87; EuGH vom 30.11.1993, Slg. 1993, S. 6227, Rs. 317/91 – „Audi"; EuGH vom 22.06.1994, Slg. 1994, S. 2789, Rs. 9/93.

[734] EuGH vom 10.12.1985, Slg. 1985, S. 3887 (3905), Rdn. 23ff., Rs. 247/84; EuGH vom 06.05.1986, Slg. 1986, S. 1511 (1528), Rdn. 23, Rs. 304/84; EuGH vom 12.03.1987, Slg. 1987, S. 1227 (1274ff.), Rdn. 44ff., Rs. 178/84 – „Reinheitsgebot für Bier"; EuGH vom 06.10. 1987, Slg. 1987, S. 3883 (3909), Rdn. 16, Rs. 118/86; EuGH vom 25.07.1991, Slg. 1991, S. 4151 (4184), Rdn. 14, Rs. 1/90 und 176/90; EuGH vom 13.07.1994, Slg. 1994, S. 3303 (3321), Rdn. 19, Rs. 131/93; EuGH vom 17.09.1998, Slg. 1998, S. 5121 (5137), Rdn. 34, Rs. 400/96.

[735] EuGH vom 08.06.1971, Slg. 1971, S. 487, Rs. 78/70.

[736] EuGH vom 08.06.1971, Slg. 1971, S. 487 (499), Rdn. 9, Rs. 78/70.

[737] EuGH vom 08.06.1971, Slg. 1971, S. 487 (500), Rdn. 12, Rs. 78/70.

tet. Eine Regelung, die nicht mit den Zielen des Vertrages in Einklang steht, kann nicht aufgrund des Artikels 30 EG-Vertrag gerechtfertigt sein. Dabei kommt es nicht auf eine Differenzierung zwischen Diskriminierung und Beschränkung an. Der EuGH betonte, daß die Ausnahme nur restriktiv anzuwenden sei:

„Denn als Ausnahme vom einem der grundlegenden Prinzipien des Gemeinsamen Marktes erlaubt Art. 36 [Art. 30] Beschränkungen des freien Warenverkehrs nur, soweit sie zur Wahrung der Rechte gerechtfertigt sind, die den spezifischen Gegenstand dieses Eigentums ausmachen. Das durch die Gesetzgebung über die gewerblichen Schutzrechte garantierte Ausschließlichkeitsrecht ist jedoch verbraucht, wenn ein Erzeugnis auf dem Markt eines anderen Mitgliedstaats vom Rechtsinhaber selbst oder mit seiner Zustimmung rechtmäßig in den Verkehr gebracht worden ist."[738]

In weiteren Fällen unterschied der Gerichtshof nicht zwischen den beiden Tatbestandsalternativen und stellte lediglich fest, daß nicht gegen Art. 30 Satz 2 verstoßen werde.[739] Dies bejahte er auch für den Fall, daß ein Verbot von Zusatzstoffen auf den Absatz im Binnenmarkt beschränkt sei.[740]

In einem letzten Fall sah der Gerichtshof in einer Begünstigung der inländischen Erzeugnisse sowohl eine „willkürliche Diskriminierung" als auch eine „verschleierte Beschränkung":

„Doch dürfen Ausnahmevorschriften nicht zu einer Begünstigung der inländischen Erzeugnisse führen, was eine willkürliche Diskriminierung oder eine verschleierte Beschränkung in bezug auf die aus anderen Mitgliedstaaten eingeführten Erzeugnisse darstellen würde."[741]

Die zuvor von ihm genau getroffene Unterscheidung wurde an dieser Stelle wieder aufgehoben. Da der EuGH jedoch in den übrigen Urteilen um eine Unterscheidung bemüht war, ist diese Ungenauigkeit nicht zu schwer zu

---

[738] EuGH vom 22.01.1981, Slg. 1981, S. 181 (193), Rdn. 11, Rs. 58/80.
[739] EuGH vom 05.02.1981, Slg. 1981, S. 409 (423), Rdn. 16, Rs. 53/80; EuGH vom 19.09.1984, Slg. 1984, S. 3263 (3280), Rdn. 14, Rs. 94/83; EuGH vom 09.04.1987, Slg. 1994, S. 1747 (1768), Rdn. 16, Rs. 402/85; EuGH vom 18.05.1989, Slg. 1989, S. 1328 (1329), Rdn. 23, Rs. 267/87.
[740] EuGH vom 05.02.1981, Slg. 1981, S. 409 (423), Rdn. 17, Rs. 53/80.
[741] EuGH vom 16.12.1980, Slg. 1980, S. 3839 (3855), Rdn. 14, Rs. 27/80.

bewerten, insbesondere deshalb, weil sie eine verhältnismäßig alte Entscheidung betraf.

Die in „Aragonesa“[742] zu überprüfende Regelung des Verbots der Werbung für alkoholische Getränke mit einem Alkoholgehalt von über 23% mußte auch anhand von Art. 30 Satz 2 EG-Vertrag gemessen werden, nachdem die Regelung aus Gründen des Schutzes der öffentlichen Gesundheit als gerechtfertigt angesehen worden war. Dabei stellte der Gerichtshof fest, daß eine Regelung nicht nur dann diskriminierend sei, wenn sie sämtliche inländischen Erzeugnisse begünstige oder nur eingeführte Erzeugnisse, nicht aber inländische Erzeugnisse benachteilige.[743] Diese Feststellung bedeutet, daß der EuGH die Möglichkeit einer materiellen Diskriminierung in Betracht zieht. Dennoch genügen in diesem Fall die Anzeichen bzw. Beweise nicht, um eine solche zu bejahen, da er ausführt:

„Eine nationale gesetzliche Regelung der im Ausgangsverfahren streitigen Art stellt jedoch keine willkürliche Diskriminierung oder verschleierte Beschränkung des innergemeinschaftlichen Handels dar. Zum einen differenziert diese Regelung, wie sich aus den Akten ergibt, nicht zwischen den Erzeugnissen nach Maßgabe ihres Ursprungs. Die mit ihr eingeführten Beschränkungen gelten nicht für alkoholische Getränke mit einem Alkoholgehalt von weniger als 23 % und beeinträchtigen somit nicht die Einfuhren dieser Getränke aus anderen Mitgliedstaaten. Bei Getränken mit einem Alkoholgehalt von mehr als 23 % treffen diese Beschränkungen sowohl die offenbar keineswegs in geringen Mengen hergestellten Waren aus dem Teil des Staatsgebiets, für das die Beschränkungen gelten, als auch die aus anderen Mitgliedstaaten eingeführten Waren. Zum anderen genügt der Umstand, daß dieser Landesteil mehr Getränke mit einem Alkoholgehalt von weniger als 23 % als höherprozentige Getränke herstellt, für sich allein nicht für die Annahme, daß diese gesetzliche Regelung eine willkürliche Diskriminierung oder verschleierte Beschränkung des innergemeinschaftlichen Handels bezwecke.“[744]

Mit dieser Begründung schließt der EuGH eine willkürliche Diskriminierung aus, weil eine Differenzierung aufgrund des Ursprungs fehlt. Die

---

[742] EuGH vom 25.07.1991, Slg. 1991, S. 4151, Rs. 1/90 und 176/90.

[743] EuGH vom 25.07.1991, Slg. 1991, S. 4151 (4186), Rdn. 24, Rs. 1/90 und 176/90 – „Aragonesa“; so auch in EuGH vom 15.12.1993, Slg. 1993, S. 6621 (6661), Rdn. 37, Rs. 277/91, 318/91, 319/91 – „Ligur Carni“; EuGH vom 03.12.1998, Slg. 1998, S. 8033 (8062), Rdn. 20, Rs. 67/97 – „Læsø-Biene“.

[744] EuGH vom 25.07.1991, Slg. 1991, S. 4151 (4186), Rdn. 25, Rs. 1/90 und 176/90.

formelle Diskriminierung wird abgelehnt und damit zugleich die Möglichkeit einer willkürlichen Diskriminierung im Sinne des Artikels 30 Satz 2. Der letzte Satz deutet darauf hin, daß sich eine Diskriminierung auch auf eine materielle beziehen könnte, wenn die Voraussetzungen hierfür vorliegen würden. Dies wird jedoch verneint.

Im Urteil „Audi“ prüfte der EuGH Artikel 30 Satz 2 an zwei Stellen; beide Male ging es darum festzustellen, ob ein ausländischer Hersteller bei der Beantragung von warenzeichenrechtlichem Schutz anders behandelt wird als der inländische:

„[Es ist nicht festzustellen,] daß dieser Schutz unterschiedlich ist, je nachdem ob die Waren, auf denen das fragliche Zeichen angebracht ist, inländischen oder ausländischen Ursprungs sind.“[745]

Eine willkürliche Diskriminierung bzw. eine verschleierte Beschränkung wurde also verneint.

IV. Ergebnis

Festzuhalten ist, daß sich der EuGH an seine Feststellungen bezüglich des Vorliegens einer *Maßnahme gleicher Wirkung* auch im Rahmen der Rechtfertigungsprüfung des Artikels 30 EG-Vertrag grundsätzlich gehalten hat. In den Fällen, in denen eine Benachteiligung der ausländischen Erzeugnisse vorlag, prüfte er eine „willkürliche Diskriminierung“, in den Fällen, in denen die Regelung die nationale Erzeugung begünstigte, prüfte er die „verschleierte Beschränkung“. Damit zeigt sich im Rahmen der Rechtfertigungsprüfung das Spiegelbild zur Prüfung des Vorliegens einer *Maßnahme gleicher Wirkung* bzw. der Anwendbarkeit der „Cassis-Formel“.

Meines Erachtens hätte der EuGH jedoch bei nationalen Regelungen, die die inländische Produktion begünstigten oder bevorzugten und damit Schutzwirkungen entfalteten, das Merkmal der „willkürlichen Diskriminierung“ prüfen müssen. Es ist nicht ersichtlich, weshalb er insoweit das Merkmal der „verschleierten Beschränkung“ prüfte.

---

[745] EuGH vom 30.11.1993, Slg. 1993, S. 6227 (6268), Rdn. 27, Rs. 317/91; dieselbe Feststellung trifft das Gericht im Hinblick auf die Verwechslungsgefahr in Rdn. 33.

Festzuhalten bleibt, daß der Gerichtshof seine Terminologie der Diskriminierung beibehielt. Das bedeutet, daß die Auslegung des Diskriminierungsbegriffes in Art. 30 Satz 2 EG-Vertrag mit der für Art. 28 EG-Vertrag entwickelten Auslegung durch den EuGH übereinstimmt. Diese diskriminierenden Regelungen können dann aufgrund von Art. 30 EG-Vertrag gerechtfertigt sein, wenn sie keine willkürliche Diskriminierung darstellen. Wenn trotz des diskriminierenden Charakters einer Regelung auch die gleichartigen inländischen Waren Kontrollen unterzogen werden bzw. Maßnahmen ergriffen werden, die denselben Zweck wie die diskriminierende Regelung selbst verfolgen, ist keine Willkür vorhanden und eine Rechtfertigung ist möglich.

6. Kapitel : Die Relevanz des Gesichtspunktes der Diskriminierung für Art. 29 EG-Vertrag

Artikel 28 EG-Vertrag hat im Hinblick auf die Ausfuhr sein Pendant in dem viel weniger beachteten Artikel 29 EG-Vertrag:

Mengenmäßige Ausfuhrbeschränkungen sowie alle Maßnahmen gleicher Wirkung sind zwischen den Mitgliedstaaten verboten.

Der Wortlaut unterscheidet sich von Artikel 28 EG-Vertrag nur insoweit, als es nicht um die Einfuhr, sondern um die Ausfuhr geht. Bei dieser großen Übereinstimmung stellt sich zwangsläufig die Frage, ob der EuGH hinsichtlich der Warenausfuhr eine identische Rechtsprechung wie zur Wareneinfuhr verfolgt.[746] Dabei soll wiederum der Gesichtspunkt der Diskriminierung beleuchtet werden.

I. Analyse der Rechtsprechung

Das Grundsatzurteil zu Artikel 29 EG-Vertrag in Bezug auf die *Maßnahme gleicher Wirkung* erging im Fall „Groenveld".[747] Es ging dabei um ein niederländisches Verbot, Fleisch von Einhufern vorrätig zu haben, zu be- und zu verarbeiten. Der Gerichtshof lieferte eine Definition für Artikel 29 EG-Vertrag:

„Diese Bestimmung bezieht sich auf nationale Maßnahmen, die spezifische Beschränkungen der Ausfuhrströme bezwecken oder bewirken und damit unterschiedliche Bedingungen für den Binnenhandel innerhalb eines Mitgliedstaats und seinen Außenhandel schaffen, so daß die nationale Produktion oder der Binnenmarkt des betroffenen Staates zum Nachteil der Produktion oder des Handels anderer Mitgliedstaaten einen besonderen Vorteil erlangt."[748]

---

[746] Maßnahmen der Gemeinschaftsorgane werden von Art. 29 EG-Vertrag genauso umfaßt wie bei Artikel 28 EG-Vertrag: EuGH vom 17.05.1984, Slg. 1984, S. 2171 (2184), Rdn. 15, Rs. 15/83 – „Denkavit Nederland"; EuGH vom 09.08.1994, Slg. 1994, S. 3879 (3898), Rdn. 11, Rs. 51/93 – „Meyhui".

[747] EuGH vom 08.11.1979, Slg. 1979, S. 3409, Rs. 15/79 – „Groenveld".

[748] EuGH vom 08.11.1979, Slg. 1979, S. 3409 (3415), Rdn. 7, Rs. 15/79 – „Groenveld"; so auch in der Folgerechtsprechung: EuGH vom 17.05.1984, Slg. 1984, S. 2171 (2184),

Für das zu untersuchende Verbot verneinte der EuGH einen Verstoß gegen Art. 29 EG-Vertrag:

„Es [das Verbot][749] *ist bei der Erstellung von Waren einer bestimmten Art generell anwendbar ohne Unterschied, ob diese für den nationalen Markt oder für die Ausfuhr bestimmt sind."*[750]

Die Regelung unterschied also gerade nicht zwischen den in- und ausländischen Waren und wurde deshalb nicht als *Maßnahme gleicher Wirkung* gesehen. Dieses Urteil legte also fest, daß eine Diskriminierung Voraussetzung für eine *Maßnahme gleicher Wirkung* gemäß Art. 29 EG-Vertrag ist.

Das Erfordernis einer Ausfuhrlizenz wurde - wie spiegelbildlich das Erfordernis einer Einfuhrlizenz - als Verstoß gegen Art. 29 EG-Vertrag gesehen.[751] Der Gerichtshof ließ in einigen Urteilen zudem keinen Zweifel daran, daß gesundheitsbehördliche Kontrollen vor der Ausfuhr von Erzeugnissen einen Verstoß gegen Art. 29 EG-Vertrag darstellen.[752] Zur Begründung bezog er sich in einem der Fälle auf das Urteil Simmenthal[753] aus dem Jahre 1976:

„Wie der Gerichtshof festgestellt hat, sind gesundheitsbehördliche Kontrollen an der Grenze wegen des mit ihnen verbundenen Zeitaufwandes und der zusätzlichen Beförderungskosten, die sich durch sie für den Wirtschaftsteilnehmer ergeben können, geeignet, die Einfuhren zu erschweren oder zu verteuern."[754]

Diesen Fällen ist gemeinsam, daß die auszuführende Ware aufgrund der jeweiligen Regelung anders behandelt wurde als die inländische und daher eine formelle Diskriminierung gegeben war. Aufgrund der genannten Regelungen mußten für solche Erzeugnisse, die in das Ausland exportiert werden sollten, Ausfuhrlizenzen beschafft oder aber an diesen gesundheitsbehördliche Kontrollen vorgenommen werden. Da diese Regelungen nur

---

Rdn. 16, Rs. 15/83; EuGH vom 24.03.1994, Slg. 1994, S. 1019 (1035), Rs. 80/92; EuGH vom 25.06.1998, Slg. 1998, S. 4073 (4126), Rdn. 40, Rs. 203/96.

[749] Ergänzung durch Verfasserin.

[750] EuGH vom 08.11.1979, Slg. 1979, S. 3409 (3415), Rdn. 8, Rs. 15/79 – „Groenveld".

[751] EuGH vom 16.03.1977, Slg. 1977, S. 515, Rs. 68/76.

[752] EuGH vom 22.06.1994, Slg. 1994, S. 2757, Rs. 426/92; EuGH vom 15.04.1997, Slg. 1997, S. 1905 (1925), Rdn. 32, Rs. 272/95.

[753] EuGH vom 15.12.1976, Slg. 1976, S. 1871 (1884), Rdn. 12/14, Rs. 35/76.

[754] EuGH vom 15.04.1997, Slg. 1997, S. 1905 (1924), Rdn. 25, Rs. 272/95.

für die auszuführenden Erzeugnisse galten, stellten sie formelle Diskriminierungen der ausländischen Waren dar.

Der Fall „Oebel",[755] der bereits im Rahmen des Art. 28 EG-Vertrag analysiert worden war,[756] beinhaltete neben der Beschränkung des Ausliefems von Brot auch eine Beschränkung der Herstellung. Die entsprechende Regelung sah vor, daß die Herstellung von Bäckerei- und Konditoreierzeugnissen vor 4 Uhr morgens verboten war. Der Betroffene des Ausgangsverfahrens trug vor, daß ein solches Verbot gegen Art. 29 EG-Vertrag verstoße. In Bezug auf die eben zitierte Definition für einen Verstoß gegen Art. 29 EG-Vertrag[757] entschied der Gerichtshof:

„Dies trifft offensichtlich auf eine Regelung wie die hier in Rede stehende nicht zu, die in den Bereich der Wirtschafts- und Sozialpolitik fällt und nach objektiven Kriterien auf sämtliche im Inland ansässigen Unternehmen eines bestimmten Sektors Anwendung findet, ohne irgendeine unterschiedliche Behandlung aus Gründen der Staatsangehörigkeit der Wirtschaftsteilnehmer vorzunehmen und ohne zwischen dem Binnen- und Außenhandel des betroffenen Staates zu unterscheiden."[758]

Wie im Fall „Groenveld" machte der EuGH eine Bejahung eines Verstoßes gegen Art. 29 EG-Vertrag von einer unterschiedlichen Behandlung zwischen den in- und ausländischen Erzeugnissen abhängig. Ist dies nicht der Fall, ist Art. 29 EG-Vertrag nicht berührt.

Diese Ansicht hat der EuGH in seiner Folgerechtsprechung bestätigt.[759] So entschied er in einem Fall aus dem Jahre 1984:

„[...] Art. 34 EWG-Vertrag [Art. 29 EG-Vertrag] bezieht sich auf nationale Maßnahmen, die spezifische Beschränkungen der Ausfuhrströme bezwecken oder bewirken und damit unterschiedliche Bedingungen für den Binnenhandel innerhalb eines Mitgliedstaats und seinen Außenhandel schaffen, so daß die nationale Produktion oder der Binnenmarkt des betroffenen Staates einen besonderen Vorteil erlangt. Dies ist aber bei Vorschriften nicht der Fall, die Mindestqualitätsanforderungen für die Käseherstellung

---

[755] EuGH vom 14.07.1981, Slg. 1981, S. 1993, Rs. 155/80 – „Oebel".
[756] Siehe oben.
[757] Siehe oben.
[758] EuGH vom 14.07.1981, Slg. 1981, S. 1993 (2009), Rdn. 15f., Rs. 155/80 – „Oebel".
[759] EuGH vom 17.05.1984, Slg. 1984, S. 2171 (2184), Rdn. 18, Rs. 15/83; EuGH vom 17.10.1995, Slg. 1995, S. 3115 (3151), Rdn. 51, Rs. 44/94.

enthalten, ohne dabei einen Unterschied zwischen für den Binnenmarkt bestimmtem und für den Export bestimmtem Käse zu machen."[760]

Eine Unterscheidung wurde verneint und damit auch das Vorliegen einer *Maßnahme gleicher Wirkung* gemäß Art. 29 EG-Vertrag.

Ein Fall aus dem Jahre 1987 hatte sich mit einer Regelung zu befassen, die Erzeuger von Geflügelerzeugnissen verpflichtete, die Geflügelschlachtabfälle an die Gemeinde, in der sich ihr Betrieb befand, zu veräußern. Der EuGH sah hierin ein stillschweigendes Ausfuhrverbot:

„*Artikel 34 [Artikel 29] ist insoweit anwendbar, als die innerstaatliche Regelung infolge der den Erzeugern auferlegten Verpflichtung, die Geflügelschlachtabfälle an die Gemeinde, in der sich ihr Betrieb befindet, zu veräußern, ein stillschweigendes Ausfuhrverbot enthält.*"[761]

Die Geflügelsch lachtabfälle durften nicht in das Ausland exportiert werden, sie wurden diskriminiert.[762]

Um eine spanische Regelung über die Ausfuhr von nichtabgefülltem Rioja ging es in dem Verfahren „Delhaize".[763] Die streitige Regelung setzte eine jährliche, sich verringernde Quote pro Bestimmungsland für jedes Unternehmen fest, das nicht abgefüllten Wein ausführte. Eine solche Quote gab es für die inländischen Unternehmen nicht. Eine formelle Diskriminierung der auszuführenden Waren lag vor.[764]

In einem die Zulassung von Sendegeräten betreffenden Fall entschied der EuGH, daß eine Ausnahme vom Grundsatz des Zulassungserfordernisses für die zur Ausfuhr bestimmten Geräte nicht gegen Art. 29 verstieß:

---

[760] EuGH vom 07.02.1984, Slg. 1984, S. 483 (504f.), Rdn. 22, Rs. 237/82; so auch EuGH vom 22.06.1999, Slg. 1999, S. 3845 (3879), Rdn. 10, Rs. 412/97.
[761] EuGH vom 06.10.1987, Slg. 1987, S. 3883 (3907), Rdn. 11, Rs. 118/86.
[762] Ähnlich entschied der Gerichtshof die Frage der Zulässigkeit der Beschränkung von Tiertransporten: EuGH vom 11.05.1999, Slg. 1999, S. 2921 (2943), Rdn. 23, Rs. 350/97.
[763] EuGH vom 09.06.1992, Slg. 1992, S. 3704, Rs. 47/90.
[764] Man könnte auch daran denken, die streitige Vorschrift als mengenmäßige Ausfuhrbeschränkung zu qualifizieren, da das Kontingent festgelegt wurde. Der EuGH jedoch bejahte das Vorliegen einer *Maßnahme gleicher Wirkung* wie eine mengenmäßige Ausfuhrbeschränkung.

„Dies [die Befreiung vom Zulassungserfordernis] kann indes nicht als ein Unterschied in der Behandlung des Binnenhandels und der des Außenhandels angesehen werden, der spezifische Beschränkungen der Ausfuhrströme bezweckt oder bewirkt."[765]

Eine unterschiedliche Behandlung der für den in- und ausländischen Gebrauch vorgesehenen Sendegeräte lag in dieser Ausnahmeregelung gerade vor. Die für den inländischen Gebrauch vorgesehenen Geräte bedurften einer Zulassung, während die ausländischen hiervon befreit waren. Allerdings handelte es sich hierbei gerade um den Fall der Schlechterbehandlung der inländischen Waren und nicht der auszuführenden. Eine solche Fallkonstellation könnte geradezu das Pendant zur Inländerdiskriminierung gemäß Art. 28 EG-Vertrag darstellen, da für die auszuführenden Erzeugnisse im Gegensatz zu den einzuführenden Erzeugnissen eine schwächere bzw. keine Regelung galt. Dies sah auch der Gerichtshof: Er stellte nämlich fest, daß diese Ausnahmeregelung den Außenhandel nicht anders beeinflusse als den Binnenhandel. Die Regelung habe gerade nicht zum Ziel, die Ausfuhrströme zu beschränken. Insbesondere eine Diskriminierung der auszuführenden Erzeugnisse gegenüber den inländischen lag offensichtlich nicht vor.

In einem Fall neueren Datums hatte der Gerichtshof zunächst abstrakt die Voraussetzungen für das Vorliegen einer Maßnahme gleicher Wirkung gemäß Art. 29 EG-Vertrag zitiert:

„Die letztgenannte Bestimmung [Art. 29 EG-Vertrag][766] *verbietet mengenmäßige Ausfuhrbeschränkungen sowie alle Maßnahmen gleicher Wirkung. Nach ständiger Rechtsprechung des Gerichtshofes bezieht sie sich auf nationale Maßnahmen, die spezifische Beschränkungen der Ausfuhrströme bezwecken oder bewirken und damit zu einer Ungleichbehandlung des Binnenhandels und des Außenhandels eines Mitgliedstaats führen, so daß die inländische Produktion oder der Binnenmarkt des betreffenden Staates einen besonderen Vorteil erlangt."*[767]

Sodann entschied er, daß die streitige Regelung bezwecke und bewirke, daß die Ausfuhr beschränkt werde und die inländische Produktion einen besonderen Vorteil erlange.[768] Damit nahm der Gerichtshof eine unter-

[765] EuGH vom 24.03.1994, Slg. 1994, S. 1019 (1035), Rdn. 25, Rs. 80/92.
[766] Einschub der Verfasserin.
[767] EuGH vom 25.06.1998, Slg. 1998, S. 4073 (4126), Rdn. 40, Rs. 203/96.
[768] EuGH vom 25.06.1998, Slg. 1998, S. 4073 (4126), Rdn. 42, Rs. 203/96.

schiedliche Behandlung des Binnenhandels und des Außenhandels an, es handelt sich folglich um eine formelle Diskriminierung. Er prüfte jedoch dennoch das Vorliegen der Voraussetzungen der „Cassis-Formel" und zwar eine Rechtfertigung aus Gründen des Umweltschutzes.[769] Eine solche Rechtfertigung lehnte er zwar ab,[770] dennoch zeigt sich auch im Rahmen des Art. 29 EG-Vertrag, daß der EuGH insbesondere im Hinblick auf das „zwingende Erfordernis" des Umweltschutzes die strenge Unterscheidung zwischen unterschiedslosen und unterschiedlichen Regelungen aufzugeben scheint.[771]

In einem anderen Fall verneinte der Gerichtshof die Anwendbarkeit des Artikels 29 EG-Vertrag, da Vorschriften über das Mahnverfahren nicht geeignet seien, den Handel zwischen den Mitgliedstaaten zu behindern.[772]

II. Ergebnis

Als Ergebnis bleibt festzuhalten, daß der EuGH immer dann einen Verstoß gegen Art. 29 EG-Vertrag bejaht, wenn die betreffende Maßnahme eine unterschiedliche Behandlung des Binnen- und des Außenhandels vorsieht.[773] Es muß eine formelle Diskriminierung vorliegen, um einen Verstoß gegen Art. 29 EG-Vertrag zu begründen.[774] Diese Rechtsprechung hatte sich nach dem Urteil „Groenveld" herauskristallisiert, wonach eine *Maßnahme gleicher Wirkung* dann vorliegt, wenn die inländische Produktion gegenüber der auszuführenden einen besonderen Vorteil aufgrund der streitigen Regelung erlangt. Ein besonderer Vorteil wird insbesondere aufgrund einer formell diskriminierenden Regelung erlangt. Im Zusammenhang mit den Ausfuhrregelungen legt der EuGH folglich einen anderen Maßstab an als im Hinblick auf Art. 28 EG-Vertrag. Wie bereits erörtert, bedeutete „einen Vorteil bewahren" bzw. „die Produktion schützen" im

---

[769] EuGH vom 25.06.1998, Slg. 1998, S. 4073 (4127), Rdn. 44, Rs. 203/96.

[770] EuGH vom 25.06.1998, Slg. 1998, S. 4073 (4127), Rdn. 44, Rs. 203/96.

[771] Vgl. van Calster, ELRev. 24 (1999), S. 178 (183).

[772] EuGH vom 22.06.1999, Slg. 1999, S. 3845 (3879f.), Rdn. 11f., Rs. 412/97; so bereits EuGH vom 07.02.1984, Slg. 1984, S. 483, Rdn. 22, Rs. 237/82.

[773] Vgl. Jarass, EuR 2000, S. 705 (712); Roth, ZHR 159 (1995), S. 78 (82); Oliver, der eine Änderung dieser Rechtsprechung in naher Zukunft voraussagt: CMLRev 36 (1999), S. 783 (801f.).

[774] So auch Van Calster, E.L.Rev. 24 (1999), S. 178 (183).

Zusammenhang mit Art. 28 EG-Vertrag nicht automatisch eine Diskriminierung. Im Gegenteil, der EuGH bejahte in einer Vielzahl solcher Fälle die Anwendbarkeit der „Cassis-Formel", die aber nur auf unterschiedslose Regelungen Anwendung findet.

Bisher wurden ausschließlich solche Regelungen als *Maßnahmen gleicher Wirkung* im Sinne des Art. 29 EG-Vertrag angenommen, die eine Schlechterstellung der auszuführenden Erzeugnisse beinhalteten. Art. 29 EG-Vertrag stellte sich daher als Diskriminierungsverbot dar.[775] In diesem Zusammenhang ist festzuhalten, daß eine unterschiedslos anwendbare einzelstaatliche Regelung nicht gegen Art. 29 EG-Vertrag verstoßen kann.[776] Der Grund hierfür liegt in dem Umstand, daß Ausfuhrregelungen nur Waren derselben Herkunft, nämlich inländischer, betreffen. Bei diesen geht es daher nicht um das Problem, daß der innergemeinschaftliche Warenverkehr durch eine Behinderung der Waren aus anderen Mitgliedstaaten beeinträchtigt sein kann, vielmehr stellt sich die Frage, ob der Absatz im Inland gegenüber der Ausfuhr derselben Ware zum Nachteil des Handels oder der Produktion anderer Mitgliedstaaten bevorzugt wird. Dies kann aber nur durch eine Regelung geschehen, die zwischen beiden unterscheidet.

An dieser Feststellung ändert auch die von dem EuGH grundsätzlich angenommene Anwendbarkeit der „Cassis-Formel" nichts, denn - wie bereits festgestellt wurde - es handelte sich bei der zu überprüfenden Regelung um eine formell diskriminierende. Es ist vielmehr davon auszugehen, daß der EuGH die Voraussetzungen der Anwendbarkeit der „Cassis-Formel" geändert hat. Möglicherweise wird der EuGH - ähnlich wie bei Art. 28 EG-Vertrag - die „Cassis-Formel" auch auf solche Regelungen anwenden, die eine formelle Diskriminierung darstellen, sofern es um das „zwingende Erfordernis" des Umweltschutzes geht.

---

[775] So Jarass, EuR 2000, S. 705 (712).

[776] Matthies/von Borries in Grabitz/Hilf, EGV, Art. 34, Rdn. 4.

7. Kapitel : Zusammenfassung und Stellungnahme

Ziel der Arbeit war es, anhand der Rechtsprechung des EuGH zu der Warenverkehrsfreiheit des EG-Vertrages zu prüfen, inwieweit der Gesichtspunkt der Diskriminierung eine Relevanz besitzt. Dabei galt es, den zentralen Begriff der *Maßnahme gleicher Wirkung* des Art. 28 EG-Vertrag und die sich im Hinblick auf diesen Begriff entwickelte Rechtsprechung zu untersuchen.

Die Richtlinie 70/50/EWG konnte trotz der ihr innewohnenden ersten Orientierungshilfe für die Auslegung der *Maßnahme gleicher Wirkung* nicht weiterhelfen. Dies nicht zuletzt deshalb, weil eine Richtlinie die Auslegung durch den EuGH nicht ersetzen kann.

Es folgte eine Analyse der Rechtsprechung des EuGH zur Warenverkehrsfreiheit. Es war bereits vor Beginn der Analyse der Rechtsprechung festgestellt worden, daß der EuGH für die Annahme einer *Maßnahme gleicher Wirkung* nicht notwendigerweise eine Diskriminierung der ausländischen gegenüber den inländischen Erzeugnissen voraussetzte. Allerdings wurde im Rahmen der Rechtsprechungsanalyse untersucht, welche Relevanz der Gesichtspunkt der Diskriminierung dennoch weiterhin besitzt bzw. wieder besaß. Insoweit muß aufgrund des „Keck"-Urteils zwischen den sog. „Verkaufsmodalitäten" und den weiteren zu analysierenden Vorschriften unterschieden werden. Im Falle des Vorliegens einer „Verkaufsmodalität" muß bereits auf der Tatbestandsebene des Art. 28 EG-Vertrag eine „rechtlich oder tatsächlich" ungleiche Behandlung geprüft werden, damit die Vorschrift überhaupt vom Anwendungsbereich des Art. 28 EG-Vertrag umfaßt ist. Liegt eine solche nicht vor, ist die nationale Regelung vom Anwendungsbereich des Art. 28 EG-Vertrag ausgenommen. Handelt es sich allerdings um eine solche „rechtlich oder tatsächlich" ungleiche Behandlung wird die Vorschrift anhand der Artt. 28 ff. EG-Vertrag überprüft.

1.

Zunächst wurde untersucht, welche Relevanz der Diskriminierung im Hinblick auf die „Cassis-Formel" zukommt. Die „Cassis-Formel" besagt, daß zwingende Gründe des Allgemeininteresses eine *Maßnahme gleicher Wirkung* dann rechtfertigen können, vorausgesetzt es handelt sich um eine <u>unterschiedslose</u> Regelung. Die Analyse hat ergeben, daß der Gerichtshof diese Voraussetzung nicht einheitlich beurteilt. Teilweise legt der EuGH „unterschiedslos“ derart aus, daß die zu überprüfende Regelung keine formelle Diskriminierung beinhalten darf. Ist eine solche nicht vorhanden, bejaht er die Anwendbarkeit der „Cassis-Formel“. Dies legt nahe, daß der EuGH die Möglichkeit der Einschränkung des freien Warenverkehrs zugunsten von nationalen Regelungen ermöglichen will, solange die nationale Regelung die ausländischen Waren nicht formell diskriminiert.

In anderen Fällen jedoch macht er die Anwendbarkeit der „Cassis-Formel“ nicht nur davon abhängig, daß keine formelle Diskriminierung vorliegt, sondern auch keine materielle. Das bedeutet, daß er nicht nur die Formalie der betreffenden Vorschrift, sondern auch deren Wirkung auf die ausländischen Waren überprüft. Stellt er eine solche materielle Diskriminierung fest, wird die Anwendbarkeit der „Cassis-Formel“ verneint. Diese Auslegungsvariante führt zu einer größeren europäischen Integration, da eine materiell diskriminierende Regelung keine Rechtfertigung aufgrund der „Cassis-Formel“ finden kann. Die Regelung verstößt dann, sofern sie nicht möglicherweise durch die in Art. 30 EG-Vertrag genannten Gründe gerechtfertigt ist, gegen Art. 28 EG-Vertrag.

Die Rechtsprechung des Gerichtshofes ist daher nicht einheitlich; deutlich wird aber, daß der EuGH über die formell diskriminierende Regelung hinaus in einigen Fällen erkennt, daß auch eine an sich formell nichtdiskriminierende Regelung dennoch eine Benachteiligung der eingeführten Waren bedeuten kann. In einigen Fällen wird dann vom Gerichtshof auch konsequent die Anwendbarkeit der „Cassis-Formel“ verneint, während er in anderen Fällen eine solche bejaht. Wie bereits festgestellt, hat der Gerichtshof insbesondere solche Vorschriften, die die nationale Produktion schützen und aus diesem Grunde eine materielle Diskriminierung darstellen, dennoch als unterschiedslose Regelungen eingestuft und die „Cassis-Formel“ auf diese angewandt. Allerdings hat er in den betreffenden Fällen das Vorliegen eines „zwingenden Erfordernisses“ im Sinne der „Cassis-Formel“ verneint und die jeweiligen Regelungen damit als verbotene *Maßnahmen gleicher Wirkung* eingestuft. Im Hinblick auf das Ergebnis wurde damit die europäische Integration gefördert, da die betreffenden die nationale Produktion schützenden Regelungen verboten wurden und die dadurch diskriminierten ausländischen Produkte Zugang zu dem Markt des betreffenden Mitgliedstaates erhielten.

Anders verhält es sich in einigen Urteilen neueren Datums, die nationale formell diskriminierende Regelungen als durch das „zwingende Erfordernis“ des Umweltschutzes im Sinne der „Cassis-Formel“ gerechtfertigt erachteten. Die Regelungen wurden vom EuGH selbst als diskriminierend betrachtet. Für diesen Wandel in der Rechtsprechung des Gerichtshofes lassen sich mehrere Gründe heranziehen. Zum einen ist der Schutz der Umwelt als ein Ziel des EG-Vertrages kodifiziert worden. Wenn also ein Mitgliedstaat eine bestimmte Regelung getroffen hat, die zum Ziel hat, den Umweltschutz zu fördern, wäre es widersinnig, wenn diese Regelung verboten würde, weil sie möglicherweise eine Diskriminierung ausländischer Waren bedeutet. Insoweit steht allerdings eine Grundfreiheit, nämlich die des freien Warenverkehrs, dem Grundsatz des Umweltschutzes möglicherweise entgegen. Der EuGH hat allerdings in den neueren Urteilen deutlich gemacht, daß ein effektiver Umweltschutz von der EG gewollt wird. Der freie Warenverkehr tritt insoweit hinter das Bedürfnis des Umweltschutzes zurück, sofern es sich um eine verhältnismäßige Regelung handelt.

Der EuGH behandelt das „zwingende Erfordernis“ des Umweltschutzes im Sinne der „Cassis-Formel“, indem er dies auf formell diskriminierende Regelungen anwendet, damit wie die in Art. 30 EG-Vertrag genannten Rechtfertigungsgründe, die auch auf formell diskriminierende Regelungen anwendbar sind. Möglicherweise greift er mit dieser geänderten Rechtsprechung einer legislativen Änderung des Vertrages vor. Eine solche Änderung des Vertrages wäre im Hinblick auf die Bedeutung des Umweltschutzes zu begrüßen.

2.

Die „Keck-Entscheidung“ und die hierzu ergangenen nachfolgenden Entscheidungen haben die *Maßnahme gleicher Wirkung* im Hinblick auf die sog. „Verkaufsmodalitäten“ auf ein Diskriminierungsverbot beschränkt. Allerdings zeigen die Entscheidungen - noch - nicht deutlich, welche Art von Diskriminierung, also eine formelle oder materielle, gemeint ist. Insbesondere fehlt auch eine Erklärung über das Verhältnis der „Keck-Formel“ zu der „Cassis-Formel“. Der EuGH wendet nämlich in ständiger Rechtsprechung die „Cassis-Formel“ auf solche Verkaufsmodalitäten an, die eine „rechtlich bzw. tatsächlich ungleiche Berührung“ darstellen. Dies ist deshalb verwunderlich, weil bei Vorliegen einer solchen ungleichen Berührung im Sinne der „Keck-Formel“ in der Regel davon auszugehen sein wird, daß diese zumindest eine materielle Diskriminierung der ausländischen Waren bedeutet. Da der Gerichtshof in einigen Fällen aber die Anwendbarkeit der „Cassis-Formel" aufgrund des Vorliegens einer materiellen Diskriminierung verneint hat, verwundert es, daß er bei Bejahen einer „rechtlich bzw. tatsächlich ungleichen Berührung" im Sinne der „Keck-Formel" dennoch, ohne dies zu problematisieren, die „Cassis-Formel" anwendet. Das Verhältnis dieser beiden Formeln zueinander wird an keiner Stelle erläutert, obwohl die Begriffe der „rechtlich und tatsächlich gleichen Berührung" und „unterschiedslos" offensichtlich zumindest etwas Ähnliches bedeuten müßten. Es scheint aber vielmehr so zu sein, daß sich der Gerichtshof entweder keine Gedanken über die Ähnlichkeit der Formeln macht oder aber auch insoweit von seiner bisherigen Rechtsprechung distanziert, wonach die „Cassis-Formel" nur auf unterschiedslose Regelungen Anwendung findet. Möglicherweise beruht diese dogmatisch unsaubere Prüfung aber auch auf der pragmatischen Erwägung des Gerichtshofes, daß er durch die „Keck-Entscheidung" grundsätzlich „Verkaufsmodalitäten" aus dem Anwendungsbereich des Art. 28 EG-Vertrag ausschließen wollte. Nur in dem Fall der „rechtlich bzw. tatsächlich ungleichen Berührung" sollte der Anwendungsbereich überhaupt noch für „Verkaufsmodalitäten" eröffnet sein. Aufgrund dieser grundsätzlichen Erwägung, daß Verkaufsmodalitäten generell keine *Maßnahmen gleicher Wirkung* darstellen können, scheint er im Hinblick auf solche Regelungen, die unter den Ausnahmetatbestand der „Keck-Formel" fallen, großzügig mit einer möglichen Rechtfertigung derselben umgehen zu wollen. Dies könnte eine Erklärung für die parallele Anwendung der „Keck- und der Cassis-Formel" sein.

Abschließend ist in diesem Zusammenhang festzuhalten, daß es wünschenswert wäre, wenn der Gerichtshof in zukünftigen Urteilen zu dieser Fragestellung Stellung beziehen würde.

3.
Im Hinblick auf den Begriff der Diskriminierung in Art. 30 bleibt festzuhalten, daß die Auslegung des Diskriminierungsbegriffes in Art. 30 Satz 2 EG-Vertrag mit der für Art. 28 entwickelten Auslegung des Gerichtshofes korrespondiert: In den Fällen, in denen eine Benachteiligung der ausländischen Erzeugnisse vorlag, prüfte er eine „willkürliche Diskriminierung", in den Fällen, in denen die Regelung die nationale Erzeugung begünstigte, prüfte er die „verschleierte Beschränkung". Damit zeigt sich im Rahmen

der Rechtfertigungsprüfung einer *Maßnahme gleicher Wirkung* das Spiegelbild zur Prüfung des Vorliegens einer *Maßnahme gleicher Wirkung.*

4.
Die Analyse der Rechtsprechung zu dem Begriff der *Maßnahme gleicher Wirkung* in Art. 29 EG-Vertrag hat ergeben, daß der EuGH für das Bejahen einer solchen im Gegensatz zu Art. 28 EG-Vertrag eine Diskriminierung voraussetzt. Aber auch auf solche diskriminierenden Regelungen wendet er, um eine mögliche Rechtfertigung aus Gründen des Umweltschutzes zu prüfen, die „Cassis-Formel" an. Auch dies ist ein Hinweis darauf, daß der Gerichtshof die Beschränkung der Anwendbarkeit der „Cassis-Formel" auf unterschiedslose Regelungen, zumindest im Hinblick auf das „zwingende Erfordernis" des Umweltschutzes, aufgegeben zu haben scheint.

Diese Ergebnisse zeigen, daß die Rechtsprechung des Gerichtshofes insbesondere in bezug auf die Anwendbarkeitsvoraussetzungen der „Cassis-Formel" uneinheitlich ist. Ferner wird das Verhältnis zwischen der „Cassis-Formel" und der „Keck-Formel" nicht vom Gerichtshof erläutert, sondern die Formeln werden nebeneinander angewendet, obwohl sie nach der bisherigen Rechtsprechung sich ausschließende Voraussetzungen enthalten. Erklärungen für diese Uneinheitlichkeit bzw. für die parallele Anwendbarkeit der Formeln sind bereits erörtert worden. Dennoch erscheint es wichtig, daß der Gerichtshof selbst zu seinem Rechtsprechungswandel Stellung bezieht.

Literaturverzeichnis

Ackermann, Thomas	Warenverkehrsfreiheit und „Verkaufsmodalitäten“ - Zu den EuGH-Entscheidungen „Keck“ und „Hünermund“, RIW 1994, S.189-194
Adrian, Axel	Juristische Methodenlehre und die „Keck-Entscheidung“ des EuGH, EWS 1998, S. 288-294
Alt, Wilfried Sack, Jörn	Nationale Werbebeschränkungen und freier Warenverkehr, EuZW 1990, S. 311-314
Arndt, Hans-Wolfgang	Warenverkehrsfreiheit innerhalb der Europäischen Union: der Fall „Keck“ - EuGH, NJW 1994, 121, JuS 1994, S.469-473
ders.	Warenverkehrsfreiheit und nationale Verkaufsbeschränkungen - Anmerkungen zum Urteil des EuGH vom 24. November 1993, ZIP 1993, 1813 - Keck und Mithouard, ZIP 1994, S. 188-191
Arnull, Anthony	What shall we do on Sunday? ELRev 16 (1991), S. 112-124
Axster, Oliver	Der freie Warenverkehr innerhalb der Europäi schen Union und das nationale Wettbewerbsrecht: Quo vadis EuGH?, S. 21-40 in Festschrift für Heinz Rowedder zum 75. Geburtstag, München 1994 (zit.: Axster, in FS Rowedder)

Barnard, Catherine	Fitting the remaining pieces into the goods and persons jigsaw, E.L.Rev. 2001, S. 35-59
Basedow, Jürgen	„Keck on the facts", EuZW 1994, S. 225
Becker, Ulrich	Von „Dassonville" über „Cassis" zu „Keck" - Der Begriff der Maßnahmen gleicher Wirkung in Art. 30 EGV, EuR 1994, S. 162-174
ders.	Brillen aus Luxemburg und Zahnbehandlung in Brüssel - Die Gesetzliche Krankenversicherung im europäischen Binnenmarkt, NZS 1998, S. 359-364
Behrens, Peter	Die Konvergenz der wirtschaftlichen Freiheiten im europäischen Gemeinschaftsrecht, EuR 1992, S. 145-162
ders.	Die Wirtschaftsverfassung der Europäischen Ge meinschaft, in Verfassung für ein ziviles Europa, 1. Aufl. 1994
Berg, Werner	Grenzüberschreitende Krankenversicherungsleistungen in der EU, EuZW 1999, S. 597-591
Bernhard, Peter	„Keck" und „Mars" – die neueste Rechtsprechung des EuGH zu Art. 30 EGV, EWS 1995, S. 404-411
Beutler, Bengt Bieber, Roland Pipkorn, Jörn Streil, Jochen	Die Europäische Union, Rechtsordnung und Politik, 4. Aufl., 1993 (zit.: Beutler/Bieber/Pipkorn/ Streil)

Bleckmann, Albert — Europarecht, Das Recht der Europäischen Union und der Europäischen Gemeinschaften, 6. Aufl., 1997

ders. — Zur Problematik der Cassis de Dijon-Rechtsprechung des Europäischen Gerichtshofs, GRUR Int. 1986, S. 172-183

Bornkamm, Joachim — Anmerkung zu EuGH vom 24.11.1993, Rs. 267 u. 268/91 - „Keck und Mithouard“, GRUR 1994, S. 297-299

Burrows, F. — Free Movement in European Community Law, Oxford 1987 (zit.: Burrows)

Van Calster, Geert — Court Criticises Restrictions on Free Movement of Waste, ELRev. 24 (1999), S. 178-184

Chalmers, Damian — Free Movement of Goods within the European Community: An unhealthy Addiction to Scotch Whisky, ICLQ 42 (1993), S. 269-294

ders. — Repackaging the Internal Market – The Ramifica tions of the Keck Judgement, ELRev. 19 (1994), S. 385-403

Classen, Claus-Peter — Auf dem Weg zu einer einheitlichen Dogmatik der EG-Grundfreiheiten? Absolute und relative Gehalte der Grundfreiheiten, EWS 1995, S. 97-106

Dauses, Manfred	Dogmatik des freien Warenverkehrs in der Euro päischen Gemeinschaft, RIW 1984, S. 197-206
ders. (Hrsg.)	Handbuch des EU-Wirtschaftsrechts, 10. Erg.-Lieferung, November 2001 (zit.: Bearbeiter, in Hdb. des EU-Wirtschaftsrechts)
ders.	Die Rechtsprechung des EuGH zum Verbraucher schutz und zur Werbefreiheit im Binnenmarkt, EuZW 1995, S. 425-431
Defalque, Lucette	Le concept de discrimination en matière de libre circulation des marchandises, Cahiers de droit européen 23 (1987), S. 471-491
Dörr, Oliver	Die Warenverkehrsfreiheit nach Art. 30 EWG-Vertrag - doch bloß ein Diskriminierungsverbot?, in RabelsZ 54 (1990), S. 677-691
Eberhartinger, Michael	Konvergenz und Neustrukturierung der Grund freiheiten, EWS 1997, S. 43-53
Ehlermann, Claus-D.	Die Bedeutung des Artikels 36 EWGV für die Freiheit des Warenverkehrs, EuR 1973, S. 1-17
Ehricke, Ulrich	Das Verbot des Weiterverkaufs zum Verlustpreis und Gemeinschaftsrecht, WW 1994, S. 108-114
Eilmansberger, Thomas	Zur Reichweite der Grundfreiheiten des Binnenmarktes (2. Teil), JBl. 1999, S. 434-453

Emmert, Frank	Lange Stange im Nebel oder neue Strategie? Die aktuelle Rechtsprechung des Europäischen Gerichtshofs zur Warenverkehrsfreiheit, Basel 1994
Everling, Ulrich	Zur neueren EuGH-Rechtsprechung zum Wettbewerbsrecht, EuR 1982, S. 301-314
ders.	„Zur Funktion des Gerichtshofes bei der Rechtsangleichung in der Europäischen Gemeinschaft", in: Festschrift für Rudolf Lukes zum 65. Geburts tag, Köln 1989, S. 359-374 (zit.: Everling, in FS Lukes)
ders.	„Das Niederlassungsrecht in der EG als Beschränkungsverbot - Tragweite und Grenzen", in: Gedächtnisschrift für Brigitte Knobbe-Keuk, Hrsg. Wolfgang Schön, 1997, S. 607-625 (zit.: Everling, in GS Knobbe-Keuk)
Fasshold, Dagobert	Freier Warenverkehr in der EG und nationale Ab satzregelungen, Diss., Mannheim 1986 (zit.: Fasshold)
Fezer, Karl-Heinz	Europäisierung des Wettbewerbsrechts, JZ 1994, S. 317-326
ders.	Markenrecht, 3. Auflage, 2001
Gebauer, Martin	Internationales Privatrecht und Warenverkehrs freiheit in Europa, IPRax 1995, S. 152-156

Geiger, Rudolf — EUV/EGV, Vertrag über die Europäische Union und Vertrag zur Gründung der Europäischen Ge meinschaft, 3. Auflage, 2000 (zit.: Geiger, EG-Vertrag)

Gormley, Laurence — „Actually or Potentially, Directly or Indirectly“? Obstacles to the Free Movement of Goods, Year book of European Law 9 (1989), S. 197-208

ders. — Recent Case Law on the Free Movement of Goods: Some Hot Potatoes, CMLRev. 27 (1990), S. 825-896

ders. — Torfaen Borough Council, CMLRev. 27 (1990), S. 141-150

Grabitz, Eberhard — Über die Verfassung des Binnenmarktes, in: Fest schrift für Ernst Steindorff zum 70. Geburtstag, Berlin 1990, S. 1229-1245, (zit.: Grabitz in FS Steindorff)

Grabitz, Eberhard
Hilf, Meinhard — Kommentar zur Europäischen Union, Band I, 12. Erg.-Lfg. Mai 1998 (zit.: Bearbeiter, in Gra bitz/Hilf, EGV)

dieselben — Kommentar zur Europäischen Union, Band II, 12. Erg.-Lfg. Mai 1998 (zit.: Bearbeiter, in Gra bitz/Hilf, KEU, Bd. II)

Grabitz, Eberhard
Bogdandy, Armin — Vom Gemeinsamen Markt zum Binnenmarkt - v. Statik und Dynamik des Europäischen Marktes, JuS 1990, S. 170-175

Greaves, Rosa	Advertising Restrictions and the Free Movement of Goods and Services, ELRev. 23 (1998), S. 305-319
v. d. Groeben, Hans Thiesing, Jochen Ehlermann, Claus-D.	Kommentar zum EU-/EG-Vertrag, Bd. 1, Artikel A-F EUV, Artikel 1-84 EGV, 5. Auflage, Baden-Baden 1997 (zit.: Bearbeiter, in GTE)
Hailbronner, Kai Klein, Eckart Magiera, Siegfried Müller-Graff, Peter-Chr.	Handkommentar zum Vertrag über die Europäische Union, 7. Liefg,. November 1998 (zit.: Bearbeiter, inHandkommentar)
Hakenberg, Waltraud	Grundzüge des Europäischen Gemeinschafts rechts, 2. Auflage, 2000 (zit.: Hakenberg, Grundzüge)
Hakenberg, Waltraud Harles, Marianne	Anmerkung zu EuGH vom 7.3.1990, Rs. 362/88 – „GB-Inno", GRUR Int. 1990, S. 957-960
Hammer, Kristina	Handbuch zum freien Warenverkehr: Eine Analy se der Rechtsprechung zu Art. 30 EGV vor und nach dem Urteil „Keck und Mithouard", Diss., Wien 1998
Hauschild, Malte	Das neue „Frühwarnsystem" für den freien Warenverkehr in der EG, EuZW 1999, S. 236-238

Heermann, Peter W. — Auswirkungen der Europäischen Rechtsentwick lung auf das deutsche Wettbewerbsrecht oder Wohin steuert das deutsche Werberecht nach der Entscheidung des EuGH vom 7.3.1990 in Sachen „GB-INNO-BM ./. Confédération du commerce luxembourgeois“? WRP 1993, S. 578-596

ders. — Artikel 30 EGV im Lichte der “Keck“ - Recht sprechung: Anerkennung sonstiger Verkaufsmo dalitäten und Einführung eines einheitlichen Rechtfertigungstatbestands, GRUR Int. 1999, S. 579-595

Herdegen, Matthias — Europarecht, München, 3. Auflage, 2001

Hösch, Ulrich — Der Einfluß der Freiheit des Warenverkehrs (Art. 30 EWGV) auf das Recht des unlauteren Wettbewerbs, Diss., Bayreuth, 1994 (zit.: Hösch)

Jarass, Hans D. — Elemente einer Dogmatik der Grundfreiheiten, EuR 1995, S. 202-226

ders. — Elemente einer Dogmatik der Grundfreiheiten II, EuR 2000, S. 705-723

Jestaedt, Thomas
Kästle, Florian — Kehrtwende oder Rückbesinnung in der Anwendung von Art. 30 EGV: Das Keck-Urteil, EWS 1994, S. 26-29

Jickeli, Joachim — Der Binnenmarkt im Schatten des Subsidiaritäts prinzips, JZ 1995, S. 57-64

Joliet, René	Der freie Warenverkehr: Das Urteil Keck und Mithouard und die Neuorientierung der Rechtsprechung, GRUR Int. 1994, S. 979-987
Kaus, Volker	Nationale Marktzulassungsbeschränkungen für Pflanzenschutzmittelimporte, EuZW 1995, S. 331-335
Keßler, Jürgen	Wettbewerbsrechtliches Irreführungsverbot und Verbraucherinformation - erste Anmerkungen zur „Yves Rocher"-Entscheidung des EuGH, WRP 1993, S. 571-577
Kieninger, Eva-Maria	Verbot des Multi-Level-Marketing in Deutschland - Verstoß gegen die Warenverkehrsfreiheit des EG-Vertrages?, EWS 1998, S. 277-288
Kilian, Wolfgang	Europäisches Wirtschaftsrecht, München, 1996
Kleier, Ulrich	Freier Warenverkehr (Art. 30 EWG-Vertrag) und die Diskriminierung inländischer Erzeugnisse, RIW 1988, S. 623-632
Koenig, Christian Sander, Claude	Bleibt der EuGH dem Keck'schen Telos treu, EuZW 1996, S. 8-13
Koenig, Christian Haratsch, Andreas	Europarecht, Tübingen, 3. Auflage, 2000
Lackhoff, Klaus Raczinski, Bernd	Umgekehrte Diskriminierung, EWS 1997, S. 109-117

Leible, Stefan — „+ 10 % Eiskrem“, Anmerkung zu LG Köln, WRP 1994, S. 908-911

ders. — Abschied vom „flüchtigen Verbraucher“? Zugleich eine Anmerkung zum Urteil des EuGH vom 2.2.1994 „Clinique“, DZWiR 1994, S. 177-181

ders. — Anmerkungen zu „EuGH: Verbot von Alkohol werbung europarechtsgemäß“, EuZW 2001, S. 253-255

Leisner, Walter — Wahrheitssuche statt Suggestionsvermutung – Ein neuer Anstoß des EuGH zur Wettbewerbsliberalisierung, EuZW 1993, S. 655-659

Lenz, Otto — Ein undeutlicher Ton, NJW 1994, S. 1633-1634

Lüder, Tilman — Anmerkung zu Ortscheit, Rs. 320/93, EuZW 1995, S. 87

ders. — Mars: Zwischen Keck und Cassis, EuZW 1995, S. 609-610

ders. — Die Grenzen der Keck-Rechtsprechung, EuZW 1996, S. 615-620

Marenco, Giuliano — Pour une interprétation traditionelle de la notion de mesure d'effet équivalant a une restriction quantitative, Cahiers de droit européen 20 (1984), S. 291-364

Marenco, Giuliano
Banks, Karen — Intellectual Property and the Community Rules on Free Movement: Discrimination Unearthed, European Law Review 15 (1990), S. 224-256

Martin, José M. F. — Product Market Integration versus Regional Cohesion in the Community, ELRev. 16 (1991), S. 216-243

Meurer, Thomas — Verpflichtung der Mitgliedstaaten zum Schutz des freien Warenverkehrs, EWS 1998, S. 196-202

Micklitz, Hans-W. — Das Keck-Urteil des EuGH - vom Binnenmarkt zurück zum Freihandel, Internationales Steuerrecht 1994, S.86-92

Möschel, Wernhard — Kehrtwende in der Rechtsprechung des EuGH zur Warenverkehrsfreiheit, NJW 1994, S. 429-431

Moore, Sarah — Re-visiting the limits of Article 30 EEC, ELRev. 19 (1994), S. 195-201

Mortelmans, Kamiel — Article 30 of the EEC Treaty and Legislation relating to Market Circumstances: Time to consider a new Definition? CMLRev. 28 (1991), S. 115-136

ders.	The Common Market, the Internal Market and the Single Market, what's in a Market, CMLRev. 35 (1998), S. 101-136
Mülbert, Peter	Privatrecht, die EG-Grundfreiheiten und der Binnemarkt, ZHR 159 (1995), S. 2-33
Nicolaysen, Gert	Europarecht II, Das Wirtschaftsrecht im Binnenmarkt, Baden-Baden, 1. Aufl., 1996
Nowak, Carsten Schnitzler, Jörg	Erweiterte Rechtfertigungsmöglichkeiten für mitgliedstaatliche Beschränkungen der EG-Grundfreiheiten, EuZW 2000, S. 627-631
Oliver, Peter	Free Movement of Goods in the European Community - Under Articles 30 to 36 of the Rome Treaty, Third Edition, 1996 (zit..Oliver, Free Mo vement)
ders.	Quantitative Restrictions and Measures having Equivalent Effect, ELRev. 7 (1982), S. 118-121
ders.	Some further reflections on the scope of articles 28-30 (ex 30-36) EC, CMLRev. 36 (1999), S. 783-806
Oppermann, Thomas	Europarecht, München, 2. Aufl. 1999
Petschke, Matthias	Die Warenverkehrsfreiheit in der neusten Rechtsprechung des EuGH, EuZW 1994, S. 107-111

Piper, Henning — Zu den Auswirkungen des EG-Binnenmarktes auf das deutsche Recht gegen den unlauteren Wettbewerb, WRP 1992, S. 685-691

Reich, Norbert — Urteilsanmerkung zu EuGH v. 24.11.1993, ZIP 1993, S. 1815-1818

ders. — The „November Revolution" of the European Court of Justice: Keck, Meng and Audi revisited, CMLRev. 31 (1994), S. 459-492

Remien, Oliver — Grenzen der gerichtlichen Privatrechtsangleichung mittels der Grundfreiheiten des EG-Vertrages, JZ 1994, S. 349-353

Ress, Georg — Abschied von Cassis de Dijon und Dassonville, EuZW 1993, S. 745

Rossi, Matthias — Das Diskriminierungsverbot nach Art. 12 EGV, EuropaR 2000, S. 197

Roth, Wulf-Henning — Freier Warenverkehr und staatliche Regelungsgewalt in einem Gemeinsamen Markt, Diss., München, 1977 (zit.: Roth, Freier Warenverkehr)

ders. — Case Law Court of Justice, CMLRev. 31 (1994), S. 845-855

ders. — Die Freiheiten des EG-Vertrages und das nationale Privatrecht, ZEuP 1994, S. 5-33

ders.	Wettbewerb der Mitgliedstaaten oder Wettbewerb der Hersteller? Plädoyer für eine Neubestimmung des Art. 34 EGV, ZHR 1995, S. 78-95
ders.	„Die Niederlassungsfreiheit zwischen Beschränkungs- und Diskriminierungsverbot", in: Gedächtnisschrift für Brigitte Knobbe-Keuk, Hrsg. Wolf gang Schön, 1997, S. 729-742(zit.: Roth, in GS Knobbe-Keuk)
Sack, Rolf	Staatliche Regelungen sogenannter „Verkaufsmodalitäten" und Art. 30 EG-Vertrag, EWS 1994, S. 37-47
ders.	Zur Vereinbarkeit des RabattG mit Art. 30 EG-Vertrag, EWS 1994, S. 181-185
ders.	Die Auswirkungen des Art. 30 EG-Vertrag auf das Verbot von Eigenpreisvergleichen (§ 6 e UWG), BB 1994, S. 225-237
ders.	Art. 30, 36 EG-Vertrag und das internationale Wettbewerbsrecht, WRP 1994, S. 281-293
Sack, Rolf Fasshold, Dagobert	Die Reichweite von Art. 30 EWGV und der Binnenmarktvergleich, WRP 1987, S. 519-522

Schilling, Theodor	Rechtsfragen zu Art. 30 EGV - Zugleich eine Anmerkung zum EuGH-Urteil vom 24.11.1993 in den verbundenen Rechtssachen C-267 und 268/91, EuR 1994, S. 50-70
Schmidt, Karsten	Rezessionsabhandlung: Gemeinsamer Markt als Binnenmarkt von Prof. Dr. Ernst Steindorff, ZHR 150 (1986), S. 687-704
Schödermeier, Martin	Werbung ohne Grenzen? DB 1990, S. 2511-2513
Schorkopf, Frank	Neuer Interventionsmechanismus der Kommission zur Gewährleistung der Warenverkehrsfreiheit, EuZW 1998, S. 237-242
Schricker, Gerhard	Urheberrecht, 2. Auflage, 1999
ders.	Zur Werberechtspolitik der EG – Liberalisierung und Restriktion im Widerstreit, GRUR Int. 1992, S. 347-361
ders.	Anmerkung zu EuGH vom 18. Mai 1993 – Rs. C-126 (Yves Rocher), WRP 1993, S. 617-619
Schroeder, Dirk Federle, Anne	Das Keck-Urteil: tatsächlich eine Abkehr von „Yves Rocher"? ZIP 1994, S. 1428-1434
Sedemund, Jochim Montag, Frank	Die Entwicklung des Europäischen Gemeinschaftsrechts, NJW 1994, S. 625-634

Seidl-Hohenveldern, I. Stein, Torsten	Völkerrecht, Köln, 10. Aufl., 2000
Seidel, Martin	„Der EWG-rechtliche Begriff der „Maßnahme gleicher Wirkung wie eine mengenmäßige Beschränkung“, NJW 1967, S. 2081-2086
Stein, Torsten	Freier Wettbewerb und Werbeverbote in der Europäischen Union, EuZW 1995, S. 435-439
Steindorff, Ernst	Unlauterer Wettbewerb im System des EG-Rechts, WRP 1993, S. 139-151
ders.	Unvollkommener Binnenmarkt, ZHR 158 (1994), S. 149-169
Steiner, J.	Drawing the Line: Uses and Abuses of Article 30 EEC, CMLRev. 29 (1992), S. 749-774
Streinz, Rudolf	Der Vertrag von Amsterdam, Einführung in die Reform des Unionvertrages von Maastricht und erste Bewertung der Ergebnisse, EuZW 1998, S. 137-147
ders.	Amsterdamer Vertrag in Kraft, EWS 1999, Heft 5, Die erste Seite
ders.	Europarecht, Heidelberg, 5. Aufl. 2001
Streinz, Rudolf Leible, Stefan	10 % mehr Eiskrem für alle!, ZIP 1995, S. 1236-1241

dieselben — Die unmittelbare Drittwirkung der Grundfreiheiten, EuZW 2000, S. 459-467

Veelken, Winfried — Maßnahmen mit gleicher Wirkung wie mengenmäßige Beschränkungen, EuR 1977, S. 311-340

Waelbroeck, Michel — Le rôle de la Cour de Justice dans la mise en œuvre de l'Acte unique européen, Cahiers de droit européen 25 (1989), S.41-62

Weatherill, Stephen — After Keck: Some thoughts on how to clarify the clarification, CMLRev 33 (1996), S. 885-906

ders. — Recent Case Law concerning the free Movement of Goods: Mapping the frontiers of Market Deregulation, CMLRev. 1999, S. 51-85

Weyer, Hartmut — Die Rechtsprechung zum freien Warenverkehr: Dassonville – Cassis de Dijon – Keck, DZWiR 1994, S. 89-95

White, Eric — In Search of the Limits to Article 30 of the EEC Treaty, CMLRev. 26 (1989), S. 235-280

v. Wilmowsky — Abfall und freier Warenverkehr: Bestandsaufnahme nach dem EuGH-Urteil zum wallonischen Einfuhrverbot, EuR 1992, S. 414-433

Wils, Wouter — The Search for the rule in Article 30 EEC: much ado about nothing?, European Law Review 18 (1993), S. 475-492

Wyatt, Derrick — Quantitative restrictions and measures having equivalent effect, ELRev. 6 (1981), S. 185-193

Kolibri 360 GmbH
Ferdinand-Jühlke-Straße 7
99095 Erfurt, Deutschland
produktsicherheit@kolibri360.de

Druck:
CPI Druckdienstleistungen GmbH
im Auftrag der
Kolibri 360 GmbH
Ferdinand-Jühlke-Str. 7
99095 Erfurt